陈韩曦 著

南方出版传媒 花城出版社
中国·广州

饶宗颐学艺记

（修订本）

图书在版编目（CIP）数据

　　饶宗颐学艺记 / 陈韩曦著. -- 修订本. -- 广州：
花城出版社，2014.7（2021.7重印）
　　ISBN 978-7-5360-7167-4

　　Ⅰ．①饶… Ⅱ．①陈… Ⅲ．①饶宗颐－生平事迹
Ⅳ．①K825.4

　　中国版本图书馆CIP数据核字（2014）第120079号

出 版 人：肖延兵
策划编辑：詹秀敏
责任编辑：李　谓　杜小烨
技术编辑：薛伟民　凌春梅
装帧设计：王　越
图片提供：饶宗颐　陈韩曦
　　　　　香港大学饶宗颐学术馆
图片编辑：曾雅丽

书　　名　饶宗颐学艺记
　　　　　RAO ZONGYI XUEYI JI
出版发行　花城出版社
　　　　　（广州市环市东路水荫路11号）
经　　销　全国新华书店
印　　刷　北京一鑫印务有限责任公司
　　　　　（北京市顺义区北务镇政府西200米）
开　　本　787毫米×1092毫米　16开
印　　张　21　7插页
字　　数　300,000字
版　　次　2014年7月第1版　2021年7月第3次印刷
定　　价　65.00元

如发现印装质量问题，请直接与印刷厂联系调换。
购书热线：020－37604658　37602954
欢迎登陆花城出版社网站：http://www.fcph.com.cn

1　饶氏宗族1928年摄（二排左起第五人为童年时的饶宗颐）
2　1960年，在香港新界青山弹奏古琴
3　1960年，在香港大屿山，46年后，此处成为"心经简林"所在地

1　1997年4月，在北京长城八达岭
2　1993年，与国际汉学界著名学者蒲德侯（左二）、汪德迈（右一）、马克（左一）在一起
3　1998年，与印度汉学家白春晖在一起
4　1991年9月，"饶宗颐书画展"在冯平山博物馆举行，香港大学王赓武校长、香港中文大学
　　高锟校长为画展剪彩

2 ┬
—— 1
3 ┘

1　1998年，在乐山大佛前
2　2000年12月，和法国著名学者汪德迈（左一）、法兰西远东学院院长傅飞
　　岚（左二）、谢和耐（右一）出席法国法兰西远东学院成立100周年庆典
3　2000年，在法国巴黎罗浮宫前

1　2000年，与季羡林教授在北大校园
2　2002年，在美国波士顿
3　2002年，在美国哈佛大学授课路上
4　2006年10月28日，同夫人陈若侬、二女儿饶清芬在香港英皇骏景酒店

```
        1
     ───┬───
      2 │ 3
```

1　2008年10月29日，在故宫博物馆神武门与各位领导、嘉宾合影
2　2009年8月27日，于澳洲塔斯曼尼亚博物美术馆，为"众妙之门"揭幕
3　2008年10月29日，在故宫神武门《陶铸古今——饶宗颐学术·艺术展》开幕式上

1 2009年9月3日，于悉尼歌剧院前留影
2 2010年8月8日，敦煌博物院院长樊锦诗向饶教授颁发证书
3 2010年8月8日，在敦煌博物院展览厅

1　2010年8月30日，与原政协主席李瑞环在一起
2　2010年9月1日，"饶宗颐学艺展"在中央党校开幕，常务副校长李景田向
　　饶教授表示祝贺

1 新落成的潮州饶宗颐学术馆

2 2011年2月16日，与二女儿饶清芬在越南下龙湾

3 2011年7月22日，亲友、学生在香港英皇骏景酒店庆祝饶教授96大寿

1　2013年9月19日，荣任法兰西学院铭文与美文学院外籍院士

2　2014年3月26日，山东大学获中国国务院学委委员会批准，授予饶教授名誉博士学位

1 2017年6月，饶教授以期颐之年重返法国，在巴黎举办"莲莲吉庆——饶宗颐
　　教授荷花书画展"
2 2015年4月28日，"学艺融通——饶宗颐百岁艺术展"在中国国家博物馆开展

饶宗颐简介

　　1917 年生于广东潮安（今湘桥区）。字伯濂、伯子，号固庵、选堂，斋名梨俱室、爱宾室。是海内外著名的史学家、经学家、考古学家、古文字家、翻译家、文学家和书画家。曾任印度班达伽东方研究所、法国科学研究中心研究员；历任法国法兰西远东学院院士，香港大学中文系、新加坡国立大学中文系、香港中文大学中文系、艺术系教授、讲座教授、系主任；美国耶鲁大学、日本京都大学、法国巴黎高等研究院等院校教授。

　　1962 年获法国法兰西学院颁发的儒莲汉学奖，1980 年被选为巴黎亚洲学会荣誉会员，1982 年获香港大学颁授荣誉文学博士，同年被聘为国务院古籍整理小组顾问。1993 年荣获法国索邦高等研究院授予该院建院 125 年以来第一个华人荣誉人文科学国家博士。同年，获法国文化部颁授高等艺术文化勋章。2000 年获中国国家文物局等联合主办之敦煌藏经洞百年纪念大会授予敦煌文物保护、研究特别贡献奖，同年获香港特区政府颁授大紫荆勋章。2001 年获选为国际欧亚科学院（俄罗斯）院士。2009 年国务院聘请为中央文史研究馆馆员，同年，获香港艺术发展局颁授终身成就奖。2011 年获澳洲塔斯曼尼亚大学颁发首个华人名誉文学博士，国际天文联合会批准编号 10017 星命名为"饶宗颐星"。2012 年获首届中华艺文终身成就奖、获香港浸会大学颁发荣誉文学博士学位。2013 年获法兰西学院外籍院士。2014 年获香港大学的首位校内最崇高的学术荣衔——"桂冠学人"，3 月获山东大学授予名誉博士学位。

　　现为香港中文大学中文系荣休讲座教授、艺术系伟伦讲座教授，香港大学、北京大学、南京大学、武汉大学、复旦大学、中山大学、厦门大学、首都师范大学等校名誉教授，西泠印社第七任社长。

　　香港大学成立饶宗颐学术馆、香港中华文化促进中心设立饶宗颐文化馆、香港浸会大学成立饶宗颐国学院，潮州市成立饶宗颐学术馆、饶宗颐研究所，香港成立饶学研究基金、饶宗颐基金，澳门成立饶宗颐学艺馆，东莞成立饶宗颐美术馆，以研究其学术和艺术成果，表彰其杰出贡献。

目录

前　言

　　饶宗颐教授是当代一位百科全书式的大师。

　　饶教授 80 多载潜心于学术、艺术研究，涉及文、史、哲、艺各个领域，精通诗、书、画、乐，造诣高深，学贯中西，集学术与艺术于一身，取得举世无双的成就。饶教授的学术研究范围非常广博，盖可归纳为上古史、甲骨学、简帛学、经学、礼乐学、宗教学、楚辞学、史学（包括潮学）、中外关系史、敦煌学、目录学、古典文学及中国艺术史等 13 大门类。他先后出版著作 70 多种，发表论文 1000 多篇，诗文集 20 多种，书画集 100 多种等等。他精通十种以上外语，不断开拓创新，其独特的生命精神，是光照世人的。季羡林教授说，"近年来，国内出现各式各样的大师，而我季羡林心目中的大师就是饶宗颐"；全国人大原副委员长许嘉璐先生说，"一千年后就像人们谈杜甫李白那样谈到饶公"；文化部副部长、原故宫博物院院长郑欣淼先生说，"古今中外仅此一人"；日本东京大学名誉教授、创价大学文学部教授池田温先生说，"20 世纪前半部之代表汉学者可屈指王观堂先生（1877—1927），而后半部当举饶选堂先生"。

　　本书由八个部分构成：家学渊源、发奋潜研、香港机缘、四海寻珍、中西贯通、遍游神州、古稀春锄、永不言休。先生在多个课题上率先研究，处处表现一种创新精神，本书中按不同时期分别将其取得的 50 多项学术研究上的第一列出，并标明了该项创新出处的文章及核心内容。本书记述饶宗颐学艺历程、收录他出版或发表的著作名称和论文篇目，以编年方式顺时序排列，资料收集截至 2014 年 6 月。饶教授志于道、据于德、依于仁、游于艺，四者一以贯之，此儒家之真精神，读此书，您可以领略到一位学问巨人的学术真谛和生命精神。先

1

生幼承家学，天资聪颖。继承父志续编《潮州艺文志》，成为研究潮州历代文献的里程碑著作。任《潮州志》总纂，以新材料、新体例和新方法编撰该志，被誉为"方志之杰构"。青年有为，中年更拼搏。先生是研究敦煌本《老子想尔注》的第一人，此著作考定《想尔注》成于张鲁之手而托始于张陵，该书引起欧洲道教研究热。利用出土甲骨资料，出版《殷代贞卜人物通考》，开创了以贞人为纲排比卜辞的先例，在理论和方法上均超越前人，著作出版后，获法国法兰西学院颁授"儒莲汉学奖"，学术成就得到国际汉学界的认同。赴印度从事东方学研究，梵学知识植根于此，其"悉昙学"更是成就卓著。在法国期间，学习巴比伦文，将以楔形文字记述阿克得人开天辟地的神话集翻译成中文，出版《近东开辟史诗》，成为巴比伦史诗之第一部中译本。老尤奋发，退而不休。先生晚年的研究硕果累累，主要学术编著有《选堂集林·史林》、《甲骨文通检》、《敦煌书法丛刊》、《虚白斋藏书画选》、《饶宗颐二十世纪学术文集》、《符号·初文与字母——汉字树》、《饶宗颐新出土文献论证》和《饶宗颐艺术创作汇集》等。

先生学艺双携，丹青诗词呈放异彩。书画艺术方面，早有渊源，7岁开始用毛笔习书作画，12岁正式从师，学习山水、花鸟、人物技法，17岁能抵壁作画，此为日后画艺发展打下坚实基础。五六十年代，先生画风受南宗黄公望、倪云林及北宗马远、夏珪影响最深，其作品兼有南派的浑厚华滋和北派的奇雄苍劲；70年代后，山水技法转向多元，上至宋代李唐、郭熙，下至清初四僧和张风，并形成自己独特的面目。先生的足迹遍天下，到各国游览写生，以速写所得及以自作记游诗词为参考，绘画当地所见。曾多次游历亚洲、欧洲、美洲、大洋洲，留下数量丰富的世界各地的写生画。1970年至1971年到美国、加拿大各地写生，1980年到内地参观写生，历时三个月，行踪遍及14个省市，饱览祖国的名山大川。先生因研究敦煌学之故，极喜爱西北山水，先后四次到达敦煌考察莫高窟，晚年提出山水画"西北宗"之说，并付诸实践，使敦煌画风重生。先生运用汉晋稿书的笔法，把敦煌白画豪纵的线条重新表达出来，张大千曾说："饶氏白描，当世可称独步。"先生的书法是以吸取古人神气为主，他说饶体书法是"无家可归派"。他初习汉隶，后临魏碑，继以碑法入行草，摹甲骨、钟鼎、帛书、简牍及历代名迹，许多书体写成饶体的"心境书法"。书画异名而同体，先生以书入画，又是著名的诗人、词人，诗、书、画"三结合"，使其不古不今之画达到很高的艺术境界。从 1973 年连续四年参加日本南画院书画年展开始，先生在国外的日本、新加坡、泰国、韩国、马来西亚、澳大利亚和国内的中央党校、故宫博物院、敦煌博物院、北京中国书画院、中国历史博物馆、上海美术馆等地举办了 60 多场次书画展览，取得了社会各界的一致好评。

家学渊源

（1917—1938）

　　饶宗颐家世学问的传授有根源，他从小拥有二个世界，一个是在"天啸楼"的书山学海中求正、求真、求是，另一个是在光怪陆离的梦想中逍遥四方。

　　饶宗颐，1917 年 8 月 9 日（农历丁巳年六月廿二）出生于广东潮安县城首富之家，家中拥有四个钱庄，并自己发行钱票。父亲饶锷先生（1891—1932）乃当地著名学者，毕业于上海法政学校，进步团体南社的成员，创立诗社，名曰"壬社"，并担任进步刊物《粤南报》的主笔。饶宗颐初名福森，字伯濂，又字伯子，号固庵、选堂，斋名梨俱室、爱宾室。饶宗颐为饶氏十九世"旭"字辈，取名宗颐，是其先君希望其能够师法"宋五子"之首的周敦颐，以理学勉励自己。后来，饶宗颐觉得自己和"宗颐"这个名字很有因缘，山西华严寺、日本大德寺均有过一住持叫"宗颐"，他认为他们是他的前身。先生在家是长子，伯是大的意思，所以叫伯子，他作的书画曾题饶伯子。

　　他自学古书，治学严谨，涉及面广，掌握英语、法语、日语、德语、印度语、伊拉克语等多国语言文字，还精通梵文、巴比伦古楔形文字等"天书"，形成了多样性的发展，从其以"选"为堂名的缘由我们亦可以略窥其学术、艺术的学习初衷以及发展，这在《选堂字说》中我们可以了解到（原文为文言版，翻译如下）：

　　　　有人问我为何以"选堂"作为自己书斋之名，我总是这样回答：我平生做学问，种类繁多。自幼接触文学，最喜南朝萧统所编之《文选》，三十年来凭借此书讲授古代学问。中年时重新学习

1

绘画，依归元代画家，尤喜钱选。六十岁退休之后，羁旅法国，与西方学者讨论上代宗教。敦煌本老子化胡经中，第十一变词说道："洪水滔天到月支，选擢种民留伏羲。"其中的"选擢种民"的说法，与希伯来 Chosen people 相似，可将它视为中国道教徒创世纪理论来解说。其中认为，洪水过后，人类种民只剩下人王伏羲，有如西方之挪亚，这种说法至今仍旧存在于苗瑶神话之中。前年游历吐鲁番，在其博物馆中看到伏羲女娲交尾之图画数十幅，图中所表达的意思，似乎也暗示着人类祖先有再生之义，亦为古代西域有伏羲种民的传说提供了有力的证据。那么，"选擢"的说法也有可取之处。我以"选"字命名吾堂，是为了警示自己"学有三变"。友人皆认为此种说法非常好，所以记下此文以示后人。

饶宗颐6岁时，就有一种强烈的好奇心，什么东西都想弄个明白。他酷好武侠神怪等一类古典小说，最喜欢的书是《封神榜》，怪、力、乱、神四字中，最引他入胜景的是"神"，神话中的"神"，给予孩童时代的他以莫大冲击和憧憬，至今，他身上仍保持着既喜欢历史，又喜欢神话，历史求真，神话求假，这两样东西给予他很大的精神享受。他模仿武侠小说的套路写出了《后封神榜》，可惜稿终佚失。在父亲的指导下，他开始练毛笔字，并师从启蒙老师蔡梦香[①]学习书法，写颜真卿的《麻姑仙坛记》、《裴将军》及柳公权的《玄秘塔碑》、《神策军碑》，习字同时把《封神演义》、《七侠五义》、《水浒传》中的插画，进行临摹，佛家的描绘尤为喜欢。这奠定了饶宗颐书画基础。

1926年，10岁，饶宗颐已经阅读了《通鉴纲目》、《纪事本末》、《通鉴辑览》等古籍，并能背诵《史记》多篇，经史、佛典、诗词、文赋，均有涉猎，奠定了国学基础。此年，父亲将自己所居之楼名为"天啸楼"，里面藏书几万册，藏书量之大在全国私人书斋中屈指可数。

---

① 蔡梦香（1889—1972），广东潮州人。善诗文、书画，是著名华侨书画家。早年就读金山中学，后毕业于上海法政大学，并在该校任职。曾在家乡兴办教育，开设"困而学舍"。

大型书籍如《古今图书集成》、《四部备要》、《丛书集成》均齐备，收藏的拓本、古钱数量多达几千种。在父亲的呵护下，饶宗颐全身心浸染在天啸楼的经、史、子、集中，吸取中国传统学术精华。日间，帮助父亲抄录著作，训练了逻辑思维、分析归纳、语言文字等能力，为以后的文学艺术道路奠定良好的基础。

1927 年，11 岁，道家之书、医书以及佛家之书都开始接触，饶宗颐冥冥中向往一个清静的世界，在读了蒋维乔①的《因是子静坐法》，他每天学习打坐。这时，有两个日本人的道教著作中译本过来了，他很着迷，即日本藤田的腹式、冈田的胸式呼吸法，他偏爱藤田的路子，随之终身练习，修身养性，这也成为后来他撰《敦煌本老子想尔注校笺》的重要原因。饶宗颐曾说佛的三性"戒、定、慧"中的"定"，就是"入定"，要心力高度集中，培养定力，以宁静的心态，排除各种干扰，才能把心思"定"在做学问上。

1928 年，12 岁，饶宗颐跟从杨栻②老师学习绘画及宋人行草，在杨栻那里，他接触杨家曾用重金在南京购买的一百多幅任伯年名作，他临摹的就是这批藏品，宗法海上画派佼佼者任伯年，打下了良好的绘画童子功。然而他亦对任伯年画作另有自己的艺术主见，认为任伯年画作中的人物，寒酸、庸俗，不能高古。书法方面，先生是以孕育气势为先，直接从碑体入手。到后来，他把宣纸贴在墙上，抵壁作画，写大字。大伯父饶琇是画家，擅长绘大青绿山水，二伯父饶宝球精通英文。两位伯父都是潮州著名的收藏家，家里的画馆任由先生使用，他对家藏的拓本、碑帖爱不释手，十分喜欢清乾隆年间潮州书法家郑

---

① 蔡维乔（1873—1958），号因是子，别号竹庄，江苏常州人。曾任商务印书馆编辑、江苏省教育厅厅长、东吴大学校长。解放后任上海政协常委，文史馆馆务委员。

② 杨栻（1886—1966 年），字寿玥，又字寿杨，祖籍金陵，因随其父亲杨国崧来潮落户，遂为潮汕人，一生以书画、诗词为乐，有作品收入《岭东名画集》。

润（雨亭）的临古帖。利用这些家族资源，画山水、临碑帖，让饶宗颐很早就接触到书画中精品、珍品，从小就培养较高水准的品鉴能力和高雅脱俗的绘画风格。童年自身的天性驱使，是通往成功的重要因素，习书作画的乐趣，激发他更深入探究，去圆满他内心世界。此时他已经和当时的书界名流刘三、蔡守开始了书信往来，这两位大家自始至终都不知道信笺里那位书法老辣的对手，居然是个少年。先生曾用杜甫的诗句戏言自己："结交多老苍。"这段时期，先生在《题任伯年〈纨扇集锦册〉》记载：

> 近贤宝绘，平生惟山阴任氏之作，披览独多。忆十二岁时，从金陵杨寿楠先生学山水，其尊人筱亭翁，亦山水名家，最昵于任氏，酬赠至富。杨家藏任画，无虑百十数，皆供余恣意临写。

母亲去世后，饶宗颐一直十分"孤独"，为化解"孤独"，排除烦恼，他学会盘腿打坐来入定。这一年，为打坐验证道法而开始减食，不知何缘故，他当真感到头脑清明，有列子御风泠然的感觉，乐此不疲。然而杨老师却观察到了其变化，并询问他为何面容憔悴，面色黯淡。饶宗颐如实说出做减食功夫，杨老师则认为此举对人体有害，随即给他开了一副药方，要其服下，以恢复正常进食，使他不再虚弱。如没杨老师及时发现，他生命可能发生危险。不过因为有了这种切身经历，他后来作《想尔注》就非常亲切易入。

在文学方面，饶锷老先生古文宗法桐城，讲究雅洁，作为儿子自然也受父亲的影响而开始学习桐城派，而与父亲做古文主张从欧体入手不同，他由于受到古文教师王慕韩（弘愿）的影响，而选择从韩文入手。这样，饶宗颐就形成了自己的一套学习古文的方法，作文应从韩文入手，建构大的框架，养足文气，然后由韩转入欧，化百炼钢为绕指柔。原因是如果从欧入手，一开始行文就柔靡，后来的文气就没有什么特色。

1930 年，14 岁，饶宗颐从潮州城南小学考进省立金山中学，此时学校正在开讲的唐诗宋诗或《古文观止》他已熟读在心，认为上课就是在浪费其时间，学校教育已远远不能满足他的求知欲，于是退学回到天啸楼自学。本年饶家莼园建成，该建筑占地不大，但构造精巧，莼园由"碧虹"桥、"湛然"亭、"拙窝"、"画中游"等景点构成。最后一景，由他书门联一副：

山不在高，洞宜深，石宜怪
园须脱俗，树欲古，竹欲疏

对联把花园景观揽括无遗，游赏者莫不称许。联语中一种清逸脱俗、古朴高雅的情趣深蕴理致，显示少年饶宗颐典雅和高华。2009年，他重书八十年前楹联，赠潮州饶宗颐学术馆，楹联长度 3.2 米，此作手笔流动中寓平实，边款以行楷写明："联句笔意在篆隶之间，腕力尚能胜任也。"

1932 年，16 岁，那是饶宗颐人生中痛苦而又重要的一年。饶锷老先生病逝，终年 42 岁，在人生治学有所成就的时期，不幸早逝，无论是对学术界，还是家人，都带来无比痛苦和惋惜。壬社全体诗友送了挽联："一代文章托吾子，九重泉路尽交期。"佃介眉作《登天啸楼伤亡友钝庵》诗悼念之。郑国藩也撰写了《饶纯钩先生墓志铭》：

君著作等身，方以立言垂不朽，子贤又克负荷，宜庆君，何以悲君，盖非为君悲，为我潮学界悲也！

饶锷老先生传世著作有《潮州艺文志》（合著）、《潮州西湖山志》（十卷）、《天啸楼集》（五卷）、《慈禧宫词》（一卷）、《饶氏家谱》（八卷）；另有未付梓的《法显〈佛国记〉疏》、《王右军年谱》。未完篇有《潮雅》、《汉儒学案》、《淮南子笺证》、《清儒学案》等。

本年饶宗颐与陈若侬（1916—2013年）女士结婚，年底，他开始搜集材料，续编父亲的《潮州艺文志》，另一方面邀集父辈诗友学人郑国藩、杨光祖、石铭吾、蔡梦香、佃介眉等人协助整理父亲的诗文遗稿，编定了《天啸楼集》。同时自己也开始创作诗歌，为悼念父亲写下咏《优昙花诗》：

　　　　序曰：优昙花，锡兰产，余家植两株，月夜花放，及晨而萎，家人伤之。因取荣悴无定之理，为诗以释其意焉。
　　　　　　异域有奇卉，植兹园池旁。
　　　　　　夜来孤月明，吐蕊白如霜。
　　　　　　香气生寒水，素影含虚光。
　　　　　　如何一夕凋，狙谢亦可伤。
　　　　　　岂伊冰玉质，无意狎群芳。
　　　　　　遂尔离尘垢，冥然返太苍。

　　　　　　太苍安可穷，天道邈无极。
　　　　　　衰荣理则常，幻化终难测。
　　　　　　千载未足修，转瞬讵为逼。
　　　　　　达人解其会，保此恒安息。
　　　　　　浊醪且自陶，聊以永兹夕。

　　此诗发表于中山大学中文系《文学杂志》第十一期。诗发表后，让诗坛前辈颇为惊叹，竞相唱和，广东著名学者温丹铭就和诗一首，在这首诗小序中写道："饶子宗颐，作优昙花诗，佳则佳矣，虽然，何所托之悲也。虽悟修短之无恒，藉浊醪以自遣，其果能尽释于中否耶？饶子年方少，前途远大，吾愿其有以进之也。"

广优昙花诗
皎皎优昙花，托兹园沼旁。

夕开晨已萎，月白空无霜。

诗人感至理，名什抒炎光。

彼花何足道，此诗亦已伤。

大化听人择，岂复恋微芳。

高山有松柏，屹然凌彼苍。

彼苍夫如何，浩气弥四极。

托命于其中，生物理可测。

栽培意非厚，倾覆情岂逼。

蒙庄虽达人，大道亦几息。

君子蹈其常，愿言矢朝夕。

中大中文系主任古直许以"陆机二十作文赋，更兄弟闭门读书十年，名满中朝，君其勉之矣"，认为日后的饶宗颐将如陆机一样文章冠世，名扬四海。

饶宗颐20岁以前诗歌创作十分丰富，然而多已散失，这些诗歌分为两类，一类是学杜甫《北征》、《三吏》、《三别》，对当时国难当头的忧患和绝不可侮之志；另一类是大量的抒发爱情的诗歌。同时他亦开始创作他所擅长的骈体文，这个时期写了《韩山志》自序、《廷鞫实录》序等文，后收录到《固庵文录》。为撰写《广东潮州旧志考》，他到潮州庵埠明朝进士林熙春旧居收集资料，在城南书庄，见到记载揭阳薛侃事迹的《廷鞫实录》一书，遂重加点勘，二年后，将此书出版。在《序》中曰：

揭阳薛侃先生，诞禀中虚之质，体受怀刚之性，有陈宓信道之笃，兼屠嘉守节之贞；立脚圣门，敛手权路，信明目思谦，披心尚隐。大明际逆瑾怀异之日，城王出封；先生当储事讳言之秋，独议复典。一疏恳愊，早具折槛之忱；九天蔽曭，终却犯颜之谏。乃由大奸在位，虞并肩之夺宠；爰构机罟，兴锦衣之大狱。先生七次被鞫，一词弗易，屹若泰山，硬如锻铁，幽有鬼神，明有君父，玄首可断，赤志无欺，浩然之气，亦云伟矣，于是讯者为屈，赞者自白，啧啧交欺，有铁汉之称，明明吾君，鉴良知之旨。小舟潞河，黎民叩祝；大旱京师，甘霖洗冤，桂洲有言，先生学力，今乃大验。诚至论矣。先生之殁，距今五百年。刚大之节，久烁于史编；鲠切之言，犹传乎闾里，独是廷鞫之况，载者未尽其详，述者寡道其实。归善叶萼者，先生寓意西湖时侍讲席者也。躬闻师说，曾次其事，撰为《廷鞫实录》，是书启祯之际，尚有刊本，康乾而后，遂等沦邱。归善旧乘，略而无徵，芸台通志，阙而未录；佳制暗没，良可慨唏！搜讨表彰，好文者与有责焉。岁维玄默，访书城南，偶检明本图书质疑，赫然叶书存焉。刊自崇祯戊寅。刻者先生曾孙茂椮。并有附识，系在末简，都二十余页。披卷摩挲，如获玑璧，篝灯讽览，恍接忠仪。辄为旁采他书，细心雠核，著其同异，附撷史谍，广厥殊闻。

与此同时，饶宗颐立志要为薛侃、郭之奇做年谱，他认为："先生之学，有入门，有归宿；一生气魄，百折不回。"（《薛侃年谱跋》）薛侃、郭之奇这两个人的人格、气魄都是他所佩服推崇的，也寄托着他对这种忠贞刚毅的爱国情操的赞同。

1934 年，饶锷老先生去世时，遗留《潮州艺文志》旧稿 23 卷，其中编定 16 卷。饶宗颐除"别其类次"、继续编订外，又加《外编》、《订伪》、《存疑》等卷。经过三年时间奋心寻检，终于完成《潮州艺文志》一书的补订工作。撰《广东潮州旧志考》在顾颉刚主编的《禹贡》半月刊（第 2 卷第 5 号）发表，这是他最早发表的文章，编著乡邦文献是他学问的起步。本年，《天啸楼集》刊行于世，是书共收入文章 55 篇，诗 24 首，分为 5 卷。其中一、二卷为序跋、信函、书札；第三卷为散文、传论；第四卷为铭辞、短论；第五卷为诗作。郑国藩、杨光祖分别作了"序言"；饶宗颐写了"跋语"。

《天啸楼集》跋

　　右天啸楼集五卷，先君子钝庵先生所为诗古文辞也。先君子自少笃志于学，长而从事考据，于词章亦稍稍致力，然未加措意，间有所作，不时检校，故其稿颇凌乱。宗颐惧其久而散失也，乃为之搜抉裒集五十余篇。先君子素以振故学为职志，于乡邦文献尤为眷注，于是有搜辑潮州艺文之举，年来殚志编纂，于文辞歌咏之事漠焉不着意。往年宗颐曾固请将诗文稿分类编刻，先君不可，曰："学问之道，考据义理为先，文章其余事耳。我方钩稽乡先哲遗文，焉有余力从事于此，且吾所为文皆随笔直书，殊乏深意，其日力又不逮，安敢妄祸梨枣？"呜呼！先君拳拳于乡献剩篇表彰先贤之心盖切矣，然终因积劳太过，书未成而遽以疾终。其于所作诗文竟不克亲自订定，此宗颐于编录之余所为欷歔流涕，而世之君子读斯集者亦当为先君惜也。……爰将其草稿略为编定，别为文四卷诗一卷。而遵先君临终遗命，请郑晓屏、石维岩、杨光祖、蔡兰生诸乡先生重为选校而梓行之。然则先君之诗若文，得流传于世者，实有藉乎数先生之力，此又宗颐所为感戴欣幸而无已也。

　　1935年，19岁，饶宗颐整理的《潮州艺文志》在广州《岭南学报》发表，这是研究潮州历代文献的里程碑著作，共计65万字，他因此在广州确立了自己的学术地位。《潮州艺文志》是潮州有史以来在艺文方面首次进行系统的著作实录，自唐代赵德《昌黎文录》，到二十世纪四十年代中期可以考证出来的潮籍名家著述，按传统的经、史、子、集四部分类，收集书目一千多种，并附作者的简介。

　　他在"序言"中曰：

　　先君钝庵先生，平生致力考据之学。……初拟补辑《海阳县志艺文略》，嗣以采集益夥，更广及他邑。后得孙诒让《温州经籍志》，爱其体例详审，遂有《潮州艺文志》之作焉。是书著录凡九

9

邑；而明代程乡、镇平、平远三县人书亦采入。以其旧属潮州，故录之以存沿革也。全书配隶门类，则遵《四库总目》。所列诸书，于其行间，辄录卷帙，兼载存佚，下则迻腾序跋，采证群言。至先君掸研所得，则为按语，殿于末简。盖其体例，全仿孙氏之书焉。十年以来，先君殚竭精力，勾集乡先哲遗籍，上溯唐宋，下迄清季，凡所搜括，不下千种。迨至纂辑《清人别集》，竟以劳而致疾。弥留时，深以属稿未成为憾。呜呼！先君于平生著作，俱不之惜；而独惓惓潮州艺文。于表彰先贤之心，何其切也。顾乃不克尽其年，以成盛业，可痛也已！是编属稿，肇于乙丑，复历数载，始克裒录。写定者八卷，属草稿未录者又八卷。自明人集部以下。则未详崖略也。先君既殁，是编零乱箧衍中。宗颐惧其久而散亡，辄为条次，复依原目，旁事搜讨，欲为补订。以成先君之志；然以牵于人事，辍置者屡。今年春，因郑先生翼之介，获识黄仲琴先生。先生嗜古笃学，殷然以先君遗著为询。及睹是编，叹其网罗宏富，称为一郡文献之职志；复惜其未成书，深以继志述事见勖。宗颐佝瞀不学，而年未弱冠，何敢妄言纂述。惟以是书为先君盛业所在，尤不敢任其散亡。窃不自揆，爰勒全书为二十卷，加以订讹补遗。自稔于原书，虽无万一之裨；然得裒然成帙，稍酬先君之志，固可大慰于心矣。今距先君下世，忽忽三年。宗颐续理是书，追溯旧训，辄低徊绎思，弗能自已。而奋心寻检，迄于成编，则黄先生奖勉之忱，有以迪之，此又不能无感激于中也。

经温丹铭[1]推荐，饶宗颐被聘为中山大学广东通志馆专任纂修，成为这支纂修队伍中年纪最轻的一员。广东通志馆由广东省教育厅厅长兼中山大学校长许崇清任馆长，馆址设在广州中山大学西楼。馆内收藏方志逾千种，位居全国第二位。他运用目录学功夫，很快翻遍了

---

[1] 温丹铭（1869—1954），名廷敬，字丹铭，号止斋，广东省大埔县人。近代岭南著名学者、文献专家。

该馆所有志书，为以后研究古代历史、地理打下良好的基础。

通志馆的馆藏丰富，他看到了古代地理学研究的生机，开始撰写《楚辞地理考》。钱穆（宾四）先生认为古史发生地应该集中在中原地区，所以他说："湘域在两汉时，尚为蛮陬荒区，岂得先秦之世，已有如此美妙典则之民歌？"认为屈原的《楚辞》中出现的一些水名、地名如洞庭、涔阳等不可能是在湖南，应该在河北、河南，甚至认为三苗也在河南。饶宗颐反对此说，认为钱穆做学问未作认真的考证，忽略了各类考古材料，尤其是马王堆出土的文物都以事实证明了楚文化的丰富多彩，所以撰写《楚辞地理考》来反驳钱穆先生。并在《禹贡》古代地理专号上发表了《三苗考》辩驳钱穆先生。同时还发表一篇《古海阳地考》的文章反驳家乡潮州一部地理书。《三苗考》主要讲述了三苗往西北地区的迁徙，以及它同西羌的关系。文章重要的观点是运用考古学来证明古代民族的迁徙，这个问题前人没有尝试过，纠正了前人认识上的错误，具有重要的学术价值。另外两篇重要的文章《新书叙目》以及《古史辨》第八册目录发表在《责善》半月刊，还有以《汉书》体例写的《新莽史》也开始编纂。以上论著的发表，使他深为顾颉刚[①]器重，从此饶宗颐跻身地理学研究的学术前沿，他后来提出的古史三重证据法应发端于此。

饶宗颐因发表文章与顾颉刚先生结缘并开始有书信往来。《顾颉刚年谱》记载：1936 年 11 月 29 日将是年饶宗颐来信（11 月 6 日）等，编为《通讯一束》。同时，他加入了顾颉刚创办的禹贡学会，他对历史地理的兴趣与禹贡学派有很大关系。对历史地理问题研究涵盖桥梁，在韩江东岸的一座破庙里，他找到一块旧时碑碣，从里面找到地方志中失载的资料，为广济桥志补下欠缺的史料。《广济桥志》刊发于中山大学文科研究所《语言文学专刊》第 4 期，《序例》中曰：

桥肇造自宋乾道，历元明清三朝，至今殆八百年，其历史不

---

① 顾颉刚（1893—1980），江苏苏州人。同代古史辨学派创始人，历史地理学和民俗学的开创者。

可谓不悠久，然纂述犹缺，旧志所录，裁弗宣意。说者复附会于神仙释老之言，涉士游方，盖寡能达其津照矣。……辄思撰次，寻文扪石，积月而成书，其兴废沿革，考订颇费力，蠡测指锥，或得其仿佛，虽不敢谓有裨于职方，谅未曾无少助于访迹。

是年，作《高阳台》词："此弱冠抗战时羁旅念乱之篇，友人录示，聊存少作之一斑云，选堂识。"

雨湿芜城，鸦翻遥浦，倦游远客惊心。千里兵尘，野风腥入罗衾。玉箫难续繁华梦，倚危亭，迢递层阴。雁讯沉。叶警征魂，风起骚吟。　　江山如此故交渺，又楼高天迥，节往秋深。平楚寒烟，尽多乡思枫林。铜驼荆棘知何世，舞吴钩，岂独伤今。意难任。霜落萧晨，休去登临。

1938 年，22 岁，承罗香林①之嘱，将《潮州丛著初编》列为广州市在中山图书馆丛书之三，并由广州市立中山图书馆印行。是书收入《广济桥志》（附《韩湘子异闻录》、《韩湘子辨》）、《韩文公祠沿革考》（附《韩祠著述考》、《韩亭考》、《韩木考》）、《张琏考》、《古海阳考》、《海阳山辨》、《恶溪考》（附《韩江得名考》、《化象潭考》、《安济王考》）、《固庵序跋》（包括《廷鞫实录序》）、《林东莆先生全集·跋》、《瞻六堂集·跋》、《金山志序》、《龟峰词跋》、《顾影集残本跋》、《薛中离先生全书跋》、《半憨集跋》、《郭循夫集跋》、《玉简山堂集跋》、《宾印诗稿跋》、《方刻醉经楼集跋》、《明农山堂汇草跋》、《世馨堂诗集残本跋》、《朱刻霜山草堂诗集跋》、《蜀弦集跋》、《回风草堂诗集跋》及《桐阴诗集跋》。先生作《自序》。

青年时期的饶宗颐，学术思想较为独立，不盲目信从各文学名家，对各位国学大师的书都有涉猎，并阐述自己的观点。对于王国维（观

---

① 罗香林（1906—1978），字元一，号乙堂，兴宁人。中山大学著名历史学家，曾任中山图书馆馆长，1949 年定居香港，任香港大学中文系主任。

堂）先生的学问，他认为其学问境界还只是比量，而没有现量，现量是很高级的境界，是有识再加上有亲证的悟。先生认为有点现量境界的惟有马一浮先生。对于章太炎先生在《自述为学次第》中，自诩其《齐物论释》为"一字千金"，其实现在看来，不仅不得正解，而且连比量都不够，是比附。但是他也甚为佩服太炎先生的学问和文章，他觉得其《禹庙碑》掷地作金石声。

对于五四的文学，胡适、鲁迅、周作人以及许多西洋诗歌都曾读过，他喜欢周作人的文章，周的小品文中透露出的学问气息。饶宗颐创作许多旧体诗，曾尝试创作新体诗，现存的长诗《安哥窟哀歌》是唯一一首白话诗，后收入《清晖集》中，其诗如下：

> 一只喝醉的船
> 正朝向着帝门岛驶去，
> 那里据说是巴比伦洪水时代
> 沉沦不去所剩下来的陆地。
> 好像蜻蜓围聚在舢板上，
> 流浪者在偷生的罅隙里
> 找到瞬息的恬静。
> 带着苦笑地各个人拿起筷子
> 去度量他们刚尝过的辛酸。
> 他们喘息才定。
> 面对着苍白的昊天，
> 不敢向司罗盘的舵手
> 叩问他未来不可思议的命运。
> 月影沉没在昏暗无明的大海，
> 乌云吹来片片黑暗，
> 在做他"尚寐无吡"的噩梦。
> 周遭像差点把人煮熟了的蒸笼，
> 拖着一条渺无际涯的如火长流，

一躺下便入睡了。

在无限与有限之间，

在羯磨与达摩之间，

在呼吁与缄默之间，

在骚动与宁静之间，

在颂赞与诅咒之间，

生命只是一团

焚烧而无止境的焦炭，

躯体只是一袭

破旧有待于抛弃的烂衣。

拖着辫子的藤蔓代表神像

托着不计年月的胡子。

正拥抱古庙的门扉死缠不放。

为无情的岁月

注射了一点"历史心灵"的慰藉，

门外的翁仲残骸在树荫下

尚镂刻着古代战争的恐怖，

挂在荆棘上未干的露珠，

谁人能够证明，

它是前朝宫女的泪痕。

离枯旱愈近的灌溉愈难，

对争斗愈强的尘劫愈甚；

去现代愈接近的，

其摧毁愈易，

执权柄愈坚牢的，

其崩溃愈快。

天已被割裂而织成

九宫格式的网罗，

心已不能更吐出

"干粪橛"式的话句。

湿婆的监视下无法阻止

瓷壁上细菌的蔓延。

可怜的朝圣者，

捧着理想的骷髅，

活像被牵着鼻子的骆驼，

他们以亿兆人的血肉，

换得一句阿门（amen），

一堆泥土。

　　此诗为考察柬埔寨、泰国之后创作，曾在港报刊布，引起许多讨论，受到美国自由诗体诗家沃尔特·惠特曼的影响。

　　早在家乡时，饶宗颐就修读完商务印书馆所办的英文函授学校课程，英文已有相当基础。当时学校主任是周越然，周主任有若干评价，可惜都已散佚。香港新垦书局是他与香港因缘的最早见证，在书局他读了许多新书，有费尔巴哈、黑格尔、马克思、列宁的书，资本主义、社会主义的书，还有相当多的外国文学家的书，他一天能阅读几本书，有的能背下来，海量的阅读，是在 20 岁前做的事。

　　1936 年至 1938 年发表的文章：

　　《恶溪考》收作《韩山志》附录二，刊于《岭东民国日报》以及《禹贡》第六卷第十一期，1938 年收入广州市立中山图书馆所编的《潮州丛著初编》中，后收入 1996 年的《饶宗颐潮汕地方史论集》以及 2003 年的《饶宗颐二十世纪学术文集》卷九·潮学（下）；

　　《海阳山辨》发表于《禹贡》半月刊第六卷第十一期，1938

年收入广州市立中山图书馆所编的《潮州丛著初编》中，后收入1996年的《饶宗颐潮汕地方史论集》以及2003年的《饶宗颐二十世纪学术文集》卷九·潮学（下）；

《顾影集残本跋》、《书李文饶到恶溪夜泊芦岛诗后》发表于中山大学文科研究所《语言文学专刊》；

与黄仲琴先生合作撰《金山志》，作《金山志序》收入《固庵文录》；

《潮州韩文公祠沿革考》收作《韩山志》附录三，发表于《岭东民国日报》以及《禹贡》半月刊第六卷第十一期，1938年收入广州市立中山图书馆所编的《潮州丛著初编》中，后收入1996年的《饶宗颐潮汕地方史论集》以及2003年的《饶宗颐二十世纪学术文集》卷九·潮学（下）；

《韩山名称辨异》收作《韩山志》补遗，发表于《岭东民国日报》以及《禹贡》半月刊第六卷第十一期，后收录入1996年的《饶宗颐潮汕地方史论集》以及2003年的《饶宗颐二十世纪学术文集》卷九·潮学（下）；

《魏策吴起论三苗之居辨误》发表于《禹贡》半月刊古代地理专号第七卷第六、七期；

《古海阳考》发表于《禹贡》半月刊古代地理专号第七卷第六、七期，1938年收录入《潮州丛著初编》，1975年以《海阳考》为名发表于曼谷的《旅暹潮安同乡会成立四十八周年纪念特刊》，后收录入1996年的《饶宗颐潮汕地方史论集》以及2003年的《饶宗颐二十世纪学术文集》卷九·潮学（下）；

《〈海录〉笔受者之考证》发表于《禹贡》半月刊第七卷第十期；

《张琏考》收入广州市立中山图书馆所编的《潮州丛著初编》，1944年以《张琏考（中国殖民史上张琏疑案考实）》发表于新加坡南洋大学南洋研究室的《南洋研究》第十一卷第二期，后收录入2003年出版的《饶宗颐二十世纪学术文集》卷九之中。

发奋潜研
（1938—1949）

　　饶宗颐青年时代遇上战火离乱，四方奔走，但他发奋潜精研思，运用新材料、新体例、新方法编撰《潮州志》，被誉为"方志之杰构"。

　　1938 年，日本人南侵。10 月，广州沦陷，广东通志馆关闭，饶宗颐回到潮州，这一时期是他生命中一个重要的转折阶段。受著名学者詹安泰①委托到韩山师范专科学校代课三个月，讲授训诂学和诸子百家，这是他人生中第一次走上大学讲台，从此开始了他长达四十年的教学生涯。《潮州志·大事志》："民国二十九年（庚辰，公元 1940），是岁大饥，汕头人肉鬻于市，潮安城拾马粪充腹者，揭阳城饥民抢米。"据统计，"民国二十八年潮安城沦陷前夕，全城共有 10 万人左右，沦陷后减为 2 万人，至民国三十二年因饥荒造成人口外流和饿死，全城仅剩下 1.2 万人。"国难当头，潮州百姓挣扎在死亡线上，他亲眼看到饱尝日寇蹂躏的潮州古城，奋然挥笔写下抗战文学之奇构《马矢赋》并序：

　　　　潮州沦陷之一年，大饥，民至拾马粪，淘其中脱粟而食者，予闻而悲之，为是赋云。

　　　　岂大道之在粪兮，或齐观夫糠粮。颣异类之不仁兮，驱降民于饿乡。振草酪既不得兮，掘兔苴且未央。仰肥马之骁腾兮，厩充牣乎稻粱。可以人而不如马兮，鼓枵腹而神伤。将攫夺而无力

---

　　① 詹安泰（1902—1967），字祝南，号无庵，广东饶平人。文学史家、古典文学研究家。曾任中山大学教授兼中文系主任。有《屈原》、《离骚笺疏》、《古典文学论集》、《詹安泰词学论集》等传世。

兮，妄意夫皀枥之秕糠。意秕糠兮不得，嗟栽属兮弱息。惟饥炎之方盛兮，苟垂涎兮马矢之余皀。（说文皀或说一粒，方力切。亦见颜氏家训。）拾白粲于污肠兮，延残喘于今夕。哀鲜民之无知兮，胡蒙耻而恋生。捐盗哺而喀喀兮，独不见夫贸贸之爰精。（列子说符爰精目事）有嗟来而不食兮，况为味非洁清。孰使异物道其相迫兮，悲故国之腥膻。翳马通之属餍兮，自书传而有焉。农稷煮汁以渍种兮，（见论衡商虫篇）莳百谷以食我。葛缚铜荐丹砂兮，又熅之以为火。（抱朴子黄白篇）吴诮元逊可啖矢兮，恪谓太子宜食卵。果所出之雷同兮，（吴书诸葛恪别传：太子嘲恪云：可食马矢。恪曰：愿太子食鸡卵。权曰：人令卿食矢，卿令人食卵，何也？恪曰：所出同耳。）宁古是而今不可。览宇宙之修辽兮，轸人类之幺幺。萃芳鲍乎一室兮，沦康庄于嵬琐。独悲心之内激兮，羌谁碎此枷锁！感盐尸之载车兮，闵湣夭之奇骶。瞻沟壑之悠悠兮，蔽白骨以蓬蒿。苟饿夫而可敦以义兮，吾将讯诸黔敖。

自古以来，尚未有人以马粪作赋，《马矢赋》记下日寇在潮州制造惨绝人寰的一幕，成为抗战文学中的一篇杰作。1939年5月，潮州沦陷，饶宗颐决定应詹安泰建议，起身去已搬迁到云南澂江的中山大学当研究员。此时，从汕头前往已无可能，只好从鲨鱼涌取道至香港，再转至云南。途经梅县，为了对潮州北部的土著族畲民进行研究，需实地调查，就在这个时候，他不幸染上了疟疾，这是他一辈子害过的最大的疾病，因病情严重，随之滞留香港。在香港养了二个多月的病，此时他迎来了学术的新机缘，著名出版家王云五①要他协助编撰《中山大辞典》。该辞典出版一个“一”字长编，只一个“一”字就是一本，规模十分浩大。他要帮王云五做书名提要，饶宗颐认为不仅做书名的提要，更提议逐篇撰写提要，使每本书编写更加详细。王云五十

① 王云五（1888—1968），号岫庐。广东香山人。出版家，曾任商务印书馆总经理，主编过《王云五大字典》、《王云五小字典》、《万有文库》。发明四角号码检字法。有《岫庐论学》、《岫庐论诗》、《岫庐论教育》等著作。

分赞同这种系统做法。有很多重要的篇名，如《墨子》的《兼爱》、《非攻》，每一篇做几十、一百、几百字的提要，一下子要念很多书，这奠定了他坚实的经史、诸子百家典籍的基础。另外，帮王云五编"四角号码"的基础上他还编"八角号码"来查甲骨文、金文。早在少年时代，饶宗颐就有研治甲骨文的动机，此时，他获得了接触甲骨文的机缘，甲骨文成为后来他做学问的一大支柱。

在港期间，他辅佐叶恭绰①做清代词人仕履的考证研究，协助编撰《全清词钞》，他得以亲身拜读一流藏书家的各种珍本，真正进入了词学研究的核心，如此经历，也成为他后来从事词籍、词目、词乐、词律以及中国音乐史、中国音乐与宗教关系的研究夯实了基础。叶恭绰是第一个提出敦煌学的人，饶宗颐在叶老先生家里第一次见到私家珍藏的几千份敦煌经卷，他对敦煌学彻底着了迷。

1940年，24岁，饶宗颐完成了成名作《楚辞地理考》，史学家童书业②（曾是顾颉刚先生助手）作《序》：

> 考据之学，愈近愈精，读宗颐饶君之书，而益信也。君治古史地学，深入堂奥，精思所及，往往能发前人所未发，近著《楚辞地理考》，凡三卷二十篇，钩沉索隐，多所自得，乍闻其说似诧其创，详考之，则皆信而有徵，并世治古地理者，未能或之先也。钱君宾四，为学深博，与君持论异，而涂辙实同。往尝读钱君之书云："屈原放居地在汉北，《楚辞》所歌，洞庭沅、澧诸水，本在江北。"余于《楚辞》地理，未曾深究，虽有所疑，未能明辨也。及观君是书，举凡洞庭、沅、湘诸名，靡不博徵详考，确定其地，叹观止矣！余于二君之说，固未足以平其得失，然窃有所

---

① 叶恭绰（1880—1968），现代学者，曾任孙中山大元帅府财政部长，交通、铁道部长。解放后，任国务院文教委员会委员。编著有《全清词钞》、《广箧中词》。
② 童书业（1908—1968），浙江鄞县人，历史学家。曾任上海博物馆历史部主任、山东大学教授等职，著有《中国瓷器概论》、《春秋左传研究》等。

见焉。屈子早居，旧说在汉北，实无明证，饶君辨之已详。至《楚辞》所陈洞庭、沅、湘诸地，疑在江南。《九歌湘君》："会沅湘兮无波，使江水兮安流，驾飞龙兮北征，遭吾道兮洞庭，望涔阳兮极浦，横大江兮扬灵。"此明谓由沅、湘北征，徂江，遭道于洞庭，上两言指出发与所往之地，中两言指所出之方向与途径，故其下曰望涔阳而横大江，似无庸改旧说以从新也。至江北亦有洞庭、湘水等地名，自是可信，然不必以之释《楚辞》耳。尤有进者，《九歌》多汉世之文，太一、东君、云中、司命，汉氏之命祀也；未央、椒堂、寿宫、紫坛，汉皇燕居与礼神之所也："《九歌》毕奏"，又汉代郊祀歌之词也。钱君之言曰："湘域在两汉时，尚为蛮陬荒区，岂得先秦之世，已有此美妙典则之民歌，则《九歌》者，果为湘域之作，不得出于先秦之世矣，岂汉贤善拟古者若贾子、相如者之所为乎？"不敢臆断，姑陈其疑，以质二君。

在完成《楚辞地理考》之后，应顾颉刚之约，本年为齐鲁大学国学研究所编纂《新莽史》及《古史辨》第八册（古地辨），因适逢抗战期间，未来得及刊印出版。早期，饶宗颐不仅要为王莽立传，撰写《新莽史》记载王莽建立新朝的整个历史，但后来，他在美国收集《新莽史》资料时，多次阅读《资治通鉴》，觉得司马光没有称王莽为皇帝是很有见识的，给王莽评断十分正确，即以道德标准衡量历史人物的价值，检视王莽行为是反道德的，他注意到中国历史上的正统问题，于是对自身历史观念重新确立，于是将《新莽史》束之高阁，不予出版。

1941 年，祖母辞世，作《白云赋》，既悼念祖母仙逝，又恨觏是流离，所写之情极真挚凄恻。全文如下：

白云赋　并序

辛巳冬，为大母成服。悲哉，远托异国，有登山涉水之劳；觏此闵凶，弥觏是流离之恨；焉得萱草，莫慰辣薪。泣为此赋，以达黄泉。何日归舟，奠我白屋。其辞曰：

仰白云之孤飞兮，思王母之劬劳。扇凯风于寒泉兮，极孺慕先二毛。昔予之始坠地兮，既延祸于母氏。赖祖慈之畜腹兮，固无微而不至。恩沦髓而莫报兮，顾令伯已愧死。忽出国门而骑瘦马兮，岂乌鸟之所堪。遭胡尘之泱漭兮，悲逾垣之曾参。违膝下而屑屑兮，攀长条之毵毵。轹予车于峻阪兮，几回王阳之羸驭。咨孤蒙之惴惴兮，望山川而窘步。下东江之浩渺兮，涕与海而俱注。溘吾莅此香炉峰兮，眷白头之倚闾。忽双鲤其先颁兮，犹虑乎朝食而无鱼。感春晖而烯危乱兮，复泗下之交如。怅日月之逾迈兮，历三岁于兹土。岂怀安之败名兮，汝而忘夫故宇也。日起居犹未遑兮，伊狸犹之故也。列丘陵而壅隔兮，眺故都其辽远。慨晨昏而罔定省兮，肠一夕而万转。聆金相之殗殜兮。心鳖蜉而不安。恩缩地而无术兮，望惊波之漫漫。忿欃枪其东出兮，历烽烟于瑶岛。绝关梁而不通兮，欲呼天阍而莫告。聃噩耗之遥传兮，忍徒跣而鸡斯。乾我肝而焦我肺兮，独长号而涟洏。初疑信其参半兮，犹望望而汲汲。冀魂梦之一通兮，终焉怅怆惚忾而莫及。哀鸟兽之失群兮，必反巡其故乡。尚鸣号而踟蹰兮，或逾时而回翔。彼燕雀犹有啁噍之顷兮，况生民之贞良。恐寥廓而无归兮，托余情乎寒蛩。澈哀思于无垠兮，瞻云树而趑趄。虽百身而莫赎兮，宁尽乎期年之通丧。披麻衣而踊悲兮，究年岁而不敢忘。

该赋收入《固庵文录》，后编入《清晖集》中的韵文集。

1942年，饶宗颐夫妇从香港返回潮州，并在揭阳避难。9月份，倡议成立了“揭阳县文献委员会”，出任委员会主任，并聘蔡起贤等为委员，于1943年8月1日出版《文献》创刊号。在揭阳期间，他收集地方文献，获得“潮州先贤遗像”二十余幅。还参观郭之奇[①]故居，

① 郭之奇（1607—1662），字仲常，号菽子，又号玉溪。潮州府揭阳人，明崇祯元年（1628）进士，官至礼部尚书，为南明志士。

为《郭之奇年谱》增加详细的郭家世系资料。拜访古文大家姚梓芳老先生，姚、饶两家是世交，姚老先生创办的姚氏学苑给他提供了不少重要资料。

1943年初，饶宗颐到迁校于饶平凤凰山的金山中学任国文教员。从事教学工作，同时创作诗歌，在校任教一年，他写了一本诗集。用贾谊《吊屈原赋》中"凤凰翔于千仞兮，览德辉而下之。见细德之险征兮，遥曾击而去之"的词语，将所作诗取名为《千仞集》，后来又换名《凤顶集》。他自12岁起学写诗，早岁之诗词集除《凤顶集》外，还有《弱冠集》，早期的诗歌皆因战乱而丢失了。

秋天，中山大学的郑师许推荐他到广西无锡国学专修学校任教，他应邀前往，在国专先教古文字学，后来他教诗词，同时从事文学工作。这年，他与同在学校任教的钱仲联订交。

1944年桂林告急，饶宗颐随无锡国专迁至蒙山。冬，蒙山沦陷，他曾二度进入大瑶山，窜迹荒村，奔逃避难，在逃亡的人群中，史学家简又文及赵文炳先生亦在同列。此时收到冼玉清①自连州寄来书信及诗文，他遂于仓皇中复诗：

> 千秋燕喜享，寂寞今无主。玉想琼思处，江山伴凄苦。
> 地似皋桥僻，怀哉暂羁旅。出郭濑浅浅，入门风虎虎。
> 攀挂聊淹留，万方惊窘步。遗我尺素书，未曾及酸楚。
> 日月苦缠迫，春愁种何许。山中听蟋蚰，吟篇应无数。
> 十年拓诗境，鸿洞知几度。且试写古抱，宁复怨修阻。
> 休谱厄屯歌，哀时泪如雨。

---

① 冼玉清（1895—1965），广东南海人。著名文史专家、女诗人。历任岭南大学、中山大学教授、广东省文史研究馆副馆长，能诗善画。有《冼玉清文集》等。

冼玉清原诗：

> 卖痴声不到山村，祈谷人家笑语喧；
> 我自无聊闲读赋，蟋蟀鸣处忆王孙。

战火纷飞、满目疮痍的现实，以及在大瑶山历尽艰辛，使他的心灵受到强烈的触动，涌动的诗情井喷而出，在很短时间里，创作了充满生命热力的数十首诗，《傜山草集》（含《北流集》）是这时期艰苦生活的写照。抗战胜利后，他于10月间，整理诗作成《瑶山集》，共得64首诗。这是现存最早的诗集，后收录入《选堂诗词集》、《清晖集》。1945年重阳在北流山围写《傜山集自序》云：

> 去夏桂林告警，予西奔蒙山，其冬敌复陷蒙，遂乃窜迹荒村。托微命于芦中，类寄食于漂渚。曾两度入大瑶山，攀十丈之天藤，观百围之柚木，霏霏承宇之云，凄凄慕类之麋，正则小山所嗟叹憭栗者，时或遘之。以东西南北之人，践块轧罔沕之境。干戈未息，忧患方滋。其殆天意，遣我奔逃，俾雕锼以宣其所不得已。烈烈秋日，发发飘风，卑枝野宿，即同彭衙，裹饭趁墟，时杂峒獠。逢野父之泥饮，值朋旧而倾心。区脱暮警，寒柝宵鸣，感序抚时，辄成短咏。录而存之，都为一卷。今者重光河岳，一洗兵尘，此戈戋者，皆危苦之词，宜捐弃而勿道；然而他乡行役，诚不可忘，烧烛竹窗，如温旧梦，敝帚自珍，亦何妨焉。

陈颙、詹安泰、刘寅庵分别为该集题辞。

《读岭南诗人绝句题瑶山草》陈颙
兵火磨心说太平，晚年相值重诗声。
须眉节概邝海雪，忧患诗篇杜少陵。

《题辞》 詹安泰

平生卷行脚，颇欲访奇踪。有如嗜古成癖人，欲阐穷荒摩骨龙。谢客名山为作志，东野凄神貌石淙。古来有书皆可味，何必苦苦梦游天姥峰。饶子示我瑶山草，略施釜凿觑天巧。浑沌自闯三光精，岂独南雁飞不到。古木千章藤百丈，极靓奇馨出青嶂。碎剥云衣刻古欢，未许玄猿含泪上。怪趣时豁昏花晴，更闻岩漏清琴声。长风吹月摇空冥。夜静每坐窥仙灵。南村北村一涧隔，不通情话但看客。僚奴瑶妇各天真，十幅裙甄半床石。顾此遑遑行役子。避兵身在心欲死。得来歌笑了生生，谁哀绝圣与弃智。况有佳朋邀二三。选胜日日恣雄贪。勘磨得失真何马，不抵一篇闲散谈。

又　刘寅庵

我乡诗家少学杜，南山具体犹明贤。丰湖一集独得骨，觥觥五字长城坚。几人自谬师笔意，后虽有作何称焉。江城暑夏逢吾子，归装出示诗百篇。蕴含演漾真杜体，已觉宋美难专前。乾坤战伐逾十稔，麻鞋荷担路几千。同华秦陇道虽阻，以较蛮徼仍天渊。纵不刻意规杜老，忧伤情志知同然。大藤之峡实穷处，鬼门鲊瓮无斯艰。瑶户生活均牛豕，哀此无告吁于天。不有子诗为传播，邝记几误避秦源。（粤人入瑶地者，前有邝露，著赤雅，及君而二。）中间凤顶如同谷，集名曷不从山传。（君别有《千仞集》，为旅居饶平凤凰山顶时作，集名拟代易作凤顶）。子年方富文尤袤，一游一集本无难，高才肯让刘醇甫，尚絅卅集编连连。（自来诗集以嗣绾为最富，尚絅堂分四十三集，每集因事立名）。

钱仲联先生在《选堂诗词集》序中说：

《瑶山》一集，尤其独出冠时者也。时先生方都讲粤西，甲申夏桂林告警，西奔蒙山，蒙山踵陷，窜身荒谷，两入大瑶山，与峒氓野父相濡呴……长吟短咏，出自肺肠，入人肝脾。

《瑶山集》集表现了饶宗颐青年时深沉博大的爱国情怀和卓越人格。在抗日战争最后一年的艰难岁月里，犹屈原之放沅、湘，杜甫之逃安史战乱，他二度进入大瑶山，历尽艰辛，饱经忧患。生活的磨难，使其坚毅豪迈的人格焕发出奇异的光彩；敌寇的横行带来的灾难，则激发出他深厚无比的爱国主义情怀。后来他在不少场合提起大瑶山，2012年6月28日，他赴任西泠印社社长，在杭州市政府的欢迎会上，他说自己吃了很多苦，请大家看一下他68年前写的《瑶山集》，就可知苦到什么程度。其中，《哀桂林》、《何蒙夫乱离中守其先德不去卢集未尝去手，投之以诗》、《黄牛山歌和天水赵文炳》、《瑶山咏》等诗是大瑶山苦难的写照。

　　《黄牛山歌和天水赵文炳》如下：

　　　　此间非同谷，胡为牵萝补茅屋？

　　　　崩榛正满旄，长镵曲柄子安归？

　　　　尚怜朝士风中老，裂冠毁冕收身早。

　　　　空有新声续水云，坐叹凝霜沾野草。

　　　　从来多垒儒生耻，忍见呼兵蒙山道。

　　　　山间岂易忘岁月，日下几曾伤流潦。

　　　　栖栖此日湄江湄，故都故国有所思。

　　　　携家黄牛岭头住，几时骑牛函谷去？

　　　　渭水滔滔尽北流，终南兀兀肯南顾。

　　　　劝君休唱黄牛歌，泪似秦川呜咽多。

　　　　放翁犹堪绝大漠，祖生微闻渡黄河。

　　　　丘山会有万牛挽，莫伤只手无斧柯。

　　赵文炳，曾任甘肃监察使，抗战时流落西南，与饶宗颐同执教于蒙山黄花书院。赵先生因有《黄牛山歌》之作，饶宗颐作和，乐观旷达，极为豪迈。

1945 年，元旦，无锡国专二十四周年校庆，饶宗颐与爱国学者蒋庭曜（石渠）先生等在瑶山精舍一同欢庆，酒后他即席赋七古一首呈座上诸公，诗云：

我似羸牛鞭不动，尚欲与公偕入瓮。
薄酒浇胸如泻水，一饮百杯嫌未痛。
江海相逢值元日，觥筹手挥兼目送。
穷山华筵岂易得，此乐要当天下共。
太湖三万六千顷，伊昔曾开白鹿洞。
崔巍瑶岭播迁来，最高寒处能呵冻。
师友呻吟各一方，二十四年真一梦。

我行叠嶂叹观止，如吞八九于云薯。
群公坚苦餐藜藿，要为国家树梁栋。
平时蟠胸有万卷，可与山灵一披讽。
潢潦终当归巨浸，蛮荆自昔生屈宋。
西溪一脉此传薪，南荒万象足持控。
汀洲鸿雁渐安集，风雪纸窗余半缝。
倾壶但愿长周旋，破眼梅花春欲纵。

蒋庭曜为无锡国专写下了艰苦卓绝的光辉一页，为此，饶宗颐赠诗曰："谁与玄黄兵马秋，力能犯难砥中流。浑身是胆有蒋侯，载书五车费九牛。凿山缘木入荒陬……同来诸生几辈俦，有如陈蔡从孔丘……赴义无畏行无忧……似君须向古人求。"赞扬了蒋老中流砥柱赴义无畏的精神。

饶宗颐认识台湾北平印铸局技正冯康侯先生，康侯原名强，广东番禺人，年三十学治印，香江篆刻五老之一，饶宗颐常用印"固庵"、姓氏"饶"数印是他所治。

1946 年，饶宗颐从北流返回广州，被聘为广东文理学院（华南师范大学前身）教授，他在那里呆了一个学期之后返回汕头，任汕头南华大学文史系教授、系主任。当时，在广东第五区行政专员郑绍玄的倡导下，汕头成立了一个修志馆，他负责《潮州志》总纂修。重修《潮州志》编修工程规模巨大，超过清代编修的四部《潮州府志》的总和，由于编修工程计划中间生变，修志工作由政府行为变为私人行为，先生只能独立担当管理和总纂工作，寻找修志经费以支撑修志工作，经过两年艰辛，《潮州志》修纂取得很大的成功，撰有一本凡例，后来收入《潮州志汇编》。《潮州志汇编》是他利用日本东京内阁文库明嘉靖郭春震《志》，同《永乐大典》所收《三阳志》以及清代、民国诸志，汇编而成的，为古今潮志之集大成者，在中国方志史上有开创之功，其内容涵盖历史沿革、大事记载、地理、交通、气候、水文、地质、农工渔猎、志异丛谈等，共有 15 个专志。介绍了潮州人文历史和风土民俗，对潮州文献史有着前无古人的巨大贡献，本书 1965 年由香港龙门书店出版。在中国现代的地方学编纂史上，饶宗颐首开现代科学编纂体例。

秋，自书孙夏峰语，扇面赠友人经世致用之语，语云：

从来任事之人，须带几分愚，方克有济，利害当前，知者巧于回避，非愚孰肯身入其中，而意不慑，色不沮，此狄梁公所以不可及也。

在汕头修志馆作诗一首：

拥鼻微吟只自嗟，茶烟袅袅淡生涯。
心忧四野民无告，目尽平芜雨半遮。
近海飞鸢争出没，过桥老树自欹斜。
闲中观物宁非学，何必长安看遍花。

年底，《楚辞地理考》由上海商务印书馆出版。全书分上中下三卷。附录部分收入钱穆的《楚辞地名考》、《再论〈楚辞〉地名答方君》，方授楚的《洞庭乃在江南屈原非死江北辨》及陈梦家《论长沙古墓时代》等篇目。同年撰写《新莽艺文志》发表于《文教》杂志；《韩文编录原始》发表于《东方》杂志第四十二卷一十二号。

1947年，5月，被聘为广东文献馆广东文物编印委员会委员，9月撰写的《潮州先贤像传》由艺文印务局出版，其《序》云：

> 吾州之学，启自赵德，惜乎图像无存。是编以年代先后为次，自唐大颠禅师至清曾右丞刚甫，凡三十人，并缀各传援据书目于卷末，备参稽焉——
>
> 是书之刊，俾吾州前代巨人长德，于此一帙中，得以朝夕亲炙，申仰止之诚，偿尚友之志，启爱乡之心，长思齐之念，随在皆足发人深省。

同年，饶宗颐第一次游台湾，记下当地山山水水，风土人情，共作诗九首，后集成《鲲岛欸乃》，抒发对宝岛台湾热爱之情。

日月潭杂诗

水水山山即负离，澄潭百丈窟蛟螭。飘然独木舟来去，始见洪荒一段奇。

洪波不着一浮萍，万籁无声逝复停。沆瀣莽苍供吐纳，波心影浸漫天星。

终朝不见只禽飞，地窄天遥未许归。忽起玉龙三百丈，喧豗雷瀑水深围。

撰写《清初潮州迁界考》、《汕头释名》、《潮州历代移民史——民族志之一章》、《潮州滨海地带之冲积》，发表于《大光报·方志周刊》。

1948 年，32 岁，被聘为广东省文献委员会委员、副主任委员，通过实地考证，收集广东史志书籍、广东方志等历史资料，为整理广东文献做出卓越贡献。在揭阳、兴宁等地勘查出土的新石器时代遗物，完成了《韩江流域史前遗址及其文化》初稿。为充实其书稿，又专程赴台湾，访金关丈夫①教授，探讨史前遗迹发掘和原住民情况。在参观台湾大学历史学系研究室所藏出土文物中发现，其印纹陶片与潮州的完全一致，并做了详细的对比，得出了结论：

　　　　台湾印纹陶片，与潮州似不无关系。据日本国分直一教授语予，台湾印纹文化不止一时期，自社寮岛（基隆）起，环绕东海岸之印纹陶。为较晚期之物，可能非台湾本土文物，而系由浙闽粤传播而来。又前往屏东以南，调查潮州镇及潮人旅台资料。游日月潭等地有《鲲岛欸乃》。

　　在辽宁教育出版社出版的饶宗颐《文化之旅》中收录了先生一篇散文《南澳：台海与大陆间的跳板》中亦提到本书撰写收集资料的一些经过：

　　　　记得抗战胜利之翌年，我回汕头主持修志工作，在揭阳黄岐山发现一些新石器时代的遗物。我后来携带陶片到台北帝国大学，和日本考古家金关丈夫、国分直一两教授交流探讨，那时陈奇禄兄还是学生。日人未完全撤退，值魏道明当政，草山仍是一片荒凉，百废待举。我又在南方资料馆搜集有关资料，顺便到屏东南部的潮州郡调查，方才知道该地住民全部都说客家话，不懂潮语。后来于新竹县图书馆见到一本日文书名曰《呜呼忠义亭》，是记述为清室殉职的客属人物，然后了解施琅入台，继而助清兵平定朱一贵的多是客属人，而说潮语、从郑成功，来自海阳、潮阳、饶

---

① 金关丈夫（1897—1983），日本香川县人，解剖学者、人类学者。

平的人们在清代后期几乎全被视为反动而归于淘汰。

《高雄县潮州镇——一九四八年访问记》记载了台湾潮州镇的人文地理。

广东文献馆计划出版《广东文物》特辑,叶恭绰、简又文向饶宗颐约稿,饶宗颐利用这个机会,以薛中离①事迹为题,著《薛中离年谱》,后收入《选堂集林·史林》,陈荣捷作英文序言,饶宗颐在《跋》中指出:

> 中离先生为王门高弟,首钞《朱子晚年定论》,刻《传习录》,于师门宗旨,多所敷发。阳明居赣州,先生偕兄俊及群子弟往问业。由是杨骥、鸾兄弟、黄梦星、林文、余善、杨思元、陈明德、翁万达、吴继乔辈,闻风兴起,王学盛创行于岭南,论者咸推功于先生焉。先生之学,有入门、有归宿,一生气魄,百折不回,其节概具见《明史》及府县志本传。

通过著述,表彰薛中离廉政爱民的美德。

饶宗颐倾心学术一丝不苟,不管是谁的文章,如果与史料考据有出入的,他都欲与之讨论,余家菊在其著作《大学通解》附录《论郑晓古言类编》中怀疑石经《大学》乃唐伯元伪造。饶宗颐随即撰写《与余家菊论石经大学书》一文,提出不同观点:

> 比读尊著《大学通解》附录中《论郑晓古言类编》,疑石经《大学》出于唐伯元伪造。考曙台此书唐彬求赐谥疏,作《大学注释》,嘉庆《澄海县志》作《石经大学解》,《千顷堂书目》及《经义考》均作《石经大学》,名与丰坊伪本同。考唐氏集中自序,实名《古石经大学》,其书旧鲜传本,道光间普宁方耀重刻《醉经楼

---

① 薛中离（1468—1545）,名侃,字尚谦,潮州市人。明德十二年（1517）进士,官至行人司司正。

集》，附刊卷后，始流传于世。书中于经文粗有注解，特欲证《学》《庸》两书，皆孔伋所撰，以申贾逵之说也。书首有论石经疏次序，次载丰坊伪本引虞松等语，又次为经文。核其字句，与丰坊本略异。其经文不删"此谓知本"、"此谓知之至也"、"此谓修身在正其心"一十八字，而丰本删之，一也；经文前引虞松语首句，不云魏政和，而云正始，二也；所不同者，仅此。所谓古石经《大学》，盖伯元得自吉安邹氏，疏称臣令泰和吉安，知府张振之手古石经《大学》授臣，询其自，乃从今翰林院庶吉士邹德溥为举人时所寄，随录一册笥之，此即丰坊伪本，匪别一石经本也。朱竹垞言丰坊伪石经《大学》，唐氏误信之，上之于朝，足证两书同本。夫丰本之伪，尽人皆知，魏政和三字，素为人所指摘。（吴应宾驳之，见《经义考》）今唐氏此书，独作正始，乃知所传丰本之作政和，盖传写之讹。且旧所传丰坊伪本，其异于注疏本者，在经文倒置，及增入颜渊问仁二十二字，而所省去"此谓知本"十八字，唐氏此书竟存之，又可见此十八字为脱简。丰坊原本，未曾缺也。故论丰坊石经，唐氏此书实其真面目耳。

在《大光报·方志周刊》，发表论文，其中有《海宁考》、《隋代潮州与琉球之关系》、《台湾省高雄县潮州镇访问记》、《潮人移台小史》、《潮汕畲民之历史及其传说》、《福老》、《揭岭揭阳山辨》、《郝尚久〈潮州溪东关圣帝庙碑记〉》，前7篇皆收入《饶宗颐潮汕地方史论集》。《郝尚久〈潮州溪东关圣帝庙碑记〉》收入《固庵文录》。

1949年，33岁，又是饶宗颐人生的一个转折点，年初，在赴港咨询资助人方继仁①先生关于编写《潮州志》的事宜时，方先生认为国内尚未安定，香港相对平静，建议他留在香港继续自己的研究。方先生并答应每月寄经费回汕头，以维持修志馆的生存。于是，他决定留居香港，这是

---

① 方继仁（1904—1976），广东潮州人，热心公益事业的慈善家。

一个最大的转折，一切要重新开始。方先生是一个生意人，亦是一代儒商，饶宗颐在《固庵文录》中有一篇《方继仁先生墓表》追忆道：

> 性豁达，于乡，分美以惠贫穷，兴学以牖大众，建亭以荫行旅，浚渠以益灌溉，为之不遗余力，乡人至今颂德弗衰。五十以后，杜门养疴，自以先圣曾荀，知命始学，乃奋发淬砺，泛览群书，下及历代诸儒学案，"刺"取其中嘉言懿语，以类相次，成《勉学粹言》十五篇，印二万册，分馈亲友。

饶宗颐至今仍感念方继仁先生，他认为自己的整个生命中，方先生是很关键的一个人，到了香港后，他整个人就改变了，一切重新开始，所有的转折，连自己也想象不到，他变成一个新的饶宗颐。

1939 年至 1949 年撰写论文：

1939 年：

撰《古籍篇名提要》稿。

1940 年：

《"敷浅原"辨》，发表于上海《学术》；

《新书序目》，发表于齐鲁大学国学研究所《责善》半月刊第一卷第三期，以《新史序目》收录入《饶宗颐二十世纪学术文集》卷六·史学；

《𡧡为根围考》（殷史探源之一），发表于齐鲁大学国学研究所《责善》半月刊第一卷第十三期。

1941 年：

《广东之易学》发表于广州中国文化协进会《广东文物》（下册），又见上海书店《广东文物》，以《略记广东易学著述》收录入《饶宗颐二十世纪学术文集》卷四·经术、礼乐。

1944 年：

《殷囷民国考》，发表于《文理学报》第一卷第一期，后由广东省文理学院以石印本刊行。

1945 年：

《〈芜城赋〉发微》，发表于上海商务印书馆《东方杂志》第四十一卷第四号，后收录入《文辙·文学史论集》，《饶宗颐二十世纪学术文集》卷十一·文学。

1946 年：

《新莽艺文志》，发表于广州《文教》，以《新莽艺文考》收录入《饶宗颐二十世纪学术文集》卷六·史学；

《韩文编录原始》，发表于上海《东方杂志》第四十二卷第十二号·重庆版，修订版《赵德及其〈昌黎文录〉——韩文编选溯源》，发表于《香港潮州商会六十周年纪念特刊》，后收录入《文辙·文学史论集》（下册），《饶宗颐史学论著选》，《饶宗颐潮汕地方史论集》。

1947 年：

《清初潮州迁界考》，发表于汕头《大光报·方志周刊》第三十一、三十二期，后收录入《饶宗颐潮汕地方史论集》，《饶宗颐二十世纪学术文集》卷九·潮学；

《汕头释名》，发表于汕头《大光报·方志周刊》第三十三期，后收录入《固庵文录》，《饶宗颐潮汕地方史论集》；

《潮州滨海地带之冲积》，发表于汕头《大光报·方志周刊》第三十五期，后收录入《饶宗颐潮汕地方史论集》，《饶宗颐二十世纪学术文集》卷九·潮学；

《潮州历代移民史》，发表于汕头《大光报·方志周刊》第三十七期，后收录入《饶宗颐潮汕地方史论集》，《饶宗颐二十世纪学术文集》卷九·潮学。

1948 年：

《福老》，发表于汕头《大光报·方志周刊》第四十四期，后收录入《饶宗颐潮汕地方史论集》，《饶宗颐二十世纪学术文集》卷九·潮学；

《揭岭揭阳山辨》，发表于汕头《大光报·方志周刊》第五十二期，后收录入《饶宗颐潮汕地方史论集》，《饶宗颐二十世纪学术文集》卷九·潮学；

《海宁考》，发表于汕头《大光报·方志周刊》第五十四期，后收录入《饶宗颐潮汕地方史论集》，《饶宗颐二十世纪学术文集》卷九·潮学；

《隋代潮州与琉球之关系》，发表于汕头《大光报·方志周刊》第六十七期，后收录入《饶宗颐潮汕地方史论集》，《饶宗颐二十世纪学术文集》卷九·潮学；

《台湾省高雄县潮州镇访问记》，发表于汕头《大光报·方志周刊》第八十二期，后收录入《饶宗颐潮汕地方史论集》，《文化之旅》，《饶宗颐二十世纪学术文集》卷九·潮学；

《潮民移台小史》，发表于汕头《大光报·方志周刊》第八十六期，后收录入《饶宗颐潮汕地方史论集》，后收作《文化之旅》的《高雄县潮州镇（1948年）访问记》附录，后收录入《饶宗颐二十世纪学术文集》卷九·潮学；

《汕头之地质》，发表于汕头《大光报·方志周刊》第九十三期，收录入《饶宗颐潮汕地方史论集》；

《潮州畲民之历史及其传说》，发表于《大光报·方志周刊》第一百、一百零一期，后收录入《饶宗颐潮汕地方史论集》，《饶宗颐二十世纪学术文集》卷六·史学。

1949 年：

《薛中离先生年谱（附跋）》，发表于广东文献馆主编的《广东文物特辑》，广东省文献委员会刊行、中国文艺推进社印行，后收录入《选堂集林·史林》（下册），《饶宗颐潮汕地方史论集》，《饶宗颐二十世纪学术文集》卷九·潮学；

《潮州的天然富源》在香港刊行，又见《旅缅潮州会馆庆祝新厦落成纪念特刊》，仰光，旅缅潮州会馆1961年，第32至35页。

香港机缘
（1949—1954）

移居香港后，饶宗颐研究词学（特别是清词）、文选学、甲骨文与古文字学、目录学和版本学等，他集中精力为出版甲骨文巨著做准备。他说："很多人觉得香港是沙漠，香港根本不是沙漠。视乎自己的努力，沙漠也可变成绿洲。"

饶宗颐说过："留在香港，这是我生命的幸运，佛教叫缘分，印度人说结缘。"他认为香港对其学艺事业的发展有着十分重要的意义，他在《饶宗颐学述》中提到：

三四十年代我的国学研究，大部分时间处于抵抗日本人侵略的战乱时期。抗战结束了，中国仍处于水深火热之中。我相信这一阶段有点类似建安的晚期。我个人想，在这种年代本来应该在文学上有很多好的作品，世积乱离，风衰俗怨，但是却没有什么成就。至于说到学术上的发展，起码应有十年八年安定的条件，才能做出点事情来。比如说建安那个时代，在荆州后来形成了一个学派，产生刘表、宋忠，后来有王弼等人的成就。但我们那个时代没有什么。从整个国家的情况来讲，有一点可以看出的，中国大陆以外的地区却处于重要地位。比方说香港，香港是个很重要的地方，我认为香港就等于建安时代的荆州。三四十年代的前期，一些共产党人避国民党，来香港；后来避共产党的人，也留在香港，做他们的事情。这里是个避风港。香港有这么几年的安定，避开政治和"政治纷争"和"时代风暴"，这很重要。所以我认为香港是历史上的荆州。对照历史看，荆州不是太重要。但在一个过渡的时期中就不是这样了。香港也是这样，因为香港是一个可以同国际上来往的自由港。王粲写《登楼赋》时，是向往中原的，很苦闷。但是，总是起初有一些文人，这些人再带起一代人。比如说王粲，他的后代就有王弼嘛。我曾经有篇演讲谈及这个问题。那时香港还没有中文大学，我在港大教书。那时大家想倡办第二个大学，有人不同意，说香港是个殖民地，没有必要。我当时的地位还不能左右，可是我在这一个讲话中，就把香港比作建安时代的荆州。当时便有一些内地的学校搬来，成为一些二等的大专。我之所以把香港比作荆州，是从一个大的角度来看问题，来看学风与历史与地域的诸多关系的。

将香港比作"荆州"，是 1953 年饶宗颐在香港大学一次讲演中提出的，原文如下：

比如说建安那个时代，世积乱离，风衰俗怨，可是荆州后来却有了一个支派，有了王弼等人的成就。比方说香港，其重要性就等于那个时代的荆州。香港是个避风港，香港有这么几年的安定，离开政治和时代的风暴，很重要。

饶宗颐从较大的角度看问题，认为香港就是相当建安时代的荆州，从学风与历史与地域的诸种关系来看，这里无疑是进行学术文化活动的一方净土。

1950 年，在香港出版了第一部有关潮州地区新石器考古记录的《韩江流域史前遗址及其文化》，叶恭绰为书名题签。9 月，韩槐准①在海南岛文昌县凤鸣村采集得石器 60 多件，为新石器时代打磨的遗物，韩准备自海南往香港返回新加坡。饶宗颐在香港西环一间小旅馆获观

---

① 韩槐准（1892—1970），海南文昌人，考古学家、历史学家、植物学家。北京故宫博物院瓷器部顾问，中央文史馆馆员，被誉为"研究中国古外销陶瓷第一人"。

这批石器，他邀请考古学家郑德坤协同鉴定，拍摄成图片，经整理为《海南岛之石器》初稿，并于次年由香港国泰印刷印行。

1952 年以前，饶宗颐主要专注于甲骨文的研究，殷墟甲骨文，又称为"殷墟文字"、"殷契"，是殷商时代刻在龟甲兽骨上的文字，商代统治者十分迷信，例如对灾害、下雨、农作物收成、打仗、生育、疾病、做梦等事情都要进行占卜，以了解鬼神的意志和事情的吉凶。甲骨卜辞记录语言是很真实的，甲骨文献是研究古代特别是商代社会历史、文化、语言文字的极重要的第一手资料。此间，最早由台湾"中央研究院"史语所印出殷墟小屯（今河南安阳小屯）甲骨文一编、二编，饶宗颐均购得细研，他还搜集了很多甲骨文方面的书籍，开始撰写甲骨文巨著《殷代贞卜人物通考》。

1952 年 36 岁，饶宗颐受聘为香港大学中文系讲师，后为高级讲师、教授。港人十分重视学历背景，饶宗颐没学历仍受聘为教授有三个原因：第一，他系新亚书院教授；第二，担任总纂的《潮州志》20 本线装书出版；第三，协助王云五编《中山大辞典》及撰写古籍逐篇提要。自 1952 年一直到 1968 年，他于港大执教，主讲目录学、文字学、《楚辞》、文学批评、汉魏六朝文学，并负责《东方文化》的编辑工作，他站在国际汉学研究前沿，把该刊物办成世界一流的交流平台，他先后发表大量有创见性论文。此时，英国人林仰山（F. S. Drake）为传教士家庭出身，在齐鲁大学教过书，是研究黑陶的考古专家，香港大学首任中文系主任，林仰山用人不拘一格，在学术研究上善于创新，他把英国的沙龙文化、经院研讨与中国师友论道传统圆融地结合，形成了自在、活跃的学术气氛。饶宗颐自学出身的学术背景，没有文史哲分家的现当代学术的弊端，他深具传统治学的素养，又喜欢陈寅恪先生所谓"冢中枯骨"的学人，在这样自由、通达、保守又开放的学术环境中，使他能够尽显才智。对林仰山这一香港现代学术环境的引领人物，他是这样评价的：

林教授还弄了一个研究院，出了一个刊物，还有博物馆，林真有魄力，加上中文系，一个人管四个东西。博物馆就是现在的冯平山博物馆前身。他每天都搞到两三点钟才休息。我们在港大的生活中，最有意义的就是我们办《东方文化研究》这个刊物，这是我们在香港的创举。可以说是从林仰山开始把香港搞得有学术气氛的。我们有一年多，每月轮流请客，讲不同的题目，钱宾四先生当时也参加的，每人研究兴趣在什么问题，可以随便讲，这种风气是林仰山开创的，他带得起头，后来他又做文学院院长，权更大了。他连任三届，这三届就把港大中文系带起来了。我觉得这个人对香港有很大的贡献，对中国文化有很大的推动。

　　饶宗颐对在此环境中充分发挥其学术优势与潜能，归结为"上帝给他的机会"。

　　3月，撰写《〈文心雕龙〉与佛教》发表于香港《民主评论》第五卷第五期，后收入《文辙·文学史论集》。文章中认为《文心雕龙》与佛教思想有联系：

　　　　有若干地方可以看出《文心雕龙》与释氏思想有连带关系：一、"征圣的态度"；二、"《文心》的命名"；三、"全书的体例，雕龙一书，编制严密，条理严析。有人说他是采取释书的法式为之，自《书记篇》以上论文体，即所谓界品（界品'明诸法体，以界标名'见俱舍论，即今言门类）；《神思篇》以下论文术，即所谓问论（像《阿毗昙心》序云'始自界品，迄于问论'，凡若干偈，正是佛书论制的佳例）"；四、"带数法的运用"。

文章还提到：

　　　　至于转读之法，我们看慧皎所描写，有的"声彻里评，远近惊嗟"，有的"升座一转，梵响干云"，有的"四飞却转，返折还弄"，似乎是用高音调还带着多少流连缠绕的繁腔。这时"唱经"，尚有一种是"吟调"。敦煌所出维摩诘经讲唱文卷，于长偈短偈并标注曰"吟"。吟是讽咏（《一切经音义》七十三），或者是用低音调而泛声较小的讽诵。《文心》所称："吟咏滋味，流于字句。"似即"吟"之类。印度古代音乐吠陀有三声（svara，即 accent）：一为高声调（udalta）；一为非高声调（anudatta），即发声高锐的扬音与低调的抑音；一为混合声调（svarita），乃调和上列二者的混合音。此三声乃就声乐高低而言，陈寅恪《四声三问》以比附平上去三种声调，实在极有问题。余曾与印度友人 V. V. Para-nipe 先生讨论。据称：这三声原为朗读吠陀圣典时所用，吠陀时代以后，不复施行，渐已失传。至南齐之世，去吠陀时代，悬隔遥远，其时僧徒，当不能懂这三声。他认为陈先生之说，时代上不相衔接，不易成立。今按佛所用的语言是方言，不可能用婆罗门诵经时的唱呗，故梵僧来华不传授梵呗是当然的事。汉土的转读佛经，乃自己创制的新声（详黄锡凌《梵呗》P 十七）。所以这三种吠陀的 svara 和平、上、去三个声调，根本上谈不到有什么关系。刘氏所谓"声有飞沉"，或指讽诵音的上下。故云："沉则响发而断，飞则声飚不还。并辘轳交往，逆鳞相比。"辘轳喻声韵的圆转时，鳞比喻声律的靡密。可见不仅指声调的平仄而言，还兼指歌唱的抑扬而言。他这种理论，可能是由吟佛经体会出来的——因为汉诗当日在受转读佛经影响之后，曾经产生一种新的讽诵法。（相传曹植登鱼山，于岩谷间，闻诵经声，因效之而制声。其事见刘敬叔《异苑》、《高僧传·经师篇》、《法华文句经》引《宣验记》。又《法苑珠林》四十九呗赞篇更演其说，谓：曹植读佛经，遂制转七声升降曲折之响。及感鱼山之唱，撰文制音，传为后式。梵声显世始此焉。以梵呗托始于陈思，所言虽不可信，但佛经诵读影响汉诗诵法，此正一旁证。）

在港大授课之余，饶宗颐开始研究古琴音乐，对古琴艺术渐渐入迷，并师从岭南古琴名家容心言学习古琴指法。对容老师的琴技以及师承渊源，有诗一首见证：

赠琴师容翁心言 十六叠前韵

冷冷七弦琴，薰风拂夏日。至乐忘年义，不觉垂八十。莫谓蓬户间，清歌金石出。宗派溯广陵，沾溉遍隩隙。心逐徐青山，疏淡惟师昔。三复廿四况，寝馈共枕席。希声孰知音，白云时挂壁。

翁年七十余，祖庆瑞，原籍黑龙江，著琴瑟合谱。瑞受之李澂宇，澂宇得传于徐越千周子安之徒，盖五知斋一脉也。瑞授大兴张瑞珊，著十一弦馆琴谱，其徒刘铁云为梓行。书中刘氏于广陵散新谱后记叙传授渊源甚详，足以补苴琴史。余曾从容翁问指法年余，性懒而拙，愧未能窥其万一耳。

饶宗颐对老师容心言琴艺造诣给予极高的评价，题注中说明自己向容先生学习指法虽一年多时间，但因自己性格懒惰且愚拙，惭愧无法从老师那里学到万分之一。饶宗颐认为"琴"是治心之具，特别是古琴这种乐器可以拿来作修养用的，故他蓄有古琴数张，其中一张是北宋郭之所藏"万壑松"琴。

1953 年，在香港大学主讲文字学、诗经、《楚辞》、文学批评、汉魏六朝文学。撰写了《重刊曾刚父诗集跋》，收入《固庵文录》。

因仰慕顾炎武①，撰写《论顾亭林诗》，赞扬其人品和诗格，认为顾氏是"独行游侠传中的人物"，具有"贫贱不移，威武不屈"的大丈夫气概。顾炎武一生以反清复明为己任，有人认为他"性兀傲，不谐于世，身本南人，好居北土（江藩《汉学师承记》）"。饶宗颐对此评价不以为然，他认为："尚未能道出他的心坎"，并引章太炎《书顾亭林

---

① 顾炎武（1613—1682），著名思想家、史学家、语言学家，为明末清初三大儒之一。

轶事》："世传先生始创会党规模，盖亦实事"，认为顾炎武不肯南归，在于他当日兼营社会工作，其目的是为了图谋恢复，后来失败，"又怕清廷招致，受其笼络，致有亏大节。"尽管他在救亡的运动中屡屡失败，但始终未改爱国之心。

对顾炎武的诗歌，他评价如下：

> 学人的诗。
>
> 长于隶事，尔雅典重，拿古人的文章来比拟，有如任昉的"载笔"。
>
> 踵美杜少陵，最特别处是没有一首无益的诗，都是纪政事、哀民生、乐道人善之作。

饶宗颐认为"读顾诗，应该于诗外求诗"，才能"明其诗旨之所在"。其诗价值"不在于独到的诗力，而在于他的纯正的诗旨"。这一观点发表于香港《学海书楼讲学录》第一集，后又收入《文辙·文学史论集》。

同年，《殷代日至考》发表于台北《大陆杂志》第五卷第三期。《明器图录·中国明器略说》（附英译），由香港大学东方文化研究院印行。是年，与台湾大学中文系主任台静农相交。

1950 年至 1953 年撰写论文：

1950 年：

《韩江流域史前遗址及其文化》，后收录入《选堂集林·史林》（下册），《饶宗颐潮汕地方史论集》，《饶宗颐二十世纪学术文集》卷九·潮学；

《秦代初平南越辨》，发表于新加坡《南洋学报》第六卷第二期，后收作《安南古史上安阳王与雄王问题》附录二，收录入《选堂集林·史林》（上册）。

1952 年：

《谈伯公》，发表于新加坡《南洋学报》第八卷第二期；

《殷代日至考》，发表于《大陆杂志》（第 5 卷第 3 期），台北，大陆杂志社。

1953 年：

《顾亭林诗》，发表于香港学海书楼《学海书楼讲学录》第一集，又见《香港学海书楼前期讲学录汇辑 1946—1964》；

《说镛》，发表于香港大学学生会《会刊》，后收录入《饶宗颐二十世纪学术文集》卷六·史学。

四海寻珍
（1954—1973）

　　饶宗颐游学世界，所到之处搜寻我国流失海外文物，从一纸一页，一甲（甲骨文）一石（金石）中开拓了汉学研究的新天地。这一时期，推出《敦煌本老子想尔注校笺》、《殷代贞卜人物通考》、《词籍考》等17部轰动国际学术界的著作。

　　1954年，在香港大学任教时，新亚书院教务长唐君毅因赴美讲学，饶宗颐代为讲授《老子》、《庄子》等道学的课程，这一开讲前后持续三年之久，他开始对道学和道教文化进行深入的研究。

　　是年夏，饶宗颐第一次赴日本，利用暑假从事日本甲骨文的调查工作，在京都大学人文科学研究所期间，探究该所所藏的两三千片甲骨。日本当时还很穷，没有日本人正式研究甲骨，除了京都之外，先生研究了其他一些机构送来的甲骨，撰写了《日本所见甲骨录》，在《东方文化》发表，他是讲日本所藏甲骨第一人。在日本期间，除收集甲骨文资料外，饶宗颐拜访天皇老师诸桥辙次老先生，结交了贝塚茂树、水野清一，并与日本汉学家、东方学者建立学术交流合作关系。"学术是靠交流，互相启发才能进步。"他的观点在日本得到大家的认同。饶宗颐研究目录学，并教授《文选》，他与吉川幸次郎因志趣相投，自然而然成为很好的朋友。在吉川的帮助下，他观看西村硕园所藏的《楚辞》分目，在内阁文库里将文库所藏的不同版本的《楚辞》一一拍录下来，在此基础上编撰了《楚辞书录》，作为"选堂丛书"之一。

　　应三上次郎的邀请，在日本东京大学教养学部讲授甲骨文。在京都发表了《战国楚简初释》，这是学术界第一篇研究长沙仰天湖楚简的论文，他是学术界提出"楚文化"一词的第一人，并把《楚辞》和

《离骚》连起来讲，撰《长沙楚墓时占神物图卷考释》发表于香港大学《东方文化》第一卷第一期，这与他在德国宣讲论文《楚辞与考古学》是同一内容。

去日本路上，作《东海行·甲午夏东渡扶桑海上作》诗一首：

> 风吹雨脚天尽头，我行忽尔到东海。去去谁能挽逝波，倚天尚有鲁戈在。向夕风恬北斗低，寥天阔远无雁飞。南北东西底处所，坐拥海天碧合围，舟行渐觉六合小，齐烟九点连云杳。心宽白日撼波涛，目尽青天无昏晓。随风且理发冲冠，中原弥望气如山。凭栏试抹登临眼，独对孤云袖手闲。

饶宗颐东渡日本在海上所见所感，使他对家乡、对故人的思念没有一刻停过，而光阴易逝又使他无限感慨。对于漂泊流离，他能坦然面对，"独对孤云袖手闲"，不沉溺于忧愁孤独之中，"随风且理发冲冠"，看似随波逐流实则豁达开朗。

1955 年第二次去日本，于日本京都大学人文科学研究所从事甲骨研究。

在此期间，撰写以下论文：

《海南岛之石器》，发表于香港大学学生会《会刊》，后收录入《饶宗颐二十世纪学术文集》卷六·史学；

《〈文心雕龙〉与佛教》，发表于香港《民主评论》半月刊第五卷第五期，又见《新亚书院文化讲座录》，以《刘勰文艺思想与佛教之关系》发表于《香港大学中文学会会刊》，以《刘勰文艺思想与佛教》发表于《香港大学中文学会庆祝大学金禧纪念特刊·文心雕龙研究专号》，后发表于台北育民出版社《文心雕龙研究论文选粹》，又收作《文心与阿毗昙心》附录，收录入《文辙·文学史论集》，以《〈文心雕龙〉与佛教》收录入《饶宗颐二十世纪学术文集》卷十一·文学；

《释儒——从文字训诂学上论儒的意义》，发表于《东方文化》第一卷第一期，后收录入《饶宗颐二十世纪学术文集》卷四·经术、礼乐；

《长沙楚墓时占神物图卷考释》，发表于香港《东方文化》第一卷第一期；

《〈小屯乙编〉（下辑）书评》，发表于《东方文化》第一卷第三期；

《中国文字》，发表于香港大学东方文化研究院《中国文化讲话》；

《华南史前遗存与殷墟文化》，发表于《大陆杂志》第八卷第三期，后收录入《饶宗颐二十世纪学术文集》卷二·甲骨；

《殷历之新资料》，发表于台北《大陆杂志》第九卷第七期；

《中国绘画的起源》，发表于《金匮论古综合刊》，后收录至《画𩁹·国画史论集》；

《潮瓷说略》表于日本陶瓷协会出版的《陶说》杂志此文后收录入《饶宗颐潮汕地方史论集》，以《潮州宋瓷小记》收录入《选堂集林·史林》（中册），《饶宗颐二十世纪学术文集》卷九·潮学；

《谈石鼓文》，发表于香港《学海书楼讲学录》，又见《香港学海书楼前期讲学录汇辑 1946—1964》；

《吴建衡二年索紞写本〈道德经〉残卷考证（兼论河上公本源流)》，发表于香港《东方文化》第二卷第一期；

《西汉节义传》，发表于香港《新亚学报》第一卷第一期，以《西汉反抗王氏者列传》收录入《选堂集林·史林》（上册），《饶宗颐二十世纪学术文集》卷六·史学；

《居延汉简术数耳鸣目瞤解》，发表于台北《大陆杂志》第十三卷第十二期，后收录入《选堂集林·史林》（上册），《饶宗颐二十世纪学术文集》卷三·简帛学；

《人间词话平议（上下)》发表于《人生杂志》。

《潮瓷说略》和《吴建衡二年索紞写本〈道德经〉残卷考证》这两篇论文有极其重要的学术意义。《潮瓷说略》由日本人长谷部乐尔翻译成日文发表于日本陶瓷协会出版的《陶说》杂志上，使潮州宋瓷的重要性为人所知，他成为了介绍研究潮瓷的第一人。两千多年来，历代注释《老子》的著作不下百家，较重要的有汉代河上公的《老子章句》、曹魏时期王弼的《老子注》、唐代杜光庭的《道德真经广圣义》等。写本更是不少，其中传为敦煌莫高窟所出索紞写本《太上玄元道德经》（残卷），是年代最早的一种，此件原为清末著名的收藏家李盛铎收藏。后顺德人张谷雏旅京，无意得此残卷。1954 年张赴港，让他观摩秘藏原卷，并赠卷帙照片。饶宗颐又网罗古卷子河上公本《德经下卷》（列伯希和目 2375）、《老子德经注残卷》（列伯 2639）、唐天宝钞本、唐景龙易县碑、宋刻本、日本旧钞等等十六种版本进行校笺，以此证明索紞写本是有别于系师本和葛玄本的另一种河上公本，从而把《老子》研究推上新的高潮。

饶宗颐对《敦煌学》兴趣更早应追到叶恭绰，因叶老个人拥有敦煌几千份卷子，而着手研究是受日本之行所见所闻的影响而开始的，日本人最先着手于敦煌文献经部的研究，敦煌文献中的《琵琶谱》、或是《文选》的研究，诸如此类。他赞叹日本人保护文化的工作做得非常好，颇受他们治学精神所感动，下定决心要将敦煌文献，以及《楚辞》、《文选》等书的文化在中国发扬光大。饶宗颐不满足于高等学府的馆藏资料，他频繁走访私人博物馆，结交日本汉学家，收集散布在日本各地的敦煌遗书，他"一言而为天下法"，成为东瀛学者中敦煌学发展的旗帜与方向标。在日本，主讲敦煌本《文选》、日本钞本《文选》五臣注。饶宗颐日本之行多有感悟，与日本神田喜一郎、水源琴窗、水原渭江父子谈词，与吉川幸次郎聊诗歌，与斯波六郎探讨《文选》，到京都大原山听梵呗，再者听多纪颖信演奏日本雅乐等等。他有感而发，创作出不少优秀诗篇，如《冰炭集》中的《京都僧俗秋祭焚山祈禳灾，与清水茂大地原两教授登高同观》、《燃林房与水原琴窗论词》、《过牛田访故友斯波六郎旧居》、《大阪赠林谦三》、《寄平冈武夫》，诸如此类，举不胜举。

是年，《吴建衡二年索紞写本〈道德经〉残卷考证》一文印本赠予方继仁先生后，方先生对此极感兴趣，并前来求教饶宗颐。在解释问题时，他提到了敦煌经卷流失海外的情况，特别提到了日本学界的研究，认为："日本人在这方面处于优先地位，不久前，有一个叫梗一雄的，他在伦敦拍制了斯坦因搜集品的缩微胶卷。这是一套很好的研究资料，有了它，我还可再作其他方面的研究。"方继仁提议由其出资购买一套英国所藏敦煌文献胶卷，由此委托时任剑桥大学远东艺术及考古学教授郑德坤代为购买。《斯坦因收集品》6000多件缩微胶卷寄到香港后，饶宗颐成为海外私人唯一拥有这部胶卷的人，由此依据敦煌文献挺进敦煌学并梳理出许多珍贵秘籍并对书画、佛教史有更深入的研究。

1956年，《楚辞书录》由香港东南书局发行。当时姜亮夫先生的书还没有出版，所以这是第一本关于《楚辞》的目录书。饶宗颐的学问开端由目录学开展的，目录学成为他做学问的探路灯，《楚辞书录》是将目录学和楚辞学联系在一起来完成撰写，是一种创新的做法。其他书籍，如《潮州艺文志》、《香港大学冯平山图书馆藏善本书录》、《词籍考》、《楚辞书录》等是目录学的要藉。《楚辞书录》全书分为书录、别录和外编三部分。书录中收录了古代研究屈原及《楚辞》的论著书目共196种，近人研究31种，对每种书的不同版本，都作了说明或按语；别录部分，收录了近人重要研究论文编目110种；外编部分收录了《楚辞·拾补》7篇。作《点绛唇·自题楚辞书录》词一首：

> 一片骚心，雨昏阊阖天长闭。故乡临晚，城郭非耶是。鹈鴂声声，目极心千里。南枝倚。满江兰芷，待得春风起。

饶宗颐一向认为"学问要'接'着做，不能'照'着做"，接着便有所继承，照着仅沿袭而已。为勉励学生能够将学问"接"着做，薪

火相传,他作诗赠诸学生:

> 更试为君唱,云山韶濩音。
>
> 芳洲搴杜若,幽涧浴胎禽。
>
> 万古不磨意,中流自在心。
>
> 天风吹海雨,欲鼓伯牙琴。

著名联句,"万古不磨意,中流自在心"出于此。

饶宗颐第一次到法国出席了在巴黎举行的第九届国际汉学会议。中国大陆出席会议的代表有:翦伯赞、张芝联、周一良等,饶宗颐在会议上认识了他们,并和周一良结成好友,从此把臂论交。巴黎汉学会闭幕后,午后全体驱车至罗亚河之行宫区,晚宴于狩猎馆,他赋诗《沙维尔尼行宫》(Chatead de cheverny) 晚宴诗一首,当时,法国著名汉学家戴密微①是会议总代表,戴密微非常重视先生,法国人尊重诗人,他很会写诗,自然得到青睐,他还特地为戴密微写过骈文序《戴密微教授八十寿序》,收录在《固庵文录》,后收入《清晖集》。戴密微则赠他《黑湖记》,并与他结下了深厚的友谊。在巴黎期间,他利用英国所藏的敦煌卷资料,撰《敦煌六朝写本张天师道陵著老子想尔集校笺》,作为"选堂丛书之二"在香港出版,友人方继仁在《跋》中说道:

> 千佛洞旧藏卷子《老子想尔注》,为道教宝典,向未有人研
> 究。吾师饶宗颐先生据唐玄宗杜光庭说,定为张天师道陵所作。

又道:

---

① 戴密微 (Paul Demiéville, 1894—1979),法国汉学家,敦煌学重要学者,法兰西学院院士。一生所获荣誉校多,1951 年当选金石美文学院院士,后又获得了比利时卢万大学名誉博士、意大利罗马大学名誉博士、日本科学院名誉院士等。

48

道教原始思想之渊源与脉络，灿然大明，其中奇辞奥旨，先生多所抉发，余如考证张陵之著述，亦复详极原委，可补前史之不逮，诚老学之功臣也。

饶宗颐发表的第一部"敦煌学"著作《敦煌本老子想尔注校笺》反映早期天师道思想的千载秘籍，论证了《想尔注》成于张鲁之手而托始于张陵，此后先生还利用新出土的马王堆帛书材料，作《四论想尔注》，使学说更为坚实。《想尔注》的发表，揭示了道教思想的源头活水，引起了欧洲人对道教研究的热潮。历史上有三位皇帝唐明皇、宋徽宗、明太祖注过《老子》，他认为此书对人生的启发非常的好，是一部很让人受用的书。饶宗颐从藏于伦敦的敦煌文集《老子想尔注》全文整理出来，他是研究敦煌本《老子想尔注》的第一人。巴黎大学的中国宗教学权威康德谟教授认识这本书的重要性，将它定为研究班的教材，法兰西学院院士戴密微也认为这本书太重要了，并将它与《河上公注》、《王弼注》、《太平经》作详细的比较，该书成为道教研究入门书。

法国学者"施舟人"在《饶宗颐先生的〈老子想尔注〉研究和世界道教学的发展》中这样评价：

从前的道教研究只是一种比较笼统的历史探索，无人敢把早期的道书当做一项专门的研究主题。不少中国及日本学者认为，道教资料可以推断它的年代和其他历史情况就足够了，无需深入研究它的内容。就此而言，饶宗颐先生是道教研究的开拓者。他不仅把蒙尘已久的重要文献抢救出来，并加以各种严谨的注释与考证。可以说，在他之前，从未有人如此科学地研究道教文献。饶宗颐先生的成就使法国学者非常佩服，《老子想尔注》为他们提供了一个了解汉代思想的全新角度。

其《自序》如下：

夫三元八会之说，四辅七签之编，玄哉邈乎，奥不可议。然表诠至理，语托乎紫微；决定了知，义通乎玉玦。而历离日月，虽远溯于轩辕；象物窈冥，终建言于苦县。阅众甫而不去，先天地以自生。是以玄览之士，知所折衷；方术之流，随时斟酌。韩非显喻，淮南著应。邻氏抽其坠绪，安丘发其幽宗；中垒秘阁，犹说四篇，季长绛帐，有注成卷；世代悠远，旷乎莫传，至若辅嗣析其名数，知凡有皆始于无；河上致其渊微，谓不死在于玄牝。魏氏以来，传兹二学，譬长夜之逢晓，亦万派所朝宗焉。降而下之，代有明哲，讲论弥精，记述益富；遂盈阁而轫居，同充车而被轸，何其盛哉。缅惟安期受教，事著于史传；宫崇诣阙，语杂于巫觋。谓太平其可致，青领成书；岂汉运之将终，黄巾发难。丁三百五十年之厄，为一百七十卷之文；大顺阴阳，用弭灾异。乃有鹤鸣道士，造作鬼教。著三官之手书，置五斗之义舍；因五千文而都习，设廿四治以登真。敷扬妙义，风行蜀中，翼赞玄言，托遘想尔。阐守一之旨，携契天人，劝长生之方，先挫忿怒；本无为以去恶，立道教之元胎，系师定本，语助从删，仙士可期，安平大乐。珠囊悬解，传三洞之复文；真迹宗门，著卅辐之减字。惜乎时有夷隆，道有显晦。重以五季丧乱，秘轴扬灰，元宪焚经，玄都一炬。遂使丹诀惟北斗之可征，黄书共西日而偕没。神隐子谅所未收，正统藏于焉缺载。镇南古本，空存其名；"想尔"殊称，靡由审辨。陈篇黮暗，搜考无从，嗜古之徒，盖其闵矣。清季莫高石窟，秘室启扃。淹中佚礼，竟随橐驼而西征；化胡遗经，亦逐青牛而东指。天宝旧卷，足辨分毫；玄英开题，复资发覆。尤喜想尔残注，历劫犹新；于是正一明威之道，晦而复彰。三天柱下之注，微言弗坠。发南极之奥，众音贵和；披吕览之篇，与元同气。颐以庸浅，敢乐虚无。未绝学而生忧，惟周行而不殆。爰以讲席闲时，广事稽览，短识与寸阴争晷，驽马同颊影竞驰。稠适上遂，奚以白心，天地将倾，欲问黄缭。循诵此书，良资先觉；游目栖神，薄有微悟。稍为诊发，共数十事。导彼浑灏，等凿窍于混沌；申其诘屈，肆雎黄于亥豕。蠡测管窥，深惭博练。亦知百里之内，芳草非无；千祀以外，兰菊未绝。冀微启于今兹，庶有藉于来哲云尔。丙申清明饶宗颐选堂序于香港大学中文系。

90年代他再到法国时，法国人以研究道教获得博士学位的就超过50人。

在巴黎，饶宗颐将所见的甲骨文编成了《巴黎所见甲骨录》，成为学术界讲巴黎所藏甲骨的第一人。他认可法国的研究制度，因为他们公开对外授课，听讲不限人数，不管是普通百姓，或是高等研究院的学生、学者均可听课，并且每次开课都更换题目，认为这是做学问的一个很好的途径，是一种没有功利性的做法。本年中秋，他在巴黎度过，有感而作《巴黎中秋》：

巴黎中秋

未到江寒叶脱时，黄鸡白月上尊卮。滚尘扰扰秋随半，造物昌昌汝尚嬉。拂鬓西风劳北顾，倚天南斗渐东移。莫从片泽缩云汉，鸩毒山川世孰知。

撰《日本古钞〈文选〉五臣注残卷》，是讲日本钞本《文选》五臣注之第一人，发表于《东方文化》第三卷第二期，后收录于《文辙·文学史论集》；《宋词书录解题》，发表于香港大学《中文学会会刊》，后亦收录于《文辙·文学史论集》，撰《周鸿翔〈商殷帝王本纪〉序》。

1957年，1月26日戴密微来信指收到《巴黎所见甲骨录》，方知有此门学问及甲骨在巴黎所藏甚多。内文如下：

饶教授左右：

惠赠有关藏巴黎甲骨之巨著，今日杨联升先生已转交，谨此致谢。往日愚昧，未闻此门学问，致不知巴黎所藏甚多！君尽倾

51

所知著此专书，使大众闻之知之，不胜感激。法文之详细书评将不日出版，现谨再叩谢赠书。

昔日来巴黎所赠有关老子一书，亦已细读。此新作著于在《东方文化》所刊之论文后，带来对此伟大哲学家的更深入认知及理解。余亦拟为此书写评。

另请代为向罗香林教授问好。九月之时，本欲邀至舍下共聚，惜内子不适，故匆匆于会议期间离席，甚感遗憾。谨此再次致谢。顺问

近好

戴密微专此

一九五七年一月二十六日

代表香港大学出席在德国马堡举行的第十届汉学会议，并向大会提交了《楚辞对于词曲音乐的影响》的论文，会后，参观富兰克福歌德故居、幕尼黑纳粹集中营，游西德后作诗三首，《富兰克福歌德旧居》、《慕尼黑纳粹集中营》、《读尼采萨天师语录》。秋天，又到了英国，参观伦敦大学博物馆及剑桥大学图书馆馆藏甲骨，并会晤了友人李棪斋，为其私人所藏的甲骨撰写"校记"。

结识参加创办新亚书院艺术系的丁衍庸先生，丁公早年研习西画，醉心野兽派作品，后钻研中国画，倾情于八大山人，对丁公作品，推崇备至，认为其线条运用有过于马蒂斯，两人友谊深厚。

撰《敦煌本〈文选〉斠证（一）及（二）》，是讲敦煌本《文选》之第一人，发表于香港《新亚学报》第三卷第一、二期，又见台北木铎出版社《昭明文选论文集》，后收录入《饶宗颐二十世纪学术文集》卷十一·文学；

发表的学术论文有：

《金匮室旧藏楚戈图案说略》，发表在《金匮论古综合刊》，后收录至《固庵文录》（注：金匮室为收藏家陈仁涛的斋名）；

52

《从考古学上论中国绘画的起源》，发表于《金匮论古综合刊》第一期，以《中国绘画的起源》收录入《画领》，《饶宗颐二十世纪学术文集》卷十三·艺术；

《者沪编钟铭释》，发表于《金匮论古综合刊》第一期；

《居延零简》，发表于《金匮论古综合刊》第一期，后收录入《饶宗颐二十世纪学术文集》卷三·简帛学；

《京都藤井氏有邻馆敦煌残卷纪略》，发表于《金匮论古综合刊》第一期，后收录至《选堂集林·史林》（下册），《饶宗颐二十世纪学术文集》卷八·敦煌学；

《战国楚简笺证》、《楚简续记》，刊于《金匮论古综合刊》第一期；

《新莽职官考》，发表于香港《东方学报》第一卷第一期，后收录入《选堂集林·史林》（上册），《饶宗颐史学论著选》，《饶宗颐二十世纪学术文集》卷六·史学；

Ch'u Tz'u and Archaeology

Akte des Vierundzwanzigsten Internationalen Orientalisten Kongresses，München，1957；

《孔门修辞学》（先生演讲稿，林均田笔记），发表于台湾《人生杂志》，后收录入《文辙·文学史论集》（上册），《饶宗颐二十世纪学术文集》卷十一·文学；

《当前欧洲汉学研究大势》，发表于香港中文大学崇基学院《崇基校刊》第十三期。

1958 年，1 月，与林仰山、简又文等同游新安县鲤鱼门北佛堂，与美国加州大学东方语文学系陈世骧结交。5 月，《长沙出土战国缯书新释》"选堂丛书之四"，在香港义友印务公司印行。湖南长沙子弹库出土之帛书，自 1944 年蔡季襄印行《晚周缯书考证》，遂有"楚缯书"之称。用"缯书"两字，即沿用其名。楚帛书内容共分三部分，即天象、灾变、四时运转和月令禁忌，其内容丰富庞杂，整篇长文共有

900 余字，饶宗颐是治楚帛书的第一人。后来，《楚帛书》在抗战时由蔡季襄带到上海，美国人柯克思（Cox）又将它带到美国，存于耶鲁大学图书馆，后又转藏弗利亚美术馆。1963 年，寄存在纽约大都会博物馆，1964 年则被戴润斋所存，在此际遇之下，饶宗颐又获睹原物，写成论文《楚缯书十二月名核论》。1966 年，他对《楚帛书》原式重新摹写，并对帛书全文详加诠释，辨认出来的字较原来增加了 100 多个字，使学术界对帛书的认识更为清晰。1967 年，美国哥伦比亚大学美术史及考古学系召开专题学术研讨会，主题为"《楚帛书》及古代中国美术与太平洋地区关系可能性"。会前，有人认为大都会博物馆所藏"楚帛书"系赝品，饶宗颐通过对"楚帛书"的真实性论证，取得与会者的一致赞同，为此《纽约时报》作了长篇报道，使美国学界为之轰动。会中，撰写《从缯书所见楚人对于历法、占星及宗教观念》，收入大会专刊。此间，作《楚缯书歌次东坡〈石鼓歌〉韵》，云：

> 缯书原物既归 Sackler 博士，哥伦比亚大学特为召开讨论会，由 Goodrich 教授主其事，诗以纪之。
>
> > 涂月招摇位当丑，是孰维纲讯蒙叟。
> >
> > 久讶傲诡劫灰馀，旋出穷泉不胫走。
> >
> > 因思黄缭南方强，问天惠施肆开口。
> >
> > 缅缅铺陈数百言，悠悠况二千年后。
> >
> > 营丘重黎旧有图，平子描绘头唯九。
> >
> > 于斯独举五木精，待起邹生问榆柳。
> >
> > 若从时月揣宜忌，艰于南北辨箕斗。
> >
> > 初读只惊口衔箝，细推倍觉襟见肘。
> >
> > 妙悟偶然矜创获，缺暗通篇多蓁莠。
> >
> > 最耆三闾悲长勤，敢云千载许尚友。
> >
> > 窈窕方哀世多艰，神祀但嗟民有蔀。
> >
> > 当春行事勤卉木，论书波磔异蝌蚪。
> >
> > 曷以利众会诸侯，欲斋油素叩黄耇。

谁取《幼官》校时则，漫稽《尔雅》劳指嗾。

辞清直可追雅颂，篇长何止俪钟卣。

四神格奠尊祝融，九州泛滥思鲧瞍。

留与叔师补楚骚，还笑退之悲岣嵝。

拨柹应手未灰灭，地不爱宝天所厚。

独看神像绕周围，不知指意属谁某。

我行万里获开眼，宝绘喜归贤者有。

考文几辈费猜疑，历劫终欣脱箍枹。

感极咨嗟且涕洟，自古文章抵刍狗。

钻研我意亦蹉跎，摩挲仿佛衷神偶。

方今举国尽奔波，剡苔掘臼走黔首。

欲杜德机示地文，更穷赢缩识天楷。

博古龙威远流传，讲经虎观知去取。

且从书证试阐幽，何当爬罗与刮垢。

无复鸾飘叹凤泊，定知神物长呵守。

西顾因兹屡吟哦，扛鼎力犹未衰朽。

莫言尺缣罔重轻，惟有十鼓堪比寿。

1985 年出版的《楚帛书》，集饶宗颐 30 多年研究之大成，他是第一个指出帛书即楚国“天官书”的佚篇，这被学界认为是最合理的解释。

《楚辞与词曲音乐》，“选堂丛书之五”在香港出版，介绍了楚辞对中国文人的影响，并对后来的词学、戏曲和琴曲的发展起促进作用。

5 月 10 日，张大千①居士 60 寿庆，先生为颂寿而赋诗《大千居士六十寿诗用昌黎南山韵》，后李棪斋与之唱和，在《大千居士六十寿诗用昌黎南山韵》引言有云：

---

① 张大千（1899—1983），名爰，号大千，别号大千居士，四川内江县人，定居台湾，现代著名书画家。

顷为诸生说唐诗，涉论及此，略为诊发，以就正通人。记戊戌之岁，曾以半日之力，步《南山诗》全韵，为张大千六十颂寿，伍叔傥见之，语余曰：此真咄咄逼人。是诗王文卓君曾加注语，刊入其所著《画诠》中，流布未广。曾邮示李棪斋伦敦，棪斋谬加称许，《和阮嗣宗诗》见答，复因《南山诗》用韵，推论《广韵》所注独用同用之由来，说甚可取，今并录之，以附于篇。《南山诗》和韵者极少，惟清朱珏《知足斋集》中有一首，余诗不敢与朱比伦，但不复步昌黎铺张排纂之旧辙，别以严谨结构出之。诗道多方，各有所长，未可得一察焉以自好。值诸生征稿，故忘其固陋，复刊布之，聊自省览云。

与大千居士结缘是从这一篇《和韩昌黎南山诗》开始的。韩愈的诗古硬郁纍，南山用韵尤奇险，要步 102 个韵是最难做的，饶宗颐却用半日工夫完成大千居士周甲寿诗。随后大千居士也作画赋诗回赠他。梨俱室现挂有大千居士所赠《大吉岭》风景图。题识：

董巨呼能起，荆关看愈奇，云中青见顶，天外苹盈眉，气象轮囷壮，遮迎日月迟，吾身忍芥子，纳影入殊尼。固庵道兄游五天，嘱归为写大吉岭一角也，乞教正，弟张爰。

夏天，重游意大利，在飞赴意大利途中，因飞机失灵，中途改降黎巴嫩首都贝鲁特，在自己说的是"天假之缘"，与荷兰汉学家高罗佩①会晤，二人相见恨晚，分别时，高罗佩赠明万历本的《伯牙心法》与饶宗颐，他则用姜白石（姜夔）"待千岩老人"韵，赋诗两首回赠。后来，先生与高罗佩成为志同道合的好友，在古琴的琴艺、书画的历史研究上多有互动，常来来往往。为纪念高罗佩诞辰 100 周年，2011 年 6 月 12 日中午，台湾清华大学教授陈珏在香港英皇骏景采访饶宗

---

① 高罗佩（1910—1967），荷兰汉学家、东方学家、外交家、翻译家、小说家。通晓 15 种语言。

颐，了解他与高罗佩交往，他话匣子一打开就收不住似的，谈兴特浓，50 多年前在高罗佩的"尊明阁"相见情景，至今仍历历在目，他边讲述边用笔写下，并一一回答了陈珏的提问。

9 月，与学生同游南佛堂，后有《南佛堂门古迹记》出版。

10 月，与赵尊岳、姚莘农合作的《词乐丛刊》（第一集）在香港坐忘斋出版，收入所作的《白石旁谱新诠》、《乐府浑成集残谱小笺》、《玉田讴歌八首字诂》、《魏氏乐谱管窥》等篇。

《殷代贞卜人物通考·序例》也是在此年写毕，其序云：

> 有清之季，洹水炳灵，龟文呈兆，旷代未睹，一旦发冢，并出尘埃；既补亡之取资，尤沾溉之无尽。学者钻研其涂多方，或师浚长以考文，或类广微之证史，无不锐心冥索，各立傀异。自董氏贞人之说行，然后分期断代，略有可循；而殷商遗事，晦盲否塞，近三千年莫之知者，乃得粗具端倪，寖且蔚为显学，亦一时之盛事也。
>
> 惟契文简质，通读匪易，单辞双语，咸是碎金，人地专名，罔由寻证，自非通体董理，爬梳抉剔，而欲综核名实，夐乎其难。宗颐研讨有年，窥测所得，窃以断代根柢，在于卜人，分人研究，当务尤急。惟有比次其贞卜之文辞，钩稽相关之人物，则时代序次，庸有脉络之可寻，融会旁通，庶免枘凿之难入……。凡所匔理，稍异时贤，但求心安，非敢唐突。亦以前修未密，苴缀有待，是用属词比事，莫惮其劳。又卜辞为殷王室档案，所见人物，大都王之亲近，不出宗老小臣多子世妇之流，迹其名字，晦蘁千载，《尚书》、《殷本纪》、《竹书》、《人表》，概乎未闻者。历世绵远，凡兹钩索，未始不可补龙门之遗，苴兰台之缺，绍子氏之统绪，而激一代之风烈者也。
>
> 宗颐束发受书，即耽仓雅，慕义之心方切，淑世之术长乖；坐阅日月之驰，弥深颎洞之叹。海隅留滞，淹忽十载。中间亦曾东走扶桑，西极罗马，曝蠹书于羽琌，索玄珠于赤水，（余于东西

诸国所见甲骨，俱有载录。于扶桑有《日本所见甲骨录》，于法京有《巴黎所见甲骨录》，于瑞士则有《巴塞尔人种学博物馆所藏甲骨考释》，于英国则有《伦敦读契记》待刊，其重要者，散见本书各条下。）独行踽踽，窥古茫茫。冥搜遐想，惭无补于时艰；馈贫课虚，味深同乎画饼。惟是反覆龟策，耽思傍讯，非徒考史，盖以研经，冀循此涂，参互证绎，庶几经文可通，三《礼》辨佚。曾谓不明故训，不甄典制，不通校勘，不娴文例，而欲尚论三古，譬诸绝潢以蕲至海，其道奚由。天下方毁经，相率侈于言史，本根之学既蹶，则皮传奇邪之论滋起矣。余杭章氏谓说彝器款识之极，足以覆国，慨乎其言，可胜叹哉！

余书胪列旧辞，有类獭祭，钩稽名号，事等点鬼。自知绪烦而寡要，思劳而蒫功，玉少石多，其琐已甚。然而殷代荒邈，文献不足，仅此剩文，略可微信，故不惮馘缕，撰为长编，以便来彦；所谓虫茧重厚，称其出丝，想读者之不我谴诃也。凡予所解悟与所考论者，未敢自信其是，当俟后之匡正。惟甲骨发现，历五十年，丛碎繁赜，散无友纪，至于今兹，乃粗具条理，此则肇于余手，其中甘苦，治卜辞者类能道之，无庸余之烦言耳。

以利用西方资料研究太平天国著称的简又文先生与饶教授订交是始于抗战时期的无锡国专。1949 年简先生在香港安居并成为饶教授的同事。这一年，他们多次商榷"硇州所在地问题"，常常通电话探讨至深夜，并以此为乐。

1959 年，《敦煌写卷之书法》，发表于香港大学《东方文化》第五卷第一、二期合刊，收入《饶宗颐二十世纪学术文集》，饶教授成为研究敦煌写卷书法的第一人。他在书中指出："世人论敦煌艺术，只注意其绘画方面，然莫高窟所出写卷，以数万余计。其中不少佳书，足供爱好书法者之欣赏。惜散布各地，大部流落异国，未有人加以整理。如从此大量写卷，披沙拣金，往往可以见宝，未始不可与碑学相表里，而为法帖增加不少妙品也。"他是古典文学家，又是精通书画的艺术家，研究的敦煌写卷书法，从书法角度来衡量，都具有很高的艺术价值。

2月6日，己亥除夕，携夫人、女儿一同逛花市，作《虞美人》词：

> 雨丝又带东风起，更惹灯花喜。薄寒似恋小桃唇，为问明朝多少惜花人。　　尚怜花事今宵尽，休负寻花讯。花花叶叶总关情，可忆去年花底伴君行。

饶宗颐与妻儿赏花，繁花似锦的景象让人流连忘返，更引起他怜香之情，花期短暂，人事易更，如张若虚所言："年年岁岁花相似，岁岁年年人不同。"回忆往事令人魂牵梦绕且回味无穷。

11月，《九龙与宋季史料》，"选堂丛书"之六，在香港万有图书公司出版，全书分为六卷，对宋元间人所记海上行朝史料进行研究，为研究宋季香港地区历史最重要的著作。简又文作《序》：

> 余相信此书将必大有贡献于宋季史事之研究。兹就管见所及，试约为二大范畴以表出之：一曰难得罕见的史料之发见；二曰特殊重要问题之提出。第一，本书所搜集之史料中，有几种是极为难得罕见，而由饶子发掘出来公之有众者，……第二，此书提出有三个半问题，皆与宋末二帝所经地点有关者，殊值得史学界之注意。昔章实斋（学诚）之论史也，揭橥一大原则，以史家于"史才"、"史学"、"史识"三大条件之外，尤须有"史德"。今饶子新著，成绩辉煌，四美具备，而"自然之公"与"中平正直"之"史德"，特别昭著，誉为良史良书，傥非溢美欤！

罗香林在《跋》中则云：

先生顷著《九龙与宋季史料》一书，于宋季帝昰帝昺等所驻碙州地点问题，勾稽至富，厥功伟矣。其所引黄潜"陆丞相传后叙"与自注等，为前此粤中修志诸君子未及举以参订史实者，饶先生于治甲骨文余暇，冒暑为此，而超迈已如是，欲不敬佩，讵可得耶！

同月，饶宗颐二十年心血集全部甲骨资料作成的另一部巨著《殷代贞卜人物通考》，在香港大学出版社出版，全书上下两册，总共二十卷。这部利用出土甲骨资料全面研究殷商时代贞卜人物的专著，是一部贞卜人物通考断代史研究，亦是商代社会原始资料最基本的综合研究，此书以贞人为经、卜事为纬，突出殷史的全貌，该书出版之后，在中外学界产生深远的影响，有十三个国家和地区发表评论并加以推介。论文介绍，有多国文字译本，韩国学者孙睿彻教授以十年时间，将此著作译成韩文于1996年出版。在上古史、甲骨文研究中，他是将殷礼与甲骨文联系起来研究和系统研究殷代贞卜人物的第一人。

1960年，集研究宋元琴史的重要成果，撰写宋元琴史，将《宋季金元琴史考述》发表于台北《清华学报》新二卷一期，后收录入《饶宗颐二十世纪学术文集》卷四·经术、礼乐。该文是学界第一篇介绍宋元琴史论文，也是中国近现代第一部系统论述古琴艺术发展的断代史。

年底，住香港长洲岛"勾瀛楼"，不知哪来的神力，让他在短短五天时间内，便和完阮籍的82首咏怀诗。抒发对人生、羁旅、兴趣、心境等等的自身看法，他不拘于一人一家之说，有一种忧患意识，他自谓：

> 魏晋人诗，惟阮公能尽其情，陶公能尽其性。东坡谪岭南，尽和陶诸作。余尤爱阮诗，欲次其韵以宣我胸中蕴积，庶几得其情之万一而未逮也。

在《与友论阮嗣宗诗书》中说道：

> 今之忧患，更有甚于阮公者，使阮公复生，岂能无诗？余何
> 敢知阮公，顾独不无类阮公忧患之心，故敢有和阮之作。

饶诗与阮诗一样抒写忧劳的心声，对人生的忧患、浮沉，两位诗
人均有共同的感叹，他们的感受是"抒哀乐于一时，表遐心于百代"。
《长洲集》诗篇雄浑动人，饶宗颐诗学观在这里一显无遗，"和阮非
阮"、"步古人之韵，而为今人之诗"。2011 年 4 月，由陈韩曦、赵松
元、陈伟评注的《长洲集》在花城出版社出版。

12 月 30 日，戴密微来信，全文如下：

饶教授左右：

十一月十六日来信及随后所寄抽印本（一本赠"宋朝研究"
之 Balazs 教授）均已收悉，谨此谢过。

问及何以对尊作感兴趣，尔乃杰出汉学家，著作实应藏于巴
黎。论述老子之论文出色之至、对楚帛书的研究亦毫不逊色、商
朝铭文专著同样妙佳。著作每每提出原创观点，对增进古中国知
识贡献甚巨，实应为各地汉学家所阅。

欣闻愿代为张罗巴黎所缺著作，美意隆情，曷胜感激。因与
环宇书局薄有交情，或尝循其订书，倘有所缺，再冒昧求助。

新春二日后伊始，谨祝新岁万福、起居康泰，并祝研究事事
顺利。顺颂

文祺

戴密微专此

一九六零年十二月三十日

1961 年，1 月，《陆机〈文赋〉理论与音乐之关系》是饶宗颐首次
研究陆机《文赋》与音乐的关系的重要文章，此文发表于京都大学

《中国文学报》第十四册，后以《论〈文赋〉与音乐》收录入《文辙·文学史论集》（采用音乐的观点来讨论文赋），《饶宗颐二十世纪学术文集》卷十一·文学。

日本著名汉学家吉川幸次郎①到香港大学参加学术会议，饶宗颐与吉川共游大屿山宝莲寺，唱和诗词。接着，吉川之学生清水茂也追随到香港向他学习中国古典诗词。清水茂后成为日本汉学宗师。

1938 年，在梅县调查古代潮州土著畲民情况，历经 23 年的资料积累，于本年度用英文发表《韩江流域之畲民》，后编入《选堂集林·史林》。

3 月，《南海唱和集》由香港大学文学会出版。该集共收诗 41 首。当友人赵叔雍南游星洲，执教于新加坡大学，写成《和苏轼海南赠西轩道士韵》一首，寄给饶教授，饶教授读后连叠 5 首。赵叔雍见他如此神勇，乃再赋之，饶宗颐亦赓和至四十七首。同时还有李弥广、曾履川相机和韵。

10 月，再游南佛堂，从柴湾荡舟回来后，用溥心畬《海石》韵，作《龙壁赋》。

是年秋，香港大学五十周年纪念，吉川幸次郎敬叠固庵南海唱和诗韵四首：

> 横舍临沧溟，讲论无虚日。招徕万邦客，海外洲真十。我亦倭宋馀，卮言聊以出。愧彼博学人，天日照窗隙。能事及乐章，综录今复昔。密如十七篇，一一记几席。岂似竹垞老，疑信参孔壁。

> 炎方御风到，蕉黄媚秋日。吾游可汗漫，淹留朝将十。尤忆屯门镇，孤峰云表出。翠微藏古寺，倒影涵岩隙。杯渡与宋王，有无事自昔。海波青铜恬，恨不一扬席。咫尺水中央，岛岛皆丹壁。

---

① 吉川幸次郎（1904—1980），出生于日本神户，国立京都大学名誉教授，东方学会之长，"京都学派"的代表人物。

俨然一城郭，村墟负落日。居民久一姓，分房知几十。矮檐左右比，小巷纵横出。围之以高墉，数仞无蟀隙。时平绝盗贼，囷囷守犹昔。谁能笑固陋，儒亦上珍席。彼不愿偷光，何必劝凿壁。

吾车行绝巘，吾游尽一日。结伴多诗人，篇章自可十。忽逢飞瀑泉，银丝林际出。山道屡逶迤，登顿缘洞隙。其坦尽如砥，岂不以傲昔。俯看暝色近，海陆如接席。奇观慰平生，默诵苏赤壁。

吉川幸次郎四首诗表达了对香港大学的谢意及对港大在学术上的贡献表达了敬意。他虽创作诗词十七篇合为一集，但仍认为自己研究汉学愚拙。香港的历史、地理、社会风情让他喜欢这个地方，到港后，与友人同游玩，使他不枉此行。

1962 年，先生因出版甲骨学著作《殷代贞卜人物通考》获法国法兰西学院颁发儒莲汉学奖，① 该奖项被誉为西方汉学的诺贝尔奖，自此之后先生获得荣誉更是接踵而来，学术成就得到汉学界认同，在国际享有很高的学术地位。主编香港大学中文学会年刊《文心雕龙研究专号》，并第一次将敦煌本《文心雕龙》印出，为此撰写《唐写本〈文心雕龙〉》。对斯坦因藏卷第 5478 号的《唐末人草书〈文心雕龙〉残本》，进行检校，发现缩微影本中自《征圣》篇"或陷义以藏用"句之"义"字，一直至《宗经》篇"岁历绵暧"句止，出现漏字，他怀疑是拍摄缺位所致。1964 年，饶宗颐到法国时，顺道伦敦勘对原物，果真摄影出错，1979 年，由潘重规取原册拍照，重印补缺。作《九龙古瑾围上帝古庙遗址辟建公园记》碑文。

3 月 20 日，甲骨五堂之一董作宾② 65 岁寿庆，台湾中央研究院拟出版《庆祝董作宾六十五岁论文集》，杨联陞以《"龙宿郊民"解》一

---

① 儒莲汉学奖："儒莲奖"被称之为汉学界的诺贝尔奖，是由法兰西文学院颁发的汉学奖项。该奖以法国汉学家儒莲的名字命名，于 1872 年创立，1875 年起每年颁发一次。

② 董作宾（1895—1963），即董彦堂，南阳市人，当代著名历史学家、考古学家，著有《殷墟文字乙篇》等。

文庆贺。《龙宿郊民图》为明朝董源所作，但原图无题。"龙宿郊民"是董其昌鉴定该图为董北苑真迹后再题的。因而"龙宿郊民"典故出处议者甚众。饶宗颐阅读杨文后，即作《与杨联陞论〈龙宿郊民图〉书》，发表于台北《清华学报》第五卷第一期，杨联陞在文章前面加了《跋语》：

> 宗颐先生从画法上与"笼袖骄民"四字的通行时代，论"龙宿郊民图"这张画本身的年代，以为就题董源失之过早。这是一个很值得美术史家讨论的问题，在我收到宗颐先生的讨论文字之前，认为这张画有很多地方像赵子昂一派，可能是元人仿古。······

接着，饶宗颐首次在古文论研究中揭出"势"的范畴，在《释主客——论文学与兵家言》一文中指出：《孙膑兵法》有《客主人分》一篇云："兵有客之分，有主人之分。客之分众，主人之分少。客负（倍）主人半，然客敌也。······客者，后定者也，主人按地抚势以胥。······古之能文者，善擒纵捭阖之术，优为之赋出纵横家，尤为的证。······兵家主要观念，后世施之文学，莫切要于气与势二者。"

1958 年至 1962 年间，撰写论文如下：

1958 年：

《日本古钞〈文选〉五臣注残卷》，发表于香港《东方文化》第三卷第二期，以《日本古钞〈文选〉五臣注残卷校记》收录入《文辙·文学史论集》（下册），《饶宗颐二十世纪学术文集》卷十一·文学；

《秦筝小史》，发表于《香港大学文学院年刊》；

《玉田讴歌八首字诂》，发表于香港坐忘斋《词乐丛刊》第一集，后又重发于华东师范大学出版社《词学》第二辑，以《张玉田〈讴歌旨要〉字诂》收录入《饶宗颐二十世纪学术文集》卷十二·诗词学；

为周鸿翔《商殷帝王本纪》作序。

1959 年：

《敦煌写卷之书法》，发表于香港大学《东方文化》第五卷第一、二期合刊，收入《饶宗颐二十世纪学术文集》；

《宋词书录解题稿》，发表于《香港大学中文学会会刊》，后收录入《文辙·文学史论集》（下册），《饶宗颐二十世纪学术文集》卷十二·诗词学；

《论〈花间集〉版本》，发表于《东方》第一期；

《〈虬髯客传〉考》，发表于台北《大陆杂志》，后收录入《文辙·文学史论集》（上册），《饶宗颐二十世纪学术文集》卷十一·文学；

《宋元间人所记海上行朝史料评述》，发表于香港万有图书公司出版《九龙与宋季史料》，又见台北《广东文献季刊》；

《补宋史邓光荐传》，发表于香港万有图书公司出版《九龙与宋季史料》，后收录入《选堂集林·史林》（中册），《饶宗颐史学论著选》，《饶宗颐二十世纪学术文集》卷六·史学。

1960 年：

《杨守斋在词学及音乐上之贡献》，发表于《崇基校刊》第二十二期，又见《东方》第十二期，后收录入《文辙·文学史论集》（下册）《饶宗颐二十世纪学术文集》卷四·经术、礼乐；

《〈敦煌琵琶谱〉读记》，发表于香港《新亚学报》第四卷第二期（早期敦煌琵琶谱研究的重要文献），后收录入《敦煌琵琶谱论文集》，《饶宗颐二十世纪学术文集》卷八·敦煌学；

《读罗香林先生新著〈唐代广州光孝寺与中印交通之关系〉——兼论交广道佛教之传播问题》，发表于台北《大陆杂志》第二十一卷第七期；

《西洋番国志书后》、《九龙与宋季史料补遗》，发表于香港大学《中文学会会刊》；

《由卜辞论殷铜器伐人方志年代——答剑桥大学邓德坤博士书》，发表于《香港大学历史学会年刊》第一期；

《南佛堂门历史考古的若干问题》，发表于《香港大学历史学会年刊》第一期；

《杜甫与唐诗》，发表于香港《文学世界》第二十五期；

《九龙与宋季史料补遗》，发表于《香港大学中文学会年刊》；

1961 年：

《论〈明史·外国传〉记张琏逃往三佛齐之讹——华侨史辨证之一则》，收录入《选堂集林·史林》，《饶宗颐潮汕地方史论集》，《饶宗颐二十世纪学术文集》卷六·史学；

《由卜兆记数推究殷人对于数的观念——龟卜象数论》，发表于"中央研究院"历史语言研究所集刊（外编第四种·庆祝董作宾先生六十五岁论文集下册），后收录入《选堂集林·史林》（上册），《饶宗颐二十世纪学术文集》卷四·经术、礼乐；

《论卜辞断代问题——答岛邦男先生》，发表于仙台《东洋学集刊》；

《顾亭林诗论》，发表于《文学世界》第五卷第二期，后以《论顾亭林诗》收录入《文辙·文学史论集》（上册），《饶宗颐二十世纪学术文集》；

《朱彊村论清词〈望江南〉笺》，发表于《东方文化》第六卷第三期，后收录入《文辙·文学史论集》；

《海外甲骨录遗》，发表于《东方文化》第四卷第一、二期合刊，后收录入《饶宗颐二十世纪学术文集》卷二·甲骨；

《清词坛点将录》，发表于《东方文化》；

《论姜白石词》，发表于《文学世界》。

1962 年：

《敦煌写本〈登楼赋〉重研》发表于《大陆杂志》特刊第二辑，又见《大陆杂志》（特刊第二辑·庆祝朱家骅先生七十岁论文集），后收录入《文辙·文学史论集》（上册），《饶宗颐二十世纪学术文集》卷十一·文学；

　　《六朝文论摭佚——刘勰以前及其同时之文论佚书考》，发表于台北《大陆杂志》第二十五卷第三期，以《刘勰以前及其同时之文论佚书考——六朝文论摭佚》发表于《香港大学中文学会庆祝大学金禧纪念特刊·文心雕龙研究专号》，后收录入《文辙·文学史论集》（上册），《饶宗颐二十世纪学术文集》卷十一·文学；

　　《姜白石词管窥》，发表于香港《文学世界》第六卷第三期宋词专号上编，后收录入《文辙·文学史论集》（上册），《饶宗颐二十世纪学术文集》卷十二·诗词学；

　　《四声非印度围陀三声论》，发表于香港《东方》第十三期，改订版《印度波你尼仙之围陀三声论略——四声外来说平议》发表于《中国语文研究》第九期，后收录入《中印文化关系史论集·语文篇——悉昙学绪论》，《梵学集》，《饶宗颐二十世纪学术文集》卷五·宗教学；

　　《〈文心雕龙〉探原》，发表于《香港大学中文学会庆祝大学金禧纪念特刊·文心雕龙研究专号》，又发表于台北《文心雕龙研究论文选粹》，后收录入《文辙·文学史论集》（上册），《饶宗颐二十世纪学术文集》卷十一·文学；

　　《〈文心雕龙〉集释：原道第一》，发表于《香港大学中文学会庆祝大学金禧纪念特刊·文心雕龙研究专号》，以《〈文心雕龙·原道篇〉疏》收录入《文辙·文学史论集》（上册），《饶宗颐二十世纪学术文集》卷十一·文学；

　　《唐写本〈文心雕龙〉景本跋》，发表于香港大学《中文学会年刊》，后收录入《文辙·文学史论集》；

　　《论杜甫夔州诗》，发表于京都大学《中国文学报》第十七号杜甫专号，后收录入《文辙·文学史论集》（下册），《饶宗颐二十世纪学术文集》卷十二·诗词学；

　　《敦煌舞谱校记》，发表于香港大学学生会《金禧纪念论文集》，又见《舞蹈艺术》1992年第二期。

1963 年，饶宗颐应聘为印度蒲那班达迦东方研究所研究员，开始印度之旅，他与法籍学生汪德迈（Léon Vanden meesch）前往天竺古梵文研究中心，从事中印关系研究，以及雅利安人入侵印度以前久已被人遗忘的古文化的研究，并与我国半坡、乐都、二里头陶文符号相比较。饶宗颐认为，印度河谷图形文字，跟印欧系统的语言结构完全违背。他遍读 Marshall 等人考古报考。其后，在新加坡大学授课之余，又于新大图书馆重新阅读考古学者在印度的发掘报告及 Heras 所撰写的书籍。并开始着手撰写《谈印度河谷图形文字》一文，他率先把印度河谷图形文字介绍到中国。在印度住了几个月，当时他不清楚中印关系紧张，同柬埔寨高僧一起出门，高僧穿黄袍，被印度人用石头打，他们认为是在打中国人，他因留有胡须而幸免。

　　《殷代贞卜人物通考》出版后，印度驻香港领事馆的一等秘书白春晖（V. V. Paranjpe）慕名而来，尼赫鲁与毛泽东会面时，他曾任翻译。白春晖同饶宗颐很投缘，提出跟饶宗颐学习《说文解字》，作为交换白春晖教饶宗颐学习梵文，这是一段语言交换学习的因缘。经过三年学习，饶宗颐掌握了婆罗门经典，《薄伽梵歌》即印度的《论语》。后来他在印度又跟白春晖的父亲（Prof. VGParanjpe）学了 Veda，即《梨俱吠陀》（明颂之意），是印度最古老的一部诗歌集。为纪念此段经历，他将自己的书斋命名为"梨俱室"。在印度之行中，虽中印关系当时多有冲突，他凭借在法国取得儒莲奖的学术地位及印度学研究员身份——法国的印度学是受印度人尊敬的，在法国驻印度的办事机构帮助下，以及汪德迈同行，顺利到了印度中部、南部、东部。归途时，又辗转游历了锡兰、缅甸、柬埔寨、遏罗等国，将东南亚的佛教国家考察了一遍。历史上中国的玄奘没有到过印度的南部，法显也只去过西南部，他对此行与历史中的玄奘、法显等人区分开来，认为他们是站在佛教的立场看印度，而他自己是以一个历史学家来看印度文化，按他的话说是"我到天竺非求法"，他认为中国的禅宗是佛教在中国的一个创造，与印度完全不相干，而对中国禅宗的看法，是看重它的另一方面，即生活艺术，他认为，在艺术方面能够引起中国文人的共鸣，比如语言艺术，苏东坡、黄庭坚等都运用得非常好，借相反的言语或是借描绘他物制造一种新的境界，除了语言艺术，还有书画艺术中的禅境，开拓了中国文学艺术的新领域。饶宗颐凭其掌握到的梵学、佛学知识，着手翻译了《梨俱吠陀》经，发表了大量论文，并开辟了中国佛学研究的新前沿。他发现梵文的四流音与中国历代文学的重要联系，对陈寅恪四十年前的权威论述，四声外来说，提出异议，为中古音韵史提供了崭新的资料。在印度及东南亚各国旅游和生活中，有感而发，以和东坡七古成《佛国集》，其诗序曰：

一九六三年秋，读书天竺，归途漫游锡兰、缅甸、高棉、暹罗两阅月，山川风土，多法显、玄奘、义净所未经历者，皆足荡胸襟而抒志气。鸿爪所至，间发吟咏，以和东坡七古为多；盖纵笔所之，行乎所不得不行，止乎所不得不止，迈往之情，不期而与玉局翁（东坡）为近。间附注语，用资考证；非敢谓密于学，但期拓于境，冀为诗界指出向上一路，以新天下耳目，工拙非所计耳。游践所及，别有行记，绝壤殊风，妙穷津会，非此所详云。

五代马裔孙侫佛，抄撮内典，相形于歌咏，谓之《法喜集》。又篡诸经要言为《佛国记》，见《旧五代史》一百二十七，窃显师书名。兹则僭易之，改称《佛国集》。

翻译《梨俱吠陀无无颂》全文。

梨俱吠陀无无颂

一、

太初无无，（na sad）

亦复无有。（no sad）

其间无元气，（na asid rajo）

其上无苍昊。（no viomā）

何所覆之？（kim āoarīvah？kuha？）

伊谁护之？(kasya sarmann?)

何处非水，(ambhah kim?)

深不可测？(gahanam gabhīram)

二、

无死 (na mortyur)，无无死。(amrtam na)

不夜 (na rātriā)，不昼 (ahn4)。

未有分际。(āsīt praketah)

无息 (a—vātam) 自吹，

嘘之以一，(ekam)

茫乎无别，(na parah)

莫或外之。(kim canāsa)

三、

其始 (agre) 惟玄，(tāma)

复伏于玄。(tāmasā gūlham)

混然大浸，(salilam sarvan)

渺无垠岸。(a—praketam)

物"全生"焉，(ābhu)

寄于空虚。(apihitam yad āsīt)

爰有大热，(tapasas mahinā)

于是乎出。(jāyataikam)

四、

欲 (kāmas) 乃生焉，

心 (manaso) 之灌蕍 (权舆)。(retah＝种子 prathaman＝
第一)

圣者睿智，(kavayo maniīsa)

索其玄珠，(hrdi pratisyā)

有生于无，以究 (avindan) 其枢 (bandhum)

五、

厥绳 (rasmis) 既张，

70

格于下（adhah）上（upari）。

以构精兮（retodhā），

成其扩垠（mahimana）。

自性（svadhā）尽于下，（avastāt）

而力（prayatih）致乎上。（parastāt）

六、

孰（ko）知（veda）其真？（addhā）

孰（ka）穷其故？（pravocat）

何所自生？（kutaājatā）

何因而作？（kuta visrstih）

明神（deva）继之，（arvāg）

合此造化。（visarjanena）

是谁知之？（ko veda）

孰施行之？（ābabhūva）

七、

惟兹造化，（visrstir）

何所由起？（ābabkūva）

彼果建（dadhe）是，

或不为是？（vadi vā na）

上有苍昊，（parame vioman）

实维纲是。（adhyaksah）

惟彼知之，（so anga veda）

抑不知之？（yadi vā na veda）

又作题记：

癸卯（1963）秋冬间，余在印度蒲那（Poona）班达伽东方研究所（Bhandaka Oriental lnstitute）。暇日，从 V. G. Paranjpe 教授研习梨俱吠陀，（教授著有 Rigveda, selection of hymns，为增

71

订 P. Peterson 之作）以梵本与法、德译本参互解说。此颂为梨俱第十帙第一百二十九首，世所称为创造之歌者，最富哲学意味。中译本以语体翻出者不止一家，余以其造句结构最近楚辞天问及庄子天运，而"自性"之义，尤与大宗师"无为无形"，"自本自根，未有天地，自古以固存"，可相证发，故别以雅颂之体翻之。

余惟吠陀本训明，长阿含有三明经。梨俱吠陀即颂明。翻译名义大集（五〇四七）谓为"作明实说"者也。梨俱几十帙，共一千一十七颂。曩日曾试译多章，未遑厘定，勉存一篇。自恨浸淫未深，何敢遽言译事！吠陀中满纸神鬼神帝，讽览之，与"流观山海图"何异？足以俯仰宇宙，兴天地并生之遐思，发古帝之想，而涤尘外之虑，姑录存之，以备一格云。

《词籍考》由香港大学出版社出版。这部著作从 1939 年开始着手准备，耗时 24 年终于出炉。帮叶恭绰编《全清词钞》时，他阅读大量词的著作，并将特别的词摘录下来，为撰写著作积累资料。编《词籍考》的许多材料来之叶老的藏书，如《乐府指迷》说有一个祝枝山写的大长卷，校语就在叶老的《遐庵遗墨》里。许多人不知的元刻本《词林要韵》就在叶老手上。许多十分难得的材料，别人不知道的，叶老这里却能找到。词籍编集前人未曾涉足，他决心把握这个难得的机会编一本词的目录。《词籍考》搜集非常宏大，考证极精，将其编著成是一个创举，它甚至影响了他后来在法国编写的《敦煌曲》。此书为词籍目录版本的记录，录入词人的生平、词派、词话、评论等内容，《词籍考》则为学术史上第一部以目录学和版本学研究词学的著作，其研究的方法和角度，为词学研究提供了丰富的研究资料和打下了扎实基础。香港大学赵尊岳和日本京都大学吉川幸次郎为该书作《序》，吉川幸次郎在《词籍考·序》中评价：

> 今教授之书，诚可谓读书者之目，自此以后，读词者必发轫于此，犹 30 年前幸次郎之读词，发轫于钓师之《词综》也。

赵尊岳在《词籍考·序》中说：

> 输万里十年之心力，奠一家绝学之镃基。

霍克思及傅汉思也为此书作了英文评介。

在缅甸，饶宗颐为撰写《蒲甘国史事零拾》寻找旧籍，收获很大。他在文章中首论南诏禅灯系统，南诏因信仰佛教，故其祖先托始于阿育王（Asoka）. 骠苴低＝Pyusawhti 方算为其真正之始祖。由其诞生九子所代表之地区论之，几乎即是东亚人类之共同始祖。在缅甸《琉璃宫史》中，其祖先乃有 Pyusawhti 者，正为糅合南诏神话之事实。

首次将敦煌本《文心雕龙》公之于世，并指出刘勰文艺思想受佛教影响。在此阶段，主编的香港大学中文学会"庆祝金禧纪念专刊"——《〈文心雕龙〉研究专号》出版，收录了饶宗颐 1952 年至 1963 年有关《文心雕龙》的研究论义共 5 篇，其中《文心雕龙探原》和《〈文心雕龙〉原道篇集释》后收录至《文辙·文学史论集》。撰写《灵渡山杯渡井铭》、《杯渡禅师事迹与灵渡寺始末》收录在《固庵文录》。《南山诗与昙无谶马鸣佛所行赞》，发表于京都大学《中国文学报》第十九号，首次从文献根据上揭示韩愈诗歌受佛文体影响。

11 月 22 日，从印度东返，经缅甸、柬埔寨到泰国，在泰国曼谷作首次学术讲演，题目为《禅门——南北宗之汇合与传播》，泰国华宗佛教宗长普净率众僧参加，许多侨领、贤达均出席。

印度归来，得知董彦堂逝世，作《木兰花慢》词一首悼念。后又作《展董彦老墓次声步韵义山故驿吊桂府之作》诗：

> 溪山如梦鸟空啼，
> 历乱霜溪逐水泥。
> 此际洹南端可念，
> 断肠新塚日沉西。

董老与他常有学术交流，曾寄所著殷历谱请教，他则赋《董彦堂远腾所著殷历谱报之以诗》相赠。

1964 年，再赴日本访学，与水原琴窗、水原渭江父子谈词，到京都大原山听梵呗，听多纪颖信演奏日本雅乐。

2 月，《想尔九戒与三合义》发表于台北《清华学报》新四卷二期，后收录至上海古籍出版社新版的《老子想尔注校笺》。

3 月，恰香港大学建校五十周年庆之际，撰《神会门下摩诃衍之入藏兼论禅门南北宗之调和问题》一文，发表于"纪念论文集"，先生系第一位根据英国伦敦敦煌卷子讲禅宗史上摩诃衍入藏问题的学者。

年中，赵尊岳在星洲逝世，作《木兰花慢》词悼念，全词并序如下：

> 闻赵叔雍下世。翁月前方与余商榷明词，遽尔长逝，青简尚新，绪论已绝。赋此寄哀，哀可知矣。
>
> 咽风邻笛起，蓦回首、变凄清。叹陇驹难留，尘笈宛在，休话朱明。花塍。胜流莫继，算呕心、千载有余情。（翁刊《惜阴堂明词》未竟其业。）牢落关河隔世，故山猿鹤堪惊。　　飘零。江国正冥冥。荒服戴盆行。剩紫霞慺抱，独摅孤愤，强忍伶俜。沧溟。短窗破梦，听寥天、哀雁不成声。望断南云万里，一杯还荐芳馨。

1965 年，饶宗颐第二次去法国，应法国远东学院邀请，主要是研究巴黎所藏敦煌写经、敦煌画稿。在巴黎饶宗颐与戴密微商定做《敦煌曲》的校录，校录敦煌曲子词、杂曲，一改日文校录原貌失真的缺陷，精心刊印了一大批不被人熟识的曲子词写本，还有王重民的《敦煌曲子词集》没有收录的赞偈佛曲，同时纠正了不少以前的讹误。更重要的是因做《敦煌曲》而拥有第一手材料，他紧接着在敦煌文学方面发表了大量的文章。

出于对绘画的喜爱，饶宗颐有了另外一个研究——《敦煌白画》，以往研究敦煌的人只针对壁画和绢画，他另辟蹊径，将散布在写卷的白描、粉本、画稿等等有价值的材料一一整理出版，填补了敦煌艺术研究上的空白，长篇论文《敦煌白画导论》，在上篇论"白画源流与敦煌画风"，中篇论"敦煌卷轴中的白画"，下篇则是"对若干技法的探讨"，对画学中用纸、用墨、用笔以及图样、装饰等方面都表明了自己的看法。在普林斯顿大学美术馆呆了一个星期，利用馆藏的罗寄梅和张大千一起在敦煌拍摄的 5000 张照片，为研究"敦煌白画"做事前准备工作，对敦煌白画的特色，他将其分为四类：

（一）图画与图案之不分；（二）白画与彩绘之间插；（三）画样与雕刻塑像之合一；（四）没骨与色晕凹凸之混用。

并且认为：

以上四事，实为水墨画以前图绘之优良技巧，在今日仍有发扬光大之必要者也。

纯粹白描不免于单调，白画之独立运用，不如与颜色画配合运用，更为凸出生动。前者宋元人白描作品已加以发展，后者惟有从新疆甘肃各石窟壁画方能体会得到。此一传统几乎无人问津，徒有没骨山之名，而没骨之用，乃缩小而发展为花鸟，求之形似一路，洵为可惜，我人对于白画在敦煌画史上所认识者如此，故知白画不得徒以画样目之。

饶宗颐在巴黎看到伯希和从敦煌掠走的经卷，在这些经卷背面及卷尾，他发现了许多唐人所绘白描画稿，这促使他潜心研究敦煌壁画和画稿，接着他又数度前往考察敦煌、榆林壁画及楼兰、吐鲁番等地木简，故垒残壁，最终将研究成果著成《敦煌白画》。此书从敦煌卷子中的白描画谱（水墨线条画稿）入手，专论唐代的画稿，为研究中国绘画史，特别是唐代人物画领域的第一部著作。其敦煌人物画创作，

75

笔法亦多源于此。故张大千评价说："饶氏白画，当世可称独步。"1978年《敦煌白画》作为"法国远东学院考古学专刊"在巴黎出版。

4月，作《雨后溪山》、《湖畔疏林》图。

秋天，即赴美国，临行前夕，友人李超人在香港长洲岛"勺瀛楼"设席为他饯行，后作《勺瀛楼记》收录于《固庵文录》。

美国之行，参观了卡内基博物馆及哈佛大学佩波第考古人类学博物馆所藏的甲骨。在美国，他认识了研究《元朝秘史》的洪·威廉，又在哈佛图书馆馆长裘开明的帮助下，参观了馆藏所有关于中国的善本，认为哈佛的藏书也并不是很好，只是版本特别点。几次赴美交流，他看到美国对汉学研究的贫瘠，完全无法和日本人相比，他们没有形成系统的汉学研究，而对于在美国羁旅的中国学者，美国也不善于利用。

在新加坡国立大学任教期间，应耶鲁大学教授 Authar Wright 的邀请，到美国访学。Wright 在耶鲁大学是一个重要人物，主要研究世界各国的正统问题，饶宗颐加入到研究队伍中。因为他指出：正统问题这是一定要争的，有的是在当时，有的是在后世，三国的问题主要是政权太均衡了，所以一直在争。

1997年，《中国史学上之正统论》由香港龙门书店出版。此书主要探索中国传统史学中困扰着中国统治者和同时代学者的核心观念——正统论。该书分为"通论"、"资料"两大部分。"通论"13篇，从正统观念的产生、汉人的正统说，到明清学人统纪之著作及正统观点，期间还论述了邹衍的"五德转运说"、刘向父子的正闰说和释氏史书的正统争论。"资料"部分，为读者提供了自晋至现代的130多名学者的160篇正统论史料，便于参考。在书中，饶宗颐表达了自己的正统观念，因为历史是应讲纪纲的，应为国家立国之本。历史上争论很多正与不正的问题，大家立足点不一样，饶宗颐认为应从道德出发，依据《春秋》大一统的观念以及《通鉴》的观点。本书系史学研究上的一部重要论著，1997年，上海远东出版社重印出版，书前加入了上海复旦大学朱维铮的序言。其在序中说道：

国内近数十年专究历史观念史的论著就稀见看，而以正统论为题进行全面系统考察的专著更未发现，我所见而又是同行公认的力作者，唯饶先生这一部。

此书在国际史学界影响巨大，至今美国各大学将之列为史学必修教材，并成为历史观念史的一部扛鼎力作。

《潮州志汇编》和《景宋乾道高邮军学本·淮海居士长短句》在香港龙门书店出版。《潮州志汇编》将载于《永乐大典》的元代《三阳志》、明嘉靖郭春震志、清顺治吴颖志以及先生主编的民国潮州志合为一集，序曰：

> 向者囿于见闻，即古潮志之《三阳图志》，暨嘉靖间郭春震所修《志》，深以未获寓目为憾。去岁读书南港，始于插架见郭《志》残本；嗣如东京，悉内阁文库庋有完帙，友人日比野史夫教授复影见示。因取嘉靖《志》合顺治《志》，益以《永乐大典》所收《三阳志》，及余所纂《民国志稿》，合成一帙，用备省览。龙门书店以为合元、明、清、民国诸《志》为一书，无异方志之创体，慨允锓梓，以广其传，刊印既竟，爰略举所知，叙于其端。

这是一部古今《潮州志》的集大成者，在中国方志史上为一大创举。

《景宋乾道高邮军学本淮海居士长短句》，则是饶宗颐以宋孝宗乾道九年（1173 年）高邮军学刊《淮海集》长短句为底本从事校勘，为秦观词集版本校勘上做了贡献。其序云：

> 国内庋藏宋刻淮海集长短句，向惟故宫博物院及吴湖帆藏两残本，最为有名。番禺叶丈（叶恭绰）汇而刊之，惜非全璧。内阁文库此本，有昌平学及浅草文库印，为现存淮海集仅有之完本。天水旧椠，向所叹如球图者，得浸重梓行于世，亦倚声家所宜称

快也，刊印既成，遂书其颠末如此。

7月10日，方继仁逝世，享年77岁，饶宗颐悲痛作《方继仁先生墓志》，志文收入《固庵文录》。

同年，为门人江润勋所著的《词学评论史》作《序》：

  词盛于宋，晁无咎始为乐府歌词之论曰《骩骳说》者，朱弁续之，著于胡仔《丛话》。至直斋时，书已亡失。杨元素《时贤本事曲子集》、曼倩所著《古今词话》，亦复埋没人间，词论之滥觞，靡得而详也。至清，众说起，家握隋珠，人怀荆璧，近贤乃有《词话丛编》之辑。江君取材于兹，沉议词心，往往间出；顾耳目所限，涉览未周，于彊村但摭其望江南诸阕，而其戏作《清代词坛点将录》，品第高下，亦足玩味，则尚付阙如。以韵语论词者，厉太鸿而外，又有沈（初）、江（昱）、孙（尔准）、张（鸿卓）、周（之琦）、朱（依真）、陈（澧）、谭（莹）、王（僧保）、杨（恩寿）、冯（煦）、潘（飞声）十数家。虽汗漫如黄茅白苇，然絜长量短，亦不庸以废。

  词至清，堂庑弥辟，足与汴宋相敌。其兴也，词论有以助长之。浙西、常州，人所共知，实导源于云间、山左。陈卧子宋尚木为云间巨擘。卧子之论词也，撢源花间，自余不少措意。尚木为《宋七家词选》，开后来词选揭橥家数之先河。又论柳屯田哀感顽艳而少"寄托"，（彭孙遹《辞藻》卷四引）田同至、周止庵因之，寄托之说遂起。渔洋常云："词至姜吴，有秦李所未到处，犹晚唐绝句，以刘宾客杜紫微为神诣。"借诗以论词，弥见妙解。又喜称道体物之作，凡此固与浙西气味相通。虽于豪放宗稼轩，婉约推清照，以为皆吾济南人，难乎为继。其意若曰山左斯为词之极致，江南非我仇也。然其刻《倚声初集》，实在司李扬州之时，故所作纯乎南音。浙西之兴，欲与云间骖靳，竹垞体物诸制，王壬秋所讥为浙词之"木"者也，抛心力以求专诣，自是当日词风所渐，而渔洋之论，不无沾溉之功焉。

古今词说，率多一时兴到之言，各照隅隙，断璧零玑，环络非易。江君是篇，以人为经，擘肌分理，尚得条贯。学者苟循是观澜而溯源，其于倚声之道，或不无少补欤。因并论清初词派与词论相倚之故，以谂知者，共商榷之。

附先生《论书十要》（1965 年）：

（一）书要"重"、"拙"、"大"，庶免轻佻、妩媚、纤巧之病。倚声尚然，何况锋颖之美，其可忽乎哉！

（二）主"留"，即行笔要停滀、迟徐，又须变熟为生，忌俗、忌滑。

（三）学书历程，须由上而下。不从先秦、汉、魏植基，则莫由浑厚。所谓"水之积也不厚，则扶大舟也无力"。二王、二爨，可相资为用，入手最宜。若从唐人起步，则始终如矮人观场矣。

（四）险中求平。学书先求平直，复追险绝，最后人书俱老，再归平正。

（五）书丹之法，在于抵壁。书者能执笔题壁作字，则任何榜书，可运诸掌。

（六）于古人书，不仅手摹，又当心追。故宜细读、深思。须看整幅气派，笔阵呼应。于碑榜要观全拓成幅，当于别妍蚩上着力；至于辨点画、定真伪，乃考证家之务，书家不必沾沾于是。

（七）书道如琴理，行笔譬诸按弦，要能入木三分。轻重、疾徐、转折、起伏之间，正如吟猱、进退、往复之节奏。宜于此仔细体会。

（八）明代后期书风丕变，行草变化多辟新境，殊为卓绝，不可以其时代近而蔑视之。倘能揣摩功深，于行书定大有裨益。新出土秦汉简帛诸书，奇古悉如椎画，且皆是笔墨原状，无碑刻断烂臃肿之失，最堪师法。触类旁通，无数新蹊径，正待吾人之开拓也。

（九）书道与画通，贵以线条挥写，淋漓痛快。笔欲饱，其锋方能开展，然后肆焉，可以纵意所如，故以羊毫为长。

（十）作书运腕行笔，与气功无殊。精神所至，真如飘风涌泉，人天凑泊。尺幅之内，将磅礴万物而为一，其真乐不啻逍遥游，何可交臂失之。

1966 年，50 岁，春天，与汪德迈一起，游阿尔卑斯山、罗马剧场遗址、Victor Hugo 故居、巴黎圣母院、拿破仑行宫。3 月，遍和谢灵运诗韵，赋诗 36 首，名为《白山集》，戴密微有诗题于卷首，译为：

> 儿时闲梦此重温，
> 山色终非旧日痕。
> 爱听清湍传逸响，
> 得从峻调会灵源。

小引云：

> 乙巳岁暮，于役法京。开春为阿尔比斯山之游，聊乘日车，以慰营魂，更狂顾南行，瞰海忘忧。行箧惟携大谢诗，爱依其韵，浃旬之间，得诗三十六首，都为一集。以山居所作独多，命曰白山。昔东坡寓惠州，遍和陶公之句。山谷谓："彭泽千载人，东坡百世士。"余何人斯，敢攀曩哲，特倦览瀛壖，登高目极，不觉情深，未能搁笔。萧子显云："开花落叶，有来斯应，每不能已；虽在名未成，而求心已足。"今之驱染烟墨，摇曳纸札，踵武前修，亦此意也。

> 一九六六年三月宗颐记于巴黎

此集后编入《清晖集》。

第二次到英国，参观牛津大学亚士摩兰博物馆所藏甲骨。

8 月，应戴密微邀请，游览瑞士，沿途所得绝句，又编为《黑湖集》，他在引中云：

> 一九六六年八月，戴密微教授招游 Cervin，在瑞士流连一周。
> 山色湖光，奔迸笔底，沿途得绝句卅余首。友人以为诗格在半山
> 白石之间，爰录存之，藉纪游踪。戴老为译成法文，播诸同好，
> 雅意尤可感也。

两年后，由戴密微教授翻译成法文刊于瑞士《亚洲研究》第二十
二期，成为诗坛佳话，后收录入《清晖集》。

9 月，用法文发表《说郛新考》，为戴密微教授七十贺寿。该文章
刊于巴黎出版之 *Mélanges de sinologie offerts à Monsieur Paul Demi
éville*（《中国学研究合集——献给黛密徽先生》），第 87 至 104 页。后
发表于台北中央图书馆《馆刊》第三卷第一期，再收录入《选堂集
林·史林》，首次考证《说郛》是很早一个明代本子。

1967 年，访问韩国汉城大学博物馆，参观甲骨及零片，并在韩国
结识了金载元。

4 月，与来港访学的高罗佩畅叙。作《高阳台》词。

期间，撰《陈白沙在明代诗史上的地位》，发表于台湾《东方杂
志》一卷第二号，后收录至《文辙·文学史论集》；撰《说蜑》，发表
于香港中文大学《联合书院学报》第五期，后收录入《饶宗颐潮汕地
方史论集》；《棪斋所藏甲骨简介》发表于香港中文大学《联合书院学
报特刊》。

为门人李直方的书《谢宣城诗注》作序，序文收入《固庵文录》。
《序》中说：

> 谢宣城诗，宋时有内府刊本。自明以来凡七刻，江安传氏考
> 索至详。（见《藏园群书题记》第二集）余曾见嘉定十三年仮宣州
> 郡斋重刻楼炤本于中央图书馆，惜仅存卷一（十五叶）卷二（九

叶），以藏经纸装背，字大如钱，真瑰宝也。门人李君直方治诗嗜
小谢，寝馈者深，发愤为笺注，既影得嘉定本人校，复扬榷二谢
得失，推究青莲倾抱之由，持论每造闽奥，即波澜老成者，无以
易之。向闻余青阳许涂颖为大江以南之谢宣城，于其序中论学诗
如炼丹砂，非有仙风道骨，不易有所成就。余谓能诗者，亦类丹
成九转，顿渐旁参，悬解斯山，羚羊挂角，不可以形迹求。自非
仙风道骨，具诗人之气质，乌足以知诗也哉！直方论咏物诗之兴，
譬诸照相之摄静物，以焦点集中于草木品彙，遂成咏物之制，妙
喻敷心，可为拊掌。试比之图绘，则宋世扇画蝉雀，顾景秀初奏
肤功，赋采制形，乃变古体，齐时刘填工画娥嬝，而笔力困弱。
观此二端，亦犹诗之咏物宫体，应运而起，创为新范；诗画异迹，
而风会所趋，固无二致。乃知丹青之兴，比雅公布之述作，士衡
隽句，足深味矣。

　　1968 年，饶宗颐创作大量山水画，多师法元代黄公望、倪云林两
大家，他用传统的方法绘画，从古人处下功夫，更从造化处得事物的
精神，如他所说："师古、师自然，中得心源。"他认为作画是个人宇
宙酝酿形成，好像掘井，才有"中得心源"的可能性，才能做到画中
有"我"。在 32 岁以前，饶宗颐所作的词没保留下来，但从 1949 年起
到本年止，寓居香港 20 年间，他陆续地写了一些词章；通过整理，共
得 58 阕，编为《固庵词》，在新加坡新社出版，封面由叔岷题签。该
集大多采宋人之词牌为之，如《蝶恋花》、《浣溪沙》、《凤凰台上忆吹
箫》等，其中不但见先生之文采，更见先生之情思。此书"附录"收
入先生所著的《仪端馆词序》（1962 年作），《词乐丛刊序》（1956 年
作），《芳洲词社启》（1968 年作）等 3 篇词学文章。他在小引中自谓：

　　　　少日嗜倚声，自遗播西南，荒是流离，未废兴怨，而随手捐
　　弃。来港近廿年，偶复为之。萧晨暮夜，生灭纷如，画趣禅心，
　　触绪间作，江山风雨，助我感怆，删汰之余，都为一卷。宁谓无

益之务，且遣有情之生。语爱清空，意出言表，怀新道迥，用慰
征魂。秉烛春深，如温前梦。

饶宗颐填词是来港20年间，"偶复为之"，但他从以曲折高浑求幽
夐之境 的词学理想出发，写出了独有风格，其词若空谷幽兰，让人读
之满口生香。

8月，应新加坡国立大学已故校长林大波的聘请，任该校中文系
首任教授兼系主任，聘期为9年，饶宗颐举家在新加坡共度中秋，是
夜月全食，他鼓琴待月，赋诗一首：

凉露秋情动碧空，海滨溢舞苇条风。

霜娥此夕应无恙，一夕为君咒钵龙。

饶宗颐任教到第五年就离职了，原因是新加坡政府当时对中国文
化的压制，不提倡中国文化，只主张中国语言的学习，中文教育前途
茫茫。但在教学之余，他游历了星洲、马六甲、槟城，搜求当地中文
碑刻，整理为《星马华文碑刻系年》。饶宗颐发现新加坡的历史没有文
献，只有碑刻资料，就逐个访碑、照相，进行排比解读。并利用丰富
的碑刻文献，撰写了《新加坡古事记》，成为对新加坡、马来西亚华侨
史研究的第一人，开辟了金石学在国外的研究先河。他在新加坡的心
情消沉，故将诗集取名为《冰炭集》，他认为虽然在那生活待遇很好，
但心灵深处却渴望继续以中国文化为重，不愿受到新加坡政府的压制
而心情如冰如炭"一热复一寒"之难受，其小引云：

平生所作诗，懒不收拾，行箧存者犹近千首。友人颇爱余绝
句，而刊行仅有瑞士黑湖诸作。爰以暇晷，衰录成帙。漏雨苍苔，
浮萍绿锦，虽无牧之后池之蕴藉，庶几表圣狂题之悲慨。舟车所
至，五洲已历其四。祁寒酷暑，发为吟哦，往往不能自已。念世
勲相知定吾文者，遂奋笔删订，颜曰《冰炭集》，并系五古三首，

鸣蜩哀黾，聊助鼓吹云尔。

从《战国策》的历史、文学价值等问题，作《与郑良树论〈战国策〉书》。在信札中，先生谈到有关姚伯声、姚令威兄弟生平事迹，援引史料，以防偏颇；又站在历史角度论《战国策》价值，以理服人。信札收入《固庵文集》。郑良树亦是潮州人，少时祖辈侨居东南亚，曾任马来西亚国立大学教授，香港中文大学教授，有著作多种。

1969年，撰《清词年表（稿）》，编排词人生卒及词集刊行年月，其间词人及词籍的发现与刊印，按年条列。本年，出席在台北召开的第一届"华学"会议，提交了《三教论及其海外移植》论文。

《日南传》为向来谈安南古史者所未征引，撰此文章为治中南亚古代史者进一新解，他是讲述有关越南历史《日南传》的第一人，详文见于《安南古史上安阳王与雄王问题》，该文发表于新加坡《南洋学报》第二十四卷，原文第二节《早期汉籍中之安阳王史料》由陈荆和日译成《安阳王与〈日南传〉》，发表于日本庆应大学《史学》第四十二卷第三号；在对安阳王事迹的问题上，他认为《交阯域记》和《交阯外域记》为同一本书，《日南传》为新发现材料，是前人所未发现的论断，此部分又以《〈日南传〉考——安南古史上安阳王资料》收录入《饶宗颐史学论著选》，《饶宗颐东方学论集》，全文后收录入《选堂集林·史林》（下册），《饶宗颐二十世纪学术文集》卷七·中外关系史。

1970年，6月，赴台湾参加"古代画论"研讨会。9月至次年6月，担任耶鲁大学研究院客座教授，主讲先秦文学。饶宗颐在中年时期的学术成就已被世界第一流大学所尊重。在美国期间，遍和清真集120馀首，有《蝶恋花》，《清平乐》等词赋。在美国会晤杨联升、洪煨莲等友人、作《中秋前一夕洪煨莲丈招饮康桥别业》：

圆月高时叶始黄，白头酒兴尚清狂。
初来林馆讴吟地，共听秋声说故乡。

又作《柏克莱秦简日书会议赋示李学勤》，诗曰：

密树高标觅路难，小桥逝水自潺潺。

锄荒代有人才出，居现龙文已不看。

闲时列梦几潜夫，楚塚频惊出异书。

物论由来齐不得，且从濠上数游鱼。

《太清金液神丹经（卷下）与南海地理》，发表于香港中文大学《中国文化研究所学报》第三卷第一期，后收录入《选堂集林·史林》（中册），《饶宗颐二十世纪学术文集》卷七·中外关系史，他是利用《太清金液神丹经》讲南海地理之第一人。《新加坡古地名辨正》，发表于《南洋文摘》第十一卷第四期，为辨明新加坡古地名以及翻译名之第一人。

12月，《香港大学冯平山图书馆善本书录》出版，先生于1961年开始，率领门人何沛雄、马幼垣、黄兆汉教授等，先后历经8年完成的，于1970年付梓。香港大学冯平山图书馆所藏宋、元、明刊本、抄本颇多，主要的自吴兴嘉业堂、南海勃学斋，都约200余种。饶教授编著此部书目，为冯平山图书馆第一次董理藏书之结果。书中第以四部分类编排，使馆藏山本井然有序，一目了然，世界汉学家有赖此部书目，乃知冯平山图书馆之馆藏善本详细。2003年增订本《香港大学冯平山图书馆善本书录》于香港大学出版社出版。

1971年，凭借词乐研究功底和音乐修养，在敦煌学与中国音乐史这两大学术领域中来去自如，出版了中法文合本的《敦煌曲》。书中利用敦煌出土经卷曲子词的资料，探究词的起源问题，亦为研究唐代由西域经敦煌传入中原的乐曲提供了宝贵的原始资料，法文由戴密微翻译。是年，到美国、加拿大各地写生。每有闲暇，放笔倚声，步清真（周邦彦）号韵51首，因以写雪为多成集定名为《粉墙集》。

3月，将前和清真词51首及其后和的76首，共127首，整理为

《睇周集》，创作的127首词共用三个月时间，这是词史上罕见的"井喷"现象，至今仍令人惊叹。取名《睇周集》，缘于饶宗颐对精通音律两宋词家周邦彦、姜夔极为喜爱。睇者，仰慕也；周者，周邦彦也。睇周，即表明师周邦彦之意。在《人间词话评议》中，饶宗颐批评了王国维讥白石词如"雾里看花，终隔一层"的偏见，以《文心雕龙·隐秀》之论移喻作词意内言外之妙，都可见他对于姜夔的研究之探和服膺之勤。在《睇周集》序言中，罗忼烈赞道："字字幽窈，句句洒脱，瘦蛟吟壑，冷翠弄春，换徵移宫，寻声协律。"该集实际是用了不寻常之法，完成了不寻常之作，也是饶宗颐"形而上"词法的具体之现。他说："西洋形上诗，代表形而上。这是与形而下相对应的。Meta Physical在上面，带有物以上的意思。这是看不见的。对比，中国人谓之为道，而形而下，则谓之为器。我所作形上词，就是从这里来的。重视道，重视讲道理，这是形上诗的特征，也是形上词的特征。如果为形上词立定义，是否可以说，所谓形上词，就是用词体原型以再现形而上旨意的新词体。"《睇周集》中的一组词——《六丑》、《蕙兰芳引》、《玉烛新》，分别以睡、影、神立题，表现其向上之意，这组词正是先生形上词之代表作。

在耶鲁期间，饶宗颐每逢周末都到德籍教授傅汉思家做客，他们在一起写字作画，时有唱和。张女士谱《六丑·睡》昆曲，且以玉笛吹之，人籁之音缥缈而来。傅夫人张充和工楷手录《睇周集》全卷，时人评道："词既雄拔，字复秀润，号称双绝。"在刻版史上，清代的精抄本与写刻本的南宋三家和清真词，是最令人艳称的版本，精美的《睇周集》全文手抄誊写影印出版，实际上恰恰继承着这两个传统，该书也成为书籍作为艺术品的典范。1980年，饶教授在北京将《睇周集》赠予钱锺书，其时，钱的学术著作《管锥编》已刊行，但是他将《管锥编》手稿回赠，由此可见，钱锺书对《睇周集》的推崇和钟爱。2011年，远在大洋彼岸的张充和女士托比尔·盖茨母亲专程到香港探望饶宗颐并带来问候信，信中字字珠玑，洋溢着词翰之谊和永恒的友情。在这里必须一提的是宋琴"寒泉"，琴主是被誉为民国最后才女张充和，饶宗颐在耶鲁期间，张女士将该琴借给他，饶宗颐与琴友曲友聚会唱和，每次都带上这张"寒泉"琴，"寒泉"留下了继云闲、查阜西、赵蔓蕶、张充和、高罗佩、毕铿、饶宗颐等名家的韵泽。当听闻查阜西离世时，张充和写下《八声甘州》词，饶宗颐随即步韵和了一首《八声甘州·充和以寒泉名琴见假，复縢以词因和》，而张充和也曾和饶宗颐的《浣溪沙》八章；而最具友情的词是《声声慢·冒雪至充和家中作画，和中仙催雪均，并邀同作》，总之，在《榆城乐章》四十余词中，有多篇见证了饶宗颐与张充和的深情厚谊。《词榻赋》小序记载："忆在榆城，宿耶鲁大学古塔第十一层，三月之中，遍和清真词一百六十首。每文思之来也，嘿尔坐旧沙发上，以寸楮断续书之，或一月成十数首。友人傅汉思、张充和夫妇讶指是榻，云此果灵感之温床耶？为之失笑，摄影以记之。顷发陈笥，忽得此照，依旧梦之重温，为之怅惘者果者，久已废词，爰为赋曰。"《睎周集》卷上有多处写到张充和，《兰陵王·初至榆城，听充和摱笛》、《一寸金》、《塞垣春·观充和离骚书卷，并谢其为余手录和周词》等等。

3月，为唐健垣编纂的《琴府》作"序"，《琴府序》指出：《龙湖琴谱》为孤本，世所罕见，"今得君影钞，广其流传，此秦府最大之贡献也"。

是年，在美国会晤美籍华裔学者，耶鲁大学教授王方宇。方宇请先生欣赏其收藏的八大国画，作《丁香结·方宇家中观八大画》词相赠。

1972年，《太平经与说文解字》，发表于台湾《大陆杂志》四十五卷六期，后收录入《饶宗颐史学论著选》，《饶宗颐二十世纪学术文集》卷五·宗教学，讲《太平经》与《说文解字》关系之第一人。《睎周集》由张充和女士重录，饶宗颐以《蝶恋花》词报赠。他在《后记》中说："和词忌讳于词句字面，宜以气行，腾挪流转，可望臻浑成之境。"此词集为该理论最佳实践的结果。

6月，到印尼旅行，历都拍湖，后游峇达山，先后得绝句20章。

次年，整理成诗作，名曰《都拍湖绝句》。其游峇厘岛，又赋《峇厘岛杂咏》10 首。至 1973 年 5 月，受聘为台湾中央研究院历史语言研究所研究教授。

1963 年至 1972 年，撰写论文如下：

1963 年：

《韩愈〈南山诗〉与昙无谶译马鸣〈佛所行赞〉》，发表于《中国文学报》（第十九号）。

1964 年：

《论岳武穆〈满江红〉词》，发表于《斑苔学报》第二期；

《神会门下摩诃衍之入藏兼论禅门南北宗之调和问题》，发表于《香港大学五十周年纪念论文集》第一册；

《想尔九戒与三合义——兼评新刊〈太平经合校〉》，发表于《清华学报》第四卷第二期；

《*Chinese Sources on Brāhmī and kharosthī*》发表于班达迦东方研究院，Vol. XLV. India：Poona，1964，pp. 39—47；

中文版《中国典籍有关梵书与法留书起源的记载》，《书目季刊》第一卷第四期；

《选堂论画》发表于《香港大学中文学会年刊》。

1965 年：

《后汉书》论赞之文学价值，发表于《中国学志》（第 2 本）；

《楚缯书十二月名核论》，发表于《大陆杂志》第三十卷第一期；

《安荼论（Anda）与吴晋间之宇宙观》，发表于《庆祝李济先生七十岁论文集·清华学报专号》；后收入《选堂集林·史林》；

《说蜑——早期蜑民史料之检讨》，发表于《联合书院学报》第五期；

The she settlements in the Han Rirer Basin，Kwang Tung《韩江流域之畲民》；

Proceeding of the Symposium on Historical Archaeological

& *Linguistic Studies on Southem China*，*S. E. Asia* &*the Hong Kong Reyion*（*HKU Golden Jubliee Congress*），*Hong Kong*：*University of Hong Kong*，1966.9；

    Some Place－*Names in the South Seas in the Yung*－*Lo*－*Ta*－*Tien*《永乐大典中之南海地名》；

    Proceeding of the Symposium on Historical Archaeological & *Linguistic Studies on Southern China*，*S. E. Asia* & *the Hong Kong Region*（*HKU Golden Jubliee congress*），*Hong Kong*：*University of Hong Kong*，1966.9，pp. 191－197 with Plate XII.

1966 年：

    《说郛新考》用法文发表，为戴密微教授七十颂寿而作。刊于1966 年巴黎出版之 *Mélanges de sinologie offerts à Monsieur Paul Demiéville*（中国学研究合集——献给黛密徽先生），87－104 页，略去王氏《说删》目录。后发表于台北中央图书馆《馆刊》第三卷第一期、收录入《选堂集林·史林》。

    《华梵经疏体例同异析疑》，发表于香港《新亚学报》第七卷第二期，后收入《选堂集林·史林》（上册）；

    《梵语R、R、L、L四流音及其对汉文学之影响》，此文为先生于 1966 年 5 月在伦敦大学东方与非洲研究所发表的演讲稿，有中、日、英三种文字版，收入《中印文化关系史论集（语言篇）悉昙学绪论》，后收入《饶宗颐二十世纪学术文集》。

1967 年：

    The Chü Silk Manuscript：*Calendar and Astrology proceeding of the symposium on Early Chinese Art*，*New York*，1967；

    《陈白沙在明代诗史上的地位》，发表于台湾《东方杂志》第一卷第二号，收入《文辙——文学史论集》上册；

    《朱彊村论清词〈望江南〉笺》，发表于《东方文化》第六卷第一、二期合刊；

    《法国汉学家研究的成绩》，发表于《仁声》双月刊第八、九期。

1968 年：

《三教论与宋金学术》，发表于台北《东西文化》第十一期，后作为《三教论及其海外移植》第一部分，收录入《选堂集林·史林》（下册），《饶宗颐二十世纪学术文集》卷五·宗教学，《香港大学中文学院八十周年纪念学术论文集》；

《潮剧溯源》，发表于曼谷《泰国潮州会馆三十周年》，又见《潮侨通鉴 1969—1973》第四至五期；

《清以前潮州志纂修始末》，发表于曼谷《泰国潮州会馆三十周年》，后收录入《饶宗颐潮汕地方史论集》，《饶宗颐二十世纪学术文集》卷九·潮学；

《词与禅悟》，发表于台湾《清华学报》新七卷一期，又见台北《佛教文学短论》，以《词与禅》收录入《文辙·文学史论集》（下册），《饶宗颐二十世纪学术文集》卷十二·诗词学；

《楚缯书之摹本及图像——三首神、肥遗与印度古神话之比较》，发表于台北《故宫季刊》第三卷第二期，后收作《楚绘画四论》之三，收录入《画𩲃》；

《说兰》，发表于新加坡《新社季刊》第一卷第二期，以《由 Orchid 说道兰》收录入《文化之旅》，《饶宗颐二十世纪学术文集》卷十四·文录、诗词；

《清词与东南亚诸国》，编入《庄泽宣教授七十祝寿论文集》，后收录入《文辙·文学史论集》；

《维州在唐代蕃汉交涉史上之地位》，发表于台湾中央研究院史语所集刊第三十九期《李方桂先生六十五岁祝寿论文集》，后收录入《选堂集林·史林》，《饶宗颐二十世纪学术文集》卷八·敦煌学；

《李郑屋村古墓砖文考释》，发表于台湾中央研究院史语所集刊第三十九期（下），后收录入《选堂集林·史林》；

《楚缯书疏证》，发表于台湾中央研究院史语所集刊第四十期；

《敦煌本漫语话跋》，发表于香港大学《东方》杂志，后收录

入《文辙·文学史论集》;

《送罗元一教授荣休序》，为罗香林教授退休饯行，收录入《固庵文录》;

《与郑良树论〈战国策〉书》，收录入《固庵文录》。

1969 年：

《〈老子想尔注〉续论》，发表于东京早稻田大学出版部《福井博士颂寿纪念东洋文化论集》（福井博士颂寿纪念论文季刊行会编辑），以《〈老子想尔注〉考略》收录入《选堂集林·史林》（下册），《饶宗颐史学论著选》，以《〈老子想尔注〉续论》收录入《老子想尔注校证》;

《清词年表（稿）》，次年发表于新加坡《新社学报》第四期，后收录入《文辙·文学史论集》;

为门人杨勇《〈世说新语〉校笺》作《序》;

为友人史学家简又文的《太平天国典制通考》作《序》;

出席台北第一届"华学"会议，提交《三教论及其海外移植》，后收录入《选堂集林·史林》;

为李济主编的《上古》史稿撰写《荆楚文化》，发表于台北《"中央研究院"历史语言研究所集刊》第四十一本第二分册，后收录入《饶宗颐二十世纪学术文集》卷六·史学（首次提出"楚文化"作为学科名）;

《吴越文化》，发表于《"中央研究院"历史语言研究所集刊》第四十一本第四分册，后收录入《饶宗颐二十世纪学术文集》卷六·史学;

《星马华文碑刻系年（纪略）》，发表于新加坡《新加坡大学中文学会学报》第十期，修订版分上下卷发表于台北《书目季刊》第五卷第二、三期，后收录入《选堂集林·史林》（下册），以《星马华文碑刻系年引言》收录入《饶宗颐史学论著选》，《饶宗颐东方学论集》，以《星马华文碑刻系年》收录入《饶宗颐二十世纪学术文集》卷七·中外关系史（首次编录星马华人碑刻，开海外金石学先河）。

1970 年：

《饶宗颐教授南游赠别论文集》编印，欢送先生应聘新加坡讲学；

《香港大学冯平山图书馆藏善本书录》在香港龙门书店出版，先生为之作序；

《欧美亚所见甲骨录存》在新加坡出版；

《战国西汉的庄学》，发表于《星洲日报》"新年特刊"，后收录入《选堂集林·史林》（下册），《饶宗颐二十世纪学术文集》卷五·宗教学；

《王锡顿悟大乘政理决序说并校记》，发表于《崇基学报》第九卷第二期，后收录入《选堂集林·史林》（中册），《饶宗颐二十世纪学术文集》卷八·敦煌学；

《清词与东南亚诸国》，发表于香港林继振编的《庄泽宣教授七秩晋五纪念文集》，后收录入《选堂集林·史林》（下册），《文辙·文学史论集》（上册），《饶宗颐史学论著选》，《饶宗颐东方学论集》，《饶宗颐二十世纪学术文集》卷十二·诗词学；

《新加坡古代名称的检讨"蒲罗中"问题商榷》，发表于新加坡《南洋文摘》第十一卷第四期；

《"蒲罗中"问题续论》，发表于新加坡《南洋文摘》第十一卷第四期；

《清词年表》，发表于《新社学报》。

1971 年：

词集《晞周集》赋成，收录了和清真词 51 首初名为《粉墙集》的词作以及后来再和清真词的 76 首词，遍和了清真词《片玉集》127 词，后编入《清晖集》；

《潮州丛著初编》，在台湾文海出版社有限公司重印；

与戴密微合著的《敦煌曲》用中法文字在巴黎出版；

《中国文学在目录学上之地位》，发表于新加坡大学中文学会会刊，后书录入《文辙·文学史论集》（上册），《饶宗颐二十世纪学术文集》卷十一·文学；

《〈古文尚书〉是东晋·孔安国所编成的吗?》，发表于香港《明报月刊》第七卷第三期，以《论〈古文尚书〉非东晋孔安国所编成》收录入《选堂集林·史林》（上册），《饶宗颐二十世纪学术文集》卷四·经术、礼乐；

《说鹢及海船的相关问题》，发表于《"中央研究院"民族学研究所集刊》第三十三期·庆祝凌纯声先生七十岁论文集之四，后收录入《选堂集林·史林》（中册），《饶宗颐史学论著选》，《饶宗颐东方学论集》，《饶宗颐二十世纪学术文集》卷七·中外关系史；

《论敦煌陷于吐蕃之年代》，发表于《东方文化》九卷一期，后收录入《选堂集林·史林》（中册），《饶宗颐二十世纪学术文集》卷八·敦煌学；

《吴越文化》，发表于（台湾）中央研究院历史语言研究所集刊第四十一本第四分册；

《云谣集杂曲子及其他英法所藏杂曲卷》，发表于法国国际科技设计中心出版的《敦煌曲》；

《云谣集版本资料——上虞罗氏及日本藏本之曲子》，发表于法国国际科技设计中心出版的《敦煌曲》；

《敦煌曲韵谱——附词韵资料举要》，发表于法国国际科技设计中心出版的《敦煌曲》；

为邓仕梁的《两晋诗论》作《序》。

1972 年：

《Toba 湖绝句》20 章，记载了先生在都拍湖（Danau Toba）的所见所感；又赋《峇厘岛杂咏》10 首，后收录入《南征集》，编入《清晖集》；

《文选序"画像则赞兴"说——列传与画赞》，发表于新加坡《文物汇刊》创刊号后收录入《画𩽾》，《饶宗颐二十世纪学术文集》卷十三·艺术；

《〈楚辞〉与古西南之故事画》，发表于台湾《故宫博物馆季刊》六卷四期，后收录入《选堂集林·史林》（上册），《画䫃》，《饶宗颐二十世纪学术文集》卷十三·艺术；

《宋元间人所记海上行朝史料评述》，发表于台湾《广东文学季刊》二卷三期；

《〈感应篇〉书后》，收录入《固庵文录》；

《书〈清史稿·文苑传〉后》，收录入《固庵文录》；

《题简琴斋书展》，为友人刘少旅所藏的"简琴斋墨迹"在香港大会堂展出题文；

诗人、书画家蔡梦香先生病逝，作《蔡梦香先生墓志铭》，收录入《固庵文录》。

中西贯通
（1973—1978）

饶宗颐以精进的学力，丰硕的成果，成为欧洲汉学界的老师，作为东学西渐的领军人物，他建立起亚洲、欧洲、北美洲汉学的学术纽带，他成为东西方文化对话交流的巨大桥梁。

1973 年，《墨竹刻石——兼论墨竹源流》发表于台北《故宫季刊》，以《石刻中墨竹之源流》收录入《画𬤊》，《饶宗颐二十世纪学术文集》卷十三·艺术，先生系讲中国艺术史上墨竹刻石之第一人。他按历史源流将墨竹之石刻分列为：汉竹叶碑、东晋砖墓竹林七贤图、北魏宁氏墓孝子变竹笋、唐王维竹石刻、玄妙观石础之竹、宋文同画刻、程堂竹石刻、苏轼竹石刻、林灵素竹石刻、白玉蟾竹石、元赵孟𫖯竹石刻、集仙宫倒插竹碑、吴镇竹石刻、明唐寅画竹石刻、泰山玉皇阁丘之篆"竹"、萧悦、程修己。

中秋佳节，举家离开新加坡返回香港。离开新加坡时，作词一首：

忆秦娥

癸丑中秋，留别星马知交，次王叔明韵。王词见其林泉读书图云："花如雪。东风夜扫苏堤月。苏堤月。香销南国，几回圆缺。　　钱塘江上潮声歇。江边杨柳谁攀折。谁攀折。西陵渡口，古今离别。"

花疑雪。开门且纳中庭月。中庭月。云衣低护，有圆无缺。

南溟道是清游歇。湛湛江水徒心折。徒心折。苍山难老，谩劳伤别。

本年 9 月起至 1978 年饶宗颐被香港中文大学聘为中文系教授兼系主任。在香港中文大学任职期间，他积极参与各种学术活动，创办刊物、开设学术讲座，加强学术交流从而活跃了学术风气。他从本年度开始连续四年参加日本南画院书画年展。

戴密微八十华诞，赋颂《戴密微教授八十寿序》，认为戴密微"以心揖道，因道通禅"。而"自像教西被，文思东洽，布护之勤，提唤之力，未有如公之卓绝者也"。此文后收录入《清晖集》的骈文集中。

3 月，出席台湾中央历史语言研究所主办的台湾大学傅斯年①纪念日演讲会。在会上作《词与画——论艺术的换位问题》的演讲，演讲稿整理后发表于《故宫季刊》八卷三期，他是第一个讲词与画关系的学者。

1974 年，春，出席在日本江户召开的"东南亚考古学术研讨会"，提交了《蒲甘国史零拾》论文，并会晤江户大学校长村田晴彦先生。先时在台湾中央研究院历史语言研究所，得读相传出自吴道子手笔的《江苏吴县唐玄妙观东岳行宫石础画像》，为之发表《吴县玄妙观石础画迹》一文，他是讲道教变文的第一人。

4 月，作《书爨宝子句》，题云：

> 在阴嘉和，处渊流芳，宫宇数仞，循得其墙，馨随风烈，耀
> 与云扬。节书建宁太守碑，甲寅四月，选堂。

7 月 30 日，作《古琴的哲学》祝钱穆八十华诞，载台湾《华冈学报》第八期《庆祝钱穆先生八十岁论文集》。友人周颖南藏《刘海粟山水画册》，请饶宗颐为之题跋，他遂作《跋刘海粟山水画册》，此文收入《固庵文录》。在"跋语"中说："海粟先生始以西法倡导，一时披靡从风。然三十年来，尽弃其曩之所习，浸淫于宋元，心摹力追，不

---

① 傅斯年（1896—1950），字孟真，山东聊城人，现代著名诗人学者，曾任中山大学文学院长、台湾大学校长，有《傅斯年全集》传世。

懈而及于古。今年近八十矣，世方追逐新面目，而翁游心冥漠，所谓鹪鹏已翔于寥廓，而罗者犹视乎薮泽，何识度相去之远耶。今观此册寥寥数纸，下笔尽屋漏痕虫蚀木。以渴笔写懵懂山，深厚处视董又进一境。"

同年，提出"海上丝绸之路"这一概念。该概念见《蜀布与 Cinapatta（丝绸）——论早期中、印、缅之交通（附论：海道之丝路与昆仑舶）》，发表于台湾中央研究院史语所集刊第四十五期第四分册，后录入《选堂集林·林史》（上册），《梵学集》，《饶宗颐东方论集》《饶宗颐二十世纪文集》卷七·中外关系史。2003 年 3 月，在回答人民网记者关于"海上丝绸之路"的问题，有如下记录：

> 记者：广州现在准备把"海上丝绸之路"捆绑申报世界文化遗产，您是"海上丝绸之路"概念的首创者，您觉得广州在整条丝绸之路中占怎么样的位置？
>
> 饶：1974 年我就提出了"海上丝绸之路"这个概念。上世纪80 年代我在广州南越王墓看到波斯银器，跟我在法国看到的一模一样，广州应该是这条路的起点和最早的中心，因为秦汉时期这里就有海关，是国家对外的口岸。
>
> 记者：现在争夺海上丝绸之路起点的还有泉州、宁波和广西合浦。
>
> 饶：广州人要爱惜自己在海上交通史上的地位。三国、六朝和唐代，关于广州地面的材料有无数之多。像南海神庙应该早点开发，西来初地在海上丝绸之路的地位也应该明晰。泉州的阿拉伯文材料和摩尼教石刻让人一看就清楚。广州始终是整条丝绸之路最重要的港口，但是如果宣传和挖掘得不够，这个"起点"就会被人家拿走。

《金赵城藏本〈法显传〉题记（附〈达国考〉）》，发表于台湾中央研究院史语所集刊第四十五期第三分册，后收录入《选堂集林·史林》

（下册），《饶宗颐史学论著选》，《梵学集》，《饶宗颐东方学论集》，《饶宗颐二十世纪学术文集》卷五·宗教学，讲述《法显传》的第一人。

1975 年，中秋，做客于虚白斋主人刘作筹家，赏月并观读吴宽书卷，后赋词二首。题云：浣溪沙乙卯中秋，虚白斋迎月，观吴宽书卷，次东坡韵二首：

月到中秋例属苏。随风咳唾落云车。还当有里更寻无。
桂树摘来书胜锦，吴刚斫下字如珠。玉延亭畔想捻须。
中圣迷花梦未苏。酒醒尚不吐茵车。荡胸虚白入空无。
雨脚风翻休湿兔，（刚卸三号风球。）赫蹄书老爱累珠。众宾弄影将吟须。

参加香港中文大学主办的"明遗民书画讨论会"。撰《黄公望及富春山居图临本》作为香港中文大学"文物馆专刊"之一，由香港中文大学出版社出版，后收入《画𩓣》。

与戴密微教授书信多有来往，其深厚友谊可见于两人通信。4 月 2 日，戴密微来信，中文翻译如下：

饶教授道席：

应法国远东学院邀请作汉学研究之时，已明白需不时来赴巴黎，参与学院及法国汉学界之研究。拟来年（1976）上半年到来，实是合宜之至，因夏季（及秋季）之时，巴黎之学院生活几乎处于停顿状态；近日恰巧成立了一官方研究小组，研究藏于国家图书馆之中文敦煌文献，得君及时襄助，如虎添翼；中文尊著研究有附图之敦煌文献（《敦煌白画》），届时，Ryckmans 博士为尊著所作之法文本亦将准备妥当，学院当进而筹备出版，尊著中插图众多，恰好可亲自监督印刷；最后，吾等常期待能得君指点所研习领域，君博学多才，不论问及何等问题，均能圆满解答，吾等获益良多。恳切期望来年到访之计划能如期实行，恭候到临。并祝起居康泰。

戴密微专此

一九七五年四月二日

年底，在东京东南亚史学会宣读论文《蒲甘国史事零拾》，是利用中国文献补缅甸史之第一人，此文收入《选堂集林·史林》、《饶宗颐二十世纪学术文集》卷七·中外关系史。

叶恭绰编《全清词钞》由香港中华书局出版。叶氏在《全清词钞·例言》中称："是编工作，始自 1929 年，倏逾廿载，其间采访、选录，以迄编次校订，多赖同好诸君之力。自彊村先生以次，如夏闰枝（孙桐）……饶子伯子（宗颐）、石子矩孙（秉巽）。""编次校订则瞿禅、居易、淑通、痴云、铁夫、伯子、矩孙之绩丕著。"

《选堂赋话》由香港万有图书公司出版。书前《小引》曰，"赋学之衰，无如今日。文学史家直以冢中枯骨目之，非持平之论也。古之为赋者，在德音九能之列，《传》曰，'升高能赋，可以为大夫'。言堂庑之上，揖让之间，以微言相感，自有其实用之价值也。"他作赋追求"情尽于悲，性适乎理，景穷于物色，事达乎史鉴"，钱仲联先生云："其赋十三篇，皆不作鲍照以后语，无论唐人。"这是钱先生的极高评语。

是年，春，为何沛雄编辑的《赋话六种》作《序》。

1976 年，应邀赴法国巴黎讲学。利用空闲时间，向蒲德侯（J·Bottero）教授学习楔形文字及西亚文献。在法国远东学院书库，发现古昂（M·Manrice Courant）搜集的中国唐宋时代墓志拓本史料，经过一番整理，并加注说明，将之带回香港。

5 月，由雷威安夫妇陪同，游历了法国中南部，访法国启蒙思想家孟德斯鸠（1689—1755）故居，登 Puy Mery 绝顶，沿途之中赋诗 31 首，整理为《中峤杂咏》（36 首编入先生诗集《西海集》之中），由雷威安译成法文，后收录入《清晖集》。其诗歌小引云：

> 五月廿三日，雷威安 A. Lévy 夫妇驱车载余，自巴黎至 Bordeaux 城。中间经 Loire 河行宫，遂入万山中。共行二千华里，沿途得诗卅一首。雷君谓法语三十六始为成数；因思王荆公（王安石）诗"三十六陂秋水"，黄山谷（黄庭坚）诗"县楼三十六峰寒"，例有同然，爰足成之。以其地法语统名 Massif Central，遂命曰中峤，雷君悉译成法文，将刊行云。

秋，漫游西班牙，访中古回教圣地哥多瓦及阿含伯勒宫。赋诗《题哥耶（Goya）画斗牛图》（用韩孟斗鸡联句韵），《哥多瓦（Cordoba）歌》（次陆浑山火韵），《阿含伯勒宫（Al-Hambra）》（用昌黎岳阳楼韵）三首长诗，亦收录在《西海集》之中。整理词集《栟榈集》（30首）。

为李田意所编的《中国史籍类选》作《序》，表明自己史学观点：

> 作史者，必能文之士。《论语》云："文胜质则史。"知质木无文者，难与于史之列。孟子亦云："其事则齐桓晋文，其文则史。"撰事成史，精理为文。是史之要，尤贵乎取舍，细事琐闻，无关弘旨者，胥从捐弃。孔子之于诗书，删述而已。"述"以明其旨要，而"删"则有所不取者矣。删述亦史家之务也。质有其文，始谓之史，明史必倚于文而后立，故古之史学，亦犹夫文学也。
> ……辑《中国史籍类选》以为课本，凡所甄录，皆前史精华所在，义据坚深，符采相胜。以此设教，良足通文史之邮，使读者进而窥古人立言之大旨，观其会通。于以了解旧史之传统，庶可减少误会，衔华佩实，由此植基，其有功于史学，岂浅鲜哉！

10月，为门人张秉权的《山谷诗研究》题辞，为友人、琴师徐文镜作《镜斋山水画册引》。文收入《固庵文录》，先生在其中说：

吾闻游心乎德之和，如鉴止水，唯止能止众止。琴者，禁也。先止其心，守其宗以理万物，故琴为众艺之源。翁理操之余，发为声诗，自然高妙，虽不复作画，而处处皆画；不复泼墨，而处处是墨。琴曲有《神化引》，纸，虽不足以尽翁胸中之所蕴，然龙不现形，乃有如见其神奇。则此区区，悬诸天壤间，已郁为奇观，翁也可以踌躇满志矣。

冬至前十日，摹明遗民张风《树石人物》。
岁暮，作清罗聘《鬼趣图》。

1977 年，整理《羁旅集》，在小引中，他说：

洪北江云："羁旅之期，逾晋文公之在外。"（见《伤知己赋序》）余年未而立，屡去乡国，久历乱离，不遑启处，炉峰寄迹，及今亦过廿余载矣。古之诗人，往往羁旅忧伤，独谣孤叹，意有郁结，发为篇章；余虽数废诗，何独能无感？然感而后思，思而后积，契阔死生，纯情增怅；（《楞严》云："纯想即飞，纯情即堕。"）驾言出游，辄写我忧。中间数历扶桑，三莅北美，朋侪唱叹，气类不孤。聊因暇日，削而存之，用俟重删。其海西之作，别为专帙以行。自忖情寄有孚，言庶遥契，千里相应，存乎其人。造化给须，取之在我。（薛瑄《敬轩读书录》云："唐人诗曰：足知造化力，不给使君须。吾有取焉。"按此为李长吉句，见《感讽》五首之一。）

8 月，到泰国曼谷出席第七次亚洲历史会议，受到文化、工商各界人士的热情款待，赋诗留念，有"十洲行处皆吾乡"句。
编著的《香雪庄藏砂壶》一书出版。其中《供春壶考略》是饶宗颐在新加坡期间借助香雪庄主人陈之初收藏物件，写了供春壶这篇文章。作《悲庵①印谱序》，文收入《固庵文录》。

12月，于梨俱室书《临吴镇书心经》。

1978年，从香港中文大学退休，香港中文大学文学院和新亚书院为先生特别举办了演讲会，会上，作了《楚辞学及其相关问题》的演讲。阐述了建立"楚辞学"的意义，因为楚国地区出土的东西极多，出土的文物反映了这里先民的文化程度很高，楚辞学理应受到重视。

为了让学术界更好地了解饶宗颐，友人及门人周鸿翔、赵令扬等30多人集资，出版了《选堂诗词集》。此书为饶教授诗词乐府旧作的总集。收入饶教授的《选堂诗存》和《选堂乐府》，《选堂诗存》包括《佛国集》、《西海集》、《白山集》、《黑湖集》、《羁旅集》、《南海唱和集》、《长洲集》、《和韩昌黎南山集》、《南征集》、《冰炭集》、《瑶山集》及《题画诗》；《选堂乐府》包括《城乐章》、《睎周集》、《栟榈词》。总览此书，可见饶教授不同时期文风之推陈出新。饶教授不但依旧题而作，又勇于创新，如用东坡《屈原塔》韵作《慕尼黑纳粹集中营》，均可见饶教授学贯中西、古今及对文字的驾驭功夫。其友人夏书枚在《序》中云：

选堂既宿学，词章绘画鼓琴，莫不称著于时，骈文倚声尤精善。

又云：

其诗"兼采魏晋六朝唐宋人之长，随体而施，靡不尽其神趣，险峭森秀，清旷超迈，面目綦多，非琴瑟专一者可同年而语"。

选堂教授诗文编校委员会在《跋》中亦称赞道：

---

① 悲庵，即赵之谦（1829—1884），初字益甫，号冷君，后改字㧑叔，改号悲庵，别号无闷，浙江会稽人。

诗中有史，其善一也；用韩、孟联句险韵，而文从字顺过之，其善二也；言人之所未尝言，有突过人境庐者，其善三也；古体盘空硬语，而绝句则虚灵摇曳，神理自足，其善四也。综兹四长，郁为巨擘，故和南山、石鼓诗作，力能扛鼎，识者无不拱手叹为不可及。

1月，由香港中文大学艺术系主办的"饶宗颐书画展"，在香港大会堂举行，展出了书法作品90件，绘画作品60件。《选堂书画集》由香雪庄出版，收入书画代表作36件。其中：书法作品21件，如《论书次徐渭书青天歌》、《楚缯书轴》、《武威医简》、《爨宝子碑扇面》等等，从其书法可以看出其喜爱明代后期的行草，重视新出土的秦汉简帛；绘画作品15件，包括巨幅山水画《湖南山色》（177×244cm）。从展览作品可看到，其创作以山水画和人物画最为擅长，他的山水画得宋元之清韵，明清之恣肆，于清初四僧与云林、大痴冥契尤深。戴密微教授、河野秋邨及郑德坤为之作序。

元宵节，作《四僧笔意山水扇面》。

3月，《穆护歌考——兼论火祆教入华之早期史料及其对文学、音乐、绘画之影响》，发表于香港《大公报在港复刊卅年纪念文集》，收录入《选堂集林·史林》（中册），《文辙·文学史论集》（下册），《饶宗颐史学论著选》，《饶宗颐东方学论集》，《饶宗颐二十世纪学术文集》卷十二·诗词学，是首位利用词牌《穆护歌》考见火祆教史实。

7月，梨俱室作《山水清音图》。

8月5日至8日，由泰国潮安同乡会、潮州会馆、泰华诗学社、南园诗社等单位联合主办"饶宗颐书画展"，开幕式于京华银行展览厅举行，郑午楼博士主持剪彩仪式。同时出版《饶宗颐教授书画展特刊得间册》，题云：

戊午，生朝，大风雨中写此册自遣，时正悬八号风球也。选

103

堂纪，年六十有二。重阳日，作《江山无尽图》。

9月，应聘为法国高等研究院宗教学部客座教授，主讲一年的《中国古代宗教》，在法期间，参观万斯芦莎教堂，马蒂黑白壁画。

法国南部猎士谷（Lauscaux）史前洞窟壁画系联合国人类文化遗产之一，是两万年前的一个岩洞，它的整个墙壁画的都是动物，壁画的线条、色彩太震撼了。这个岩洞，每周只开放一次，入洞观看只许1小时。若要参观，需预约排队才能轮到。就在他要离开法国的前一天终于排到队，他与施博尔不辞千里，凌晨自巴黎驱车至腊芭雪儿东南六公里的猎士谷。在岩画的动物群中，他看到里面有中国的蒙古马共有45匹，这证明古代东西方的往来，这是先生在法国的又一个重大发现。

在此期间，法国政府出资做一个世界文化经典翻译项目，饶教授托施舟人拿来翻译目录，当看到目录中的中国典籍只有《红楼梦》、《三国演义》时，饶教授心痛地掉下眼泪说："我们完了，没有人知道我们的文化源头是《五经》。"

《楚辞地理考》由台北九思出版有限公司重印。

在香港中文大学任职期间发表的论文：

1973 年：

《说錞于与铜鼓》，发表于台北《东吴大学中国艺术史集刊》第一卷；

《论释氏之昆仑说》，发表于台北《大陆杂志》第四十六卷第四期，后收录入《选堂集林·史林》（上册），《饶宗颐史学论著选》，《梵学集》，《饶宗颐东方学论集》，《饶宗颐二十世纪学术文集》卷五·宗教学；

《关于十九世纪画论家对粤画评骘问题的补充》，发表于香港《明报月刊》第八卷第十一期，后收录入《饶宗颐二十世纪学术文集》卷十三·艺术；

《曲子〈定西蕃〉——敦煌曲拾补之一》，发表于新加坡《新社学报》第五期，后收录入《敦煌曲续论》，《饶宗颐二十世纪学术文集》卷八·敦煌学；

《潮剧溯源》，发表于《潮侨通鉴》（1969—1973）第四至五期；

《石涛上人宋元吟韵跋》，发表于香港《明报月刊》；

《谈龙录跋》，于 1985 年发表于上海《文艺理论研究》第三期，后收录入《固庵文录》；

为何蒙夫《不去庐集》作《跋》。

1974 年：

《李白出生地——碎叶》，发表于香港《东方文化》第十二卷第一、二期，后收录入《选堂集林·史林》（中册），《饶宗颐二十世纪学术文集》卷十二·诗词学；

《古琴的哲学》，发表于台北《华冈学报》第八期·庆祝钱穆先生八十岁论文集，后收录入《饶宗颐二十世纪学术文集》卷四·经术、礼乐；

《释七》，发表于香港大学中文学会"年刊"，后收录入《固庵文录》，《饶宗颐二十世纪学术文集》卷十四·文录、诗词；

《龙飞与张琏问题辨正》，发表于新加坡《南洋学报》第二十九卷第一、二期，后作为《论〈明史·外国传〉记张畀之讹》附记，收录入《选堂集林·史林》（下册）；

《方以智之画论》，发表《香港中文大学中国文化研究所学报》第七卷第一期，后收录入《画颔》，《饶宗颐二十世纪学术文集》卷十三·艺术；

《长安词·山花子及其他——大英博物院藏 S5540 敦煌大册之曲子词》，发表于《新亚学报》第十一卷上《庆祝钱穆先生八十岁专号》；

为友人周颖南藏《刘海粟山水画册》作《跋》，收录入《固庵文录》；

《谈李芸甫的家世》，发表于《明报月刊》第四期，后收录入

《画领》，《饶宗颐二十世纪学术文集》卷十三·艺术；

《大英博物院藏 S.5540 敦煌大册之曲子词——长安词、山花子及其他》，发表于香港《新亚学报》第十一卷上册·庆祝钱穆先生八十岁专号，英文版 "Note Sur le Tch'ang-Ngan Ts'eu"（论长安词）（teanslated by D' Hélène Vetch），T'oung Pao（Vol. LX, 1-3），Paris，1974，后收入《敦煌曲续论》，《饶宗颐二十世纪学术文集》卷八·敦煌学；

《西南文化》，发表于台湾中央研究院史语所集刊第四十五期第一分册，又见《中国史学论文选集》第二辑，后收录入《饶宗颐二十世纪学术文集》卷六·史学；

《从石刻论武后之宗教信仰》，发表于台湾中央研究院史语所集刊第四十五期第三分册，后收录入《选堂集林·史林》（中册），《饶宗颐史学论著选》，《饶宗颐二十世纪学术文集》卷五·宗教学；

《蜀布与 Cinapatta（丝绸）——论早期中、印、缅之交通（附论：海道之丝路与昆仑舶）》，发表于台湾中央研究院史语所集刊第四十五期第四分册，后收录入《选堂集林·史林》（上册），《梵学集》，《饶宗颐东方学论集》，《饶宗颐二十世纪学术文集》卷七·中外关系史（提出"海上丝绸之路"之概念的第一人）；

《孝顺观念与敦煌佛曲》，发表于《敦煌学》第一辑，后收录入《敦煌曲续论》，《饶宗颐二十世纪学术文集》卷八·敦煌学；

《苏门答腊岛北部发现汉钱古物记》，发表于《明报月刊》第九卷第八期，后收录入《选堂集林·史林》（下册），《饶宗颐二十世纪学术文集》卷七·中外关系史；

《词与画——论艺术的换位问题》，发表于台北《故宫季刊》第八卷第三期（讲词与画之关系的第一人）；

《方以智与陈子升》，发表于台北《清华学报》第十卷第二期，后收录入《饶宗颐二十世纪学术文集》卷五·宗教学；

《铜鼓续论》，发表于台北东吴大学《艺术史集刊》第三卷，后将《说錞于与铜鼓》与之改订，编成《铜鼓余论》，收录入《选堂集林·史林》（中册），《饶宗颐二十世纪学术文集》卷六·史学。

1975 年：

《全清词钞》（叶恭绰编；饶宗颐参与编次校订），由香港中华书局出版；

《选堂赋话》由香港万有图书公司出版；

《黄公望及富春山居图临本》，"香港中文大学文物馆专刊"之一，在香港中文大学出版社出版，后收录入《画𩱳》；

《富春山居图卷释疑》，发表于香港《明报月刊》第十卷第一期；

《再谈富春山居图卷》，发表于香港《明报月刊》第十卷第二期；

《八大山人"世说诗"解》、《甲子花鸟册释》，发表于香港《新亚学术集刊》第十七期，后收录入《画𩱳》，《饶宗颐二十世纪学术文集》卷十三·艺术；

为何沛雄编辑的《赋话六种》作《序》；

《至乐楼藏八大山人山水册及其相关问题》，收录入《画𩱳》；

《宋拓韩刻群玉堂怀素千字文》，发表于香港中文大学《学报》第三卷第一期，后收录入《饶宗颐二十世纪学术文集》卷十三·艺术。

1976 年：

《黄公望及富春山居图临本》增订再版；

《〈丁衍庸印选〉序》，发表于《丁衍庸印选》卷首，香港唯高出版社出版；

The Character "te" in Bronze Inscriptions（translated by Noel Barnard）；

The Proceeding of a Symposium on Scientific Methods of Research in the Study of Ancient Chinese Bronzes and Sountheast Asian Metal and other Archeological Artifacts，Melbourne：National Gallery of Victoria（Australia），1976，pp. 145—154.（Symposium date：october 6—10，1975）；

《从地下材料谈秦代文学》，发表于《香港大学中文学会中国文化周特刊》，又见《抖擞》第十九期，日文版《出土资料から见た秦代の文学》由林宏作翻译发表于东京《东方学》第五十四辑，以《从云梦〈腾文书〉谈秦代文学》收录入《选堂集林·史林》（中册），《饶宗颐二十世纪学术文集》卷三·简帛学，以《从云梦〈腾文书〉谈秦代散文》收录入《文辙·文学史论集》（上册）；

《八大山人为黄研旅写山水册及其相关问题》演讲稿，以《至乐楼藏八大山人山水画及其相关问题》发表于《中国文化研究所学报》第八卷第二期·明遗民书画研讨会记录专刊，又见新加坡《文物汇刊》第二号，以《至乐楼藏八大山人山水画及其相关问题——谈卖画与程京萼关系及交游》收录入《画𩕳》，《饶宗颐二十世纪学术文集》卷十三·艺术；

《〈天问〉文体的源流——"发问"文学之探讨》，发表于台湾大学《考古人类学刊》第三十九、四十期合刊，后收录入《选堂集林·史林》（上册），《文辙·文学史论集》（上册），《饶宗颐史学论著选》，《梵学集》，《饶宗颐东方学论集》，《饶宗颐二十世纪学术文集》卷十一·文学；

《张大风及其家世》，发表于香港中文大学《中国文化研究所学报》第八卷第一期，后收录入《画𩕳》，《饶宗颐二十世纪学术文集》卷十三·艺术；

《龙飞与张琏问题辨正》，发表于《南洋学报》第二十九卷第一、二期，收录入《饶宗颐潮汕地方史论集》；

《〈梦溪笔谈〉校证一则》，发表于香港中文大学《学报》第四卷第一期；

《明季文人与绘画》，发表于香港中文大学《中国文化研究所学报》第八卷第二期，英文版 "Painting and the Literati in the Late Ming" (translated by Jame C. Y. Watt), Renditions No. 6 (Special Art Issue), Hong Kong: Cente for Translation Projects, The Chinese University of Hong Kong, Spring 1976, 后收录入《画𩕳》，《饶宗颐二十世纪学术文集》卷十三·艺术；

为侯思孟《阮嗣宗生活与作品》题辞。

1977 年：

《香雪庄藏砂壶》由新加坡香雪庄出版，当中《供春壶考略》之改订本分别收入《固庵文录》；

《五德终始说新探》，发表于先生之书《中国史学上之正统论——中国史学观念探讨之一》，后收录入《饶宗颐史学论著选》，《饶宗颐二十世纪学术文集》卷六·史学；

《〈梦溪笔谈〉校证一则——郑夬〈易〉书公案》，发表于《香港中文大学学报》第四卷第一期，以《郑夬〈易〉书公案（〈梦溪笔谈〉校证一则）》收录入《饶宗颐史学论著选》，《饶宗颐二十世纪学术文集》卷四·经术、礼乐；

《邹衍书别考——阮廷焯先秦诸子考佚题辞》，发表于香港《新亚学术集刊》第十九期。后收录入《选堂集林·史林》改名为《不死（a-mrta）观念与齐学——邹衍书别考》；

《论战国文学》，发表于《台湾中央研究院历史语言研究所集刊》第四十八本第一册，收录入《文辙·文学史论集》，《饶宗颐二十世纪学术文集》卷十一·文学；

《记〈李氏纪传〉——李贽〈藏书〉未刊稿的发现》，发表于《新亚学术集刊》第十九期，以《记李贽〈李氏纪传〉》收录入《选堂集林·史林》（下册），《饶宗颐史学论著选》，《饶宗颐二十世纪学术文集》卷六·史学；

《〈敦煌白画〉导论》，发表于《敦煌白画》书中，修订版发表于台北《雄狮美术》第一百零二卷，后收录入《画䫴》，《饶宗颐二十世纪学术文集》卷八·敦煌学；

《梦香先生遗集引》，发表于《蔡梦香诗书画集》卷首，收录入《固庵文录》；

《悲庵印谱序》，收录入《固庵文录》；

为李启严所藏的《读草缀语》题辞。

1978 年：

《楚辞地理考》，在台北九思出版有限公司重印；

《敦煌白画》"法国远东学院考古学专刊"（中法文本）在巴黎出版，法文版由李克曼翻译（首次研究敦煌白画）；

《中国画的笔法》，发表于香港《美术家》创刊号；

《晚明画家与画论》，发表于香港中文大学《中国文化研究所学报》第九卷上册，后收录入《画颔》，《饶宗颐二十世纪学术文集》卷十三·艺术；

《天神观与道德思想》，发表于台湾中央研究院史语所集刊第四十九期第二分册，后收录入《饶宗颐二十世纪学术文集》卷四·经术、礼乐；

《神道思想与理性主义》，发表于台湾中央研究院史语所集刊第四十九其第三分册，后收录入《饶宗颐二十世纪学术文集》卷四·经术、礼乐。

遍游神州
（1979—1986）

　　饶宗颐退休后，他认为作为学者应该是退而不休的，他继续从事学术、艺术研究，到中国内地进行学术考察。四处访古的过程中，关注中国新出土的文物，倡说"古史五重证据法"，开拓十分广阔的国际性学术视野。

　　1979年至1986年，饶宗颐被聘为香港中文大学中国文化研究所荣誉高级研究员。

　　3月23日，戴密微在瑞士病逝，享年86岁。噩耗传来，他难揾悲伤，遂作《戴密微先生挽诗》悼念。诗曰：

戴密微先生挽诗用杜公追酬高蜀州诗韵

九原大雅不可作，杨柳方稀伤殂落。

延年美意只空谈，旧交转眼忽成昨。

梦成盐柱到区夏，学如山海何开廓。

陀邻尼经无量门，总持龙宝费搜略。

谢客微言散霏蒁，梵志畅机追艻窦。

爱我丹青步云林，誉我句势比秋鹗。

泣麟叹凤不堪论，白首他乡空默存。

吟句情殷易簀日，怀人家寄西南坤。

死生非远理难睹，凡夫妄执生迷奔。

微公谁与祛吾惑。挥涕何堪过里门。

书契纪纲久散乱，黑白安能定一尊。

111

不闻邻笛增腹痛，摩挲遗帙苦招魂。

4 月，漫游瑞士苏黎世，过阿尔卑斯山入意大利米兰，再由意大利返回巴黎。沿途所至，作词以记，后集成《古村词》一书。同月荷兰汉学家施博尔采集到光绪年间陈廷宽手抄本纸影唱册《刘龙图》，饶宗颐为之作《跋》，其跋云：

> 施博尔先生曩旅居台南，颇留心闽粤传入鲲岛之民间文学作品，前后采集纸影戏唱册旧写本，共得一百九十八册。其中最早者为《司马都戏文》，写于嘉靖二十三年。又《刘龙图》一册，为光绪四年七月二十九日陈廷宽手抄本。年月及书写人名并具，尤为难得。
>
> 施君又藏有《萧端蒙打死江西王》戏文，传抄相同者共四册，其中有云"霄禹承教子不忠"。考端蒙之父为萧与成，霄禹承即萧与成之音讹。……施君所集诸册得自台南，故悉题曰闽南皮影戏，然刘昉原籍在今潮安，萧端蒙原籍在今潮阳，均与福建无关，此刘、萧二出，应是潮州当地纸影戏本，后来辗转入于邻省者。

定居香港以来，由于客观条件的限制，饶宗颐始终没有回到故乡，家国之思越来越强烈，这在他的许多诗集里都有所体现，如《长洲集》中《和阮公咏怀诗》第八首云：

> 已从月入海，流光照满衣。
> 更随鸟巢南，去去相因依。
> 低徊思故乡，悢焉如朝饥。
> 荒畴可复田，游子久不归。
> 归去惟梦中，梦醒辄成悲。
> 除却梦中心，何因随雁飞。
> 醒来余四壁，漆黑更安归。

"已从月入海，流光照满衣"来和阮公诗，表达了"归去惟梦中"，"醒来余四壁"的悲情，流光、朝饥、梦，表达了他对故乡的思念和可望不可即而产生的孤寂心情。

1965 年出版的《潮州志汇编》序文中亦提到：

> 久去乡国，累十余稔，山川乔木，望之怅然……

对家乡的一山一水，一草一木，饶宗颐是非常怀念的。由于客观条件限制，一直到 1979 年 9 月自法国回香港后，应中山大学之邀，在阔别家国三十年之后首次赴大陆广州参加中国古文字研究会第二届学术年会，遍游神州大地的夙愿总算如愿以偿。

时任广东省委书记吴南生特地在迎宾馆设宴款待饶教授，并指示高教局派中山大学曾宪通全程陪同饶教授到内地考察。

会议结束后，他与五弟宗震赴湖南长沙，一方面为了考察马王堆出土的文物，一方面完成自己的心愿，赴汨罗吊屈原，他研究《楚辞》多年，很大的原因就是被屈原这位中国伟大的诗人作家的人格情操所吸引，在吊屈原的同时撰写了《汨罗吊屈子文》，后编入《清晖集》骈文集，全文如下：

> 去君之恒干，以就无垠兮，蹑彭咸于激流。格烟叶以清商兮，叩巫咸乎久湫。余此心之不朽兮，与元气而为俦。亘千载犹号屈潭兮，莫怨浩荡之灵修。拜忠洁之庙祀兮，共昭灵为列侯。岂大夫死亦为水神兮，与湖水共悠悠。惟公之魂无不在兮，何必求乎故宇。觅天地之正气兮，惟夫子之高举。采白菅以为席兮，荐秫米以为糈。云霭霭而比飔兮，霰冥冥其兼雨。虽遗迹之非昔兮，企前贤以踵武。欷骚台之悲风兮，镇徘徊而不能去。

在长沙期间，作《吊贾生文》，在文中的小引中云：

余来长沙，见马王堆冢中遗物，《轪侯木记》属汉文十二年。考贾生于文之二年，谪此为长沙王傅。（据汪中《述学》）在其前约十稔耳。轪侯国正当长沙王辖境，墓中所出故书雅记，殆生当日所常见者也。三号墓文书视《汲冢》简篇尤富，侯国尚尔，王室宜有以过之。因知汉初湘中文教，其瑰玮璀璨，固不止是。益信生之学术，所席履者深。世尽知生《过秦》，其陈汉兴制度，色尚黄而数用五；然《新书·六术》及《道德说》，则用六为数，敷六理、合六法，固赢秦之旧义也。心有所疑，爰为文以讯之。

其文后书收录入《固庵文录》，后编入《清晖集》骈文集。
回到香港后，赋诗：

　　长沙之行，为时虽暂，日历览多方，尤以帛书欣获畅读，归来赋谢熊、陈两馆长。
　　未能冲暑更登临，禹迹虞陵待远寻；蜀汉江涛开五渚，沅湘篾竹响千岑。
　　巴陵一叶知秋近，郢水孤城掩雾深；快士交情缣帛际，南东行处有知音。

夏，在梨俱室作《书王羲之远宦帖》。
12月24日，冬至后二日，摹明遗民石涛《万点恶墨卷》。

　　1980年是饶宗颐一生最宝贵的一年，不知从哪来的体力，从欧洲一直到日本和中国内地，持续不停地走，实现了"世界五洲已历其四，华夏九州已历其七，神州五岳已登其四"的游履生涯。赴巴黎接受亚洲学会荣誉会员荣衔，同时出席在法京召开的"文字——观念体系与实践经验国际会议"，用法文提交了《汉字与诗学》论文，原文发表于法京《Ecritures》，中文本则收录入《文辙·文学史论集》。这篇论文共分为十个部分，谈到了汉字的起源、演变中发展各类用法和深化，出现了韵、单音字、复词、省略、叠字还有对偶声调等等，最后汉字由实用性演变为如书法之类的艺术和诗等等作了详细的解释。

文中他说道：

> 汉文字在语文结构上最特出的地方无如对偶与声调二者。对偶问题，六朝时刘勰已有《丽辞篇》，加以讨论。

又道：

> 对偶（Couple）与平行（Panallel）不同。对偶要避免字面的重复。汉文的对偶还要调协平仄，更为其他国家所无。

再如：

> 汉字的韵律是声、韵、声调三位一体。每个字都具备这三个要素。由于一字一音，汉诗的构成，字句终是很有规律。由字数多少组成的诗，为体不一，……汉诗中声文的重要性，表现于新体式的词、曲，更为严格，每一曲调有它的限定字数与平仄规定。

最后，他指出：

语言学在西方，目前几乎居于其他学术的领导地位，汉语与文字由于是处于游离状态之下，语言的重要性反而不如文学。中国靠文字来统一，尽管方言繁多，而文字却是共同一致的。这显示中国文化是以文字为领导，中国是以"文字→文学"为文化的主力的，和西方之以"语言＝文字→文学"情形很不一样。这说明纯用语言学方法来处理分析中国文学，恐有扞格之处；尤其是诗学，困难更多。至若轻易借用西方理论来衡量汉诗，有时不免有削足就履的毛病了。

5月17日，在日本京都醍醐寺东方学会上讲论殷易卦，并出席了王梵志讲论会。

赋诗：

庚申五月十七日，醍醐寺东方学会上讲殷易卦。贝塚茂树教授主其事，三叠前韵

阴阳不孤生，空有仗双遣。

醍醐有至味，妙语须一转。

坤乾难搜讨，极数稽大衍。

日者岐山下，契龟出菌卷。

眼花字如蚊，骇汗已气喘。

目击倘道存，卦名堪三反。

夏雨生波澜，春蚕方在茧。

荷沼好题诗，菰蒲冒清浅。

在京都，往唐招提寺瞻谒鉴真大师坐像，后作诗《唐招提寺瞻谒鉴真大师坐像，时仪仗方从北京返洛》五首。又到天理图书馆观善本书，游秋芳洞、高野山、三缘寺、飞鸟等、唐招提寺、赤山禅院等名胜古迹。后菊池英夫邀往北海道作十日游，饶宗颐戏摭地名为诗谢之，内容如下：

昔诵知北游，北海多嘉名。扫迹梦寐求，幽讨苦来能。为谢菊池君，示我以日程。白老更青函，支笏连太清。荡胸生层云，峡中灵怪迎。雾多布广原，丹顶鹤夜惊。网走澄潭下，山阿寒可登。春来大雪消，草木已留萌。银钏路如诗，一一足缘情。厚岸试呼风，会当叩云荆。

饶宗颐在高野山看到山上山下满是参拜日本大圣人空海的信众，空海法师在梵文字母拼写原理的启发下发明日本字母，他的汉字书法和梵文书法造诣非常高，时至今日仍影响先生的书法创作。先生有感于高野山作为宗教圣地，作诗一首以表崇敬之情。诗文为：

未敢游山辄慕仙，

登高慧海叹无边。

一千六百年来事，

八叶莲台总宛然。

6 月 30 日，在京都撰写《唐勒及其佚文——楚辞新资料》，发表于日本九州大学《中国文学论集》第九号，后收录入《文辙·文学史论集》（上册），《饶宗颐史学论著选》，《饶宗颐二十世纪学术文集》卷十一·文学，是首位研究楚辞新资料唐勒赋的学者。

6 月至 8 月，从巴黎回来，任日本京都大学文学部及人文科学研究客座教授，并在九州大学、北海道大学讲学。在日本京都大学期间，先生作题为《中国古代文学之比较研究》的演讲。全文约三万六千字，发表于日本京都大学《中国文学报》第三十二册，后收录入《文辙·文学史论集》。首次利用日本石刻证明中日书法交流源自唐代，见于《早期中日书法之交流》一文，该文发表于东京《书の日本》第二册卷首，中文版《早期中日书法之关系》发表于香港《书谱》第六期·饶宗颐专辑，后收录入《饶宗颐史学论著选》、《饶宗颐东方学论集》、《饶宗颐二十世纪学术文集》卷十三·艺术。中章指出：中日书道关系史上有二次极重要的转折点，一是奈良时代的王羲之书风的盛行，一是室町时代五山文学的兴起。全文论述中日书法关系史的重要问题，还论述两国文化史上的关系问题。

在京都整理了访日的诗作《总䌽集》（原名《揽䌽集》，诗作 100 首，译诗 4 首），乃先生于授课之余，游历日本山水，以及与友人清水茂教授、入矢义高教授、波多野太郎教授等人的唱和赠答之作。诗中所咏日本九州、北海道等山水景观，可补清末何如璋《使东杂咏》、黄遵宪《日本杂事诗》所不逮。该集由香港日本文化协会出版。小引云：

余数莅京都，此次为时虽暂而篇制最夥。自 4 月杪至 8 月中浣，讲课之余，朋侪盍簪，不废吟咏。而历览山川，放浪江海，

117

中间南涉九州，北至网走，临橿原之都，诵万叶之诗，怀古情深，往往流连，不忍遽去。最后登高野之山，寻遍照发挥性灵之遗迹，御影堂间，神人仿佛，若有存者。离洛前夕，发箧得诗可百首，厘为一帙。心尚抖擞，愧波澜非老成；水也泓澄，不怀珠而川媚，风流尊俎，纵归去复难忘；斟酌古今，破客中之岑寂。

8月，在日本演讲《中国书法二三问题——从文字史看书道》，发表于东京《ダィジエスト》第九百七十八号，中文原作发表于澳门《中国语言学刊》创刊号，后收录入《饶宗颐二十世纪学术文集》卷十三·艺术。文中曰：

> 书的字形姿态，古人称为"字势"……（卫恒）讨论四种主要的字体，名其书曰《四体书势》。势字特别使用在书法上，有它特殊的意义……用"势"字来形容书体。以后便有人借书势之"势"来论文章。弹琴的手法亦称"势"，这些都是采取自书法的字势。"势"在书道、文学都有极重要的意义。

此集卷首还有清水茂所作的《日本纪行诗》序，内文指出："饶选堂先生生于韩公驱鳄之乡，习于高固萃羊之地，……大荒海外，无不印踪。讽咏可追坡老，写景何啻石湖。""今兹敝校幸得日本学术振兴会资助，聘请讲学。讲学之余，历游邦域，良辰佳景，辄有篇章。……风情溢于笺牍，颂赞见于笔毫。凡游日本山水所作，都共百首，裒而存之，曰《揽辔集》。"后改称为《总辔集》。

8月13日，自京都陟高野山，参与万灯会，赋《八月十三夕盂兰盆节》一首：

> 提灯烧烛妙高峰，风雨人天共庇踪。
>
> 千树挺然标直节，不分南北尽朝宗。

8 月 20 日至 26 日，日本二玄社在东京主办"饶宗颐教授个人书画展"，并出版《饶宗颐教授个展作品特集》刊载于日本东京近代书道研究所的《书道グラフ》第廿五卷第十一号。

9 月 21 日，应文物出版社王仿子社长的邀请，在往成都出席第三届古文字学术年会后，即到全国各地进行学术考察。历时近三个月，行程达数万里。年会的热门话题：一是卜辞的分期，二是卦爻的辨识。卦爻问题是继第一、第二届年会上讨论的热潮而有新的发展。在本届年会上参与讨论的有管燮初、张政烺、张颔、刘雨和先生等学者，饶宗颐宣读的论文题为《略论马王堆〈易经〉写本》，推论该写本六十四卦排比次第，对《商周甲骨和青铜器上的卦爻辨识》一文提出补充意见，另外比较了马王堆帛书本《易经》和汉"中古文本"《易经》的异同，并高度评价了马王堆帛书本《易经》的价值，引起了与会者的广泛兴趣。他根据一片帛书，写出这篇学术价值很高的文章，这是研究帛书《易经》的第一篇论文。

9 月 28 日开始，选择第一个目的地——兰州，饶宗颐认为那里是敦煌学的发源地，敦煌学在其学术领域里所占比重很大，因为学术情结的关系，兰州一直是他朝思暮想的地方。到兰州后，参观了甘肃省博物馆、黄河大桥、北塔山、又参观了千佛洞和莫高窟壁画艺术和馆藏写经。曾宪通教授《选堂访古随行》记载：

29 日下午饶宗颐在甘肃省博物馆会见了陈炳应馆长，他对博物馆的藏品都有极大的兴趣，从新石器时代的彩陶到近代的民间抄本，他都要仔细地观察、琢磨，甘肃省博物馆藏品有两大特色：一是彩陶多。甘肃新石器时代的古文化遗存已知有各类遗址 1000 多处。包括仰韶文化、齐家文化、火烧沟类型文化、辛店文化、寺洼文化和沙井文化等，出土了大量的彩陶，不但展厅里展出了色彩浓艳、体态各异的彩陶，仓库里也到处堆满了大大小小的彩陶，令人目不暇给。二是简牍多。甘肃自汉武帝元狩二年（公元前 121）开辟河西走廊为中西交通要冲之后，一直成为"丝绸之路"必经之地，故汉代遗址遍布全省，出土了一批批重要的文物。如威、甘谷发现的汉代简册，中有《仪礼》、

《王杖》、医方药简以及优待宗室诏书简等。特别是居延地区发现的两万多枚汉简，则是历来发现简牍最多的一次。饶宗颐还应邀到甘肃省文物考古研究所参观，看到排列密集的架子上堆满着一盒盒的简牍，工作人员正根据照片做分类整理工作。据了解，这批简牍是1972—1976年对居延地区的甲渠侯官遗址及第四燧与肩水金关所作的发掘时发现的。绝大部分是木简，竹简极少。计有简、两行、牍、检、符、觚，签、册等，内容非常丰富，已初步整理出70多个簿册，如诏书、律令、牒书、爰书、军纪、赏罚、名籍、兵器、奉廪、钱粮簿等，都各有一定的行文程序和文牍格式。其中有纪年的简达200多枚，上到西汉武帝，下至东汉初年，而以宣帝时期的简最多。饶宗颐后来有关汉简，特别是王莽时代的简牍论作即得益于此。他对莫高窟的数百座洞窟如数家珍，按伯希和当年对敦煌洞窟的编号，他直接选择了50多座有代表性的洞窟进行考察。选择的洞窟最具特色和最具代表性。先生到敦煌考察实现三个目的：一参观有代表性的洞窟，了解不同时期敦煌绘画的整体结构和特色；二了解没有流失国外的国内藏卷；三考察敦煌白画与整个敦煌艺术的关系。他认为在敦煌壁画中，不同年代的人物典故、动植物场景经常重复出现，结合《敦煌白画》比对，就能清晰辨识哪一种艺术技法始于哪个朝代的哪位画师。结合中国古代白画资料，可探索敦煌白画与敦煌画风的关系。尤其是对敦煌白画所反映的若干"技法"，他进行了深入细致的揭示和分析，在敦煌白画艺术史研究中占有重要的地位。他提出要研究藏经洞的白画资料，必须同敦煌石窟的壁画结合起来，才能做出令人信服的结论。敦煌的每个洞窟，每卷画卷和经文，对他产生无穷的吸引力。在离开千佛洞前夕，作《莫高窟题壁》诗：

河湟入梦若悬旌，铁马坚冰纸上鸣。
石窟春风香柳绿，他生愿作写经生。

这是一首非常著名的诗，一向对写经生评价不高的饶宗颐缘何留下感慨？这是因为在白描画里，他恰好见到同为"宗颐"的写经生的名字，加之一向对敦煌的向往，一路颠簸终于到达莫高窟，此般畅舒情怀自然流露诗中。

10月6日清晨抵达西安，参观陕西省博物馆，登上了慈恩塔，见到许多有关唐玄奘的材料，当晚，作《荐福寺》诗云：

唐都双塔著高标，相去慈恩一里遥。
膜拜遗方还踵接，象胥译事已冰消。
空余行纪传天竺，想见驮经越灞桥。
落日古槐人迹少，西风台殿叶萧萧。

又步杜甫韵作咏塔诗：

登慈恩寺塔次杜韵

发迈自岷陇，我行殊未休。
顾瞻千里原，莽荡已忘忧。
四塞有山河，古迹难尽搜。
塔势可撑天，凿险更缒幽。
万国争登临，声教东西流。
俯窥一气青，蒙蒙值残秋。
汉武拓河西，宛马复可求。
西胡断右臂，荐草入吾州。
太宗置安西，突厥安足愁。
耽耽强邻迹，尚阻昆仑邱。
登高感喟生，凌虚足可投。
向来论形势，所贵在人谋。

后转入河南，游历洛阳、郑州、登封、开封和安阳。

18日下午，在湖北省博物馆参观，展品中有曾侯乙墓出土衣箱漆书 20 个字的摹本，都是古文奇字，馆长谭维泗让饶宗颐尝试做考释，他系统考察了奇字的内容，推断古代制作漆箱铭文必与天象、乐律有关，接着他考究有关古文奇字的形体、意义与读音，经过反复推敲，当晚终于解决天书问题，写出"民祀佳坊（房），日辰于维，兴岁之四（驷），所尚若陈，经天尝（常）和" 20 个字。第二天他向谭馆长交了考释答案，为博物馆填补了一项空白。有意思的是，二、三句末字之"维"与"四"竟与谭馆长大名相应，更是巧合，闻者无不莞尔、折服！（今按：末句"经天"二字，他根据新出楚简资料改释为"琴瑟"，整句应读作"琴瑟常和"）。后来即为之作《曾侯乙墓匫器漆书文字初释》，加以考证，发表于 1983 年《古文字研究》第十期。在博物馆，他还参观了在湖北江陵望山战国墓中出土的越王勾践剑，其剑上有"越王鸠浅自作用剑"的字样，遂作《越王勾践（鸠浅）剑铭（并序）》，其文收录入《固庵文录》，后收录入《清晖集》骈文集，其文并序云：

　　1965 年冬，湖北江陵望山，于战国墓中出土竹简多枚，并宝剑一。铭云："越王鸠浅自作用剑。"鸠浅即勾践。简册屡言："为怨固卣（贞），为怨固遆祷"，知墓主为邵氏，或谓是楚将昭滑，疑未能决也。余以己未仲冬，漫游武昌，博物馆舒之梅君捧剑出示，缀以绿松之石，缀以琉璃之珠，旷代奇宝，光艳夺目，喜而为之铭曰：

　　楚东取越，由于怀王；俘其重器，绵历江湘。沼没火散，星沉匣亡；一旦发塚，遍地生光。锋曾尝胆，刃早吐芒；目卧攻蓼，足寒渍汤。王气既苏，所向无当；宿耻以雪，威临八荒。鸟篆泐名，价逾干将；明器满坑，观者如墙。尘封简册，文字黯黕；虎吼龙鸣，响应靡常。贯虹犹晓，衔铁欲霜；远来觌止，贞祷无疆。

　　以上是以诗文述考古之学，对越王剑何以会在楚地出土进行了考证。

10 月 21 日上午，中国语言学会举行成立大会，吕叔湘先生主持开幕式，王力先生致开幕词。出席代表共 180 多人，许多著名的语言学界老一辈都到会。下午分组讨论，饶宗颐提出题为《秦简日书中"夕"（夤）字含义的商榷》一文（后来刊于《中国语言学报》第一期），此文根据战国阴阳五行家的理论解释秦简所记楚月名中"夕"和"屌"的意义以及每个月里"日"和"夕"的对立和消长。因为文中涉及秦简和楚简的许多新材料，又是同朱德熙、梅祖麟两位先生进行讨论，引起大家极大的兴趣。参会者发言十分积极，会议一直开到很晚才结束。第二天举行学术报告会，吕叔湘先生作题为《我国语言学的现状和展望》的主题报告，谈到当前语言学界要注意处理好几个关系，即中和外的关系；虚和实的关系；动和静的关系；通与专的关系等，并提到语言学的规划问题。

26 日游长江三峡，从宜昌、香溪、秭归、西陵峡、巴东，进入巫峡，饶宗颐拿起铅笔聚精会神地写生，描绘巫山十二峰各自特色，有的若金龙腾空，有的如雄狮昂首，有的像少女亭亭玉立，有的似凤凰展翅，千姿百态，妩媚动人，他把这些奇景全部记录下来。在神女峰上面有一根巨石突兀于青峰云霞之中，宛若一个亭亭玉立、美丽动人的少女，他后来在许多作品中，把神女峰的神采表现出来。到了奉节山城，他说："杜甫到夔门后所写的诗是最好的。他写的夔门诗共有430 多首，杜诗里所描绘的许多景物，都可以在这里找到见证。"

27 日，饶宗颐在奉节县政府接待室的院子里散步，据说这里原来是刘备妻子甘夫人的墓地，她原死于襄樊，在刘备死后由诸葛亮命人移尸骨埋葬于此。附近还有张飞的守灵处。根据饶先生和考古学者的分析，张飞为甘夫人守灵之说不可信。倒有可能此地原来就是刘备坟，才有张飞守灵处，又移甘夫人尸骨与刘备合葬的道理。也只有这样，才与白帝城为刘备临终托孤之地的传说相符。据说前几年在附近基建时发现有大墓道，则此处为刘备坟的可能性是很大的。然则成都武侯祠后的刘备坟实为衣冠冢而已。在白帝城，挥毫写诗，云：

黄昏莫辨瀼东西，赤甲白盐天更低。

　　重讽苍藤古木句，惜无两岸夜猿啼。

　　28日，因昨晚船过瞿塘时天色已晚，不及细看。为填补这一遗憾，今天下午特租一小艇，畅游瞿塘。1时出发，先到夔门的白盐山下摩崖处观看历代名人题记。来到凤凰泉，这里洞窟已修葺一新，拾级而上，有石桌、石椅供人野餐。饶宗颐立马创作一幅妙趣横生的素描画，笑得大家前俯后仰。登步至摩崖处，有南宋乾道七年（1171）的大碑，乃赵不忧所撰文，赵公硕书写，尚有一大宋碑，已经风化，仅数字可辨，但关键的人名则剥蚀严重。和尚们的题记倒是不少，也较清晰，多是无关宏旨。最有意思的是冯玉祥于1939年的题刻："踏出夔门，赶走倭寇！"日本投降后，1945年他又补记此事。特别显眼的是李端刻的"巍哉，夔门"四个大字。他在这里低吟细画，流连一个半小时才依依不舍地离去。由白帝庙休息室可以看到赤甲、白盐二山所形成的峡谷如门，这就是著名的夔门峡。两山之下原有滟滪堆，是杜甫诗中常见的诗景之一，因其有碍航道，已被炸去。站在休息室外的岩石上，便可居高临下，眺望赤甲、白盐，两岸风光尽收眼底，十分惬意。

　　乘汽艇来到风箱峡，这里以保存战国时巴人的悬棺葬而著名。因悬棺于十数丈高的悬崖上，形如风箱，故土人附和为鲁班师的风箱而得名。晚上，饶宗颐作《夔门登舟拨蒙密，观大宋中兴颂摩崖，次简斋游浯溪韵》，诗云：

　　字大如斗杂藓碧，舍舟入岬扪赤壁。中兴词句何庄严，长江至此有正色。

　　滟滪堆已上下通，方舟无复愁人力。即今化险以为夷，万古路难缘此石。

　　渔者休歌巫峡长，玄猿罢哭千山侧。盘涡犹有白鹭眠，独树依然怀忧恻。

124

游夔门后，于 1983 年创作《夔门揽胜图》赠送曾宪通作为留念。

29 日，从宜昌经当阳、荆门、丹江、襄樊，再南下经随县、安陆、云梦，到达武昌。30 日抵达北京，在民族文化宫参观少数民族古文字展览，在中国美术馆参观关山月画展，荣宝斋藏画和木刻水印画展览。当晚，王仿子社长在西单"同和居"设宴为饶宗颐接风，考古所夏鼐所长，文物出版社高履芳老社长，故宫博物院顾铁符老先生以及文物局金冲及、郑昌政等先生都出席宴会。31 日，由顾铁符先生陪同参观故宫。除主体三大殿外，还观看了在乾清宫举办的晋隋唐宋元画展，参观工艺馆和北海公园。

11 月 4 日，在承德山庄宫殿区参观，先看慈禧太后的住所，以及嘉庆、咸丰在山庄逝世的地方。参观金山塔，登塔眺望，只见回廊依山而建，盘旋于山岭之间，周围假山怪石参差错落，疏密有致，与宫殿区的金碧辉煌相映成趣，相得益彰。山庄文物商店就在假山后面的二楼，应义物商店主人的邀请，饶宗颐在雪白的宣纸上写下两首山庄的即景诗。

一曰《题烟雨楼用王荆公韵》：

> 弱柳沿堤绿绕，
>
> 夕阳山背红酣。
>
> 莫问前朝烟水，
>
> 断肠塞北江南。

二曰《山庄远眺围场》：

> 车书混一信无俦，
>
> 来往燕云十六州。
>
> 想见木兰秋狝罢，
>
> 武功文治已全收。

6日，饶宗颐到达八达岭。他一口气就登上了八达岭的制高点。只见长城内外山峦起伏，古城垣随山势绵延至无边的天际。他深深地吸了一口气，极目四方，饱览塞北风光。在十三陵，先生说："清朝开国皇帝注意保护明陵，而把损毁破坏明陵的责任推给李自成起义，可见历代统治者对于农民的立场是相同的。所以尽管清朝推翻了明朝，但对其陵墓的态度也莫不如此。"看完长陵，接着到了颐和园，参观仁寿殿、乐寿堂、玉澜堂、宜芸馆等庭院，走过十里画廊，登佛香阁，上万寿山，眺望昆明湖十七孔桥。

　　7日，到天坛公园，登祈年殿，进皇穹宇。离开天坛来到北海，参观三希堂法帖。当天，前往北京医院探望顾颉刚老先生。见面时，顾老就说他和饶先生已有50多年的交情，现在还保存着饶先生20世纪30年代为《古史辨》写的好几篇文章。饶宗颐马上说："那是我小孩子时写的东西，还请顾老多多批评。"顾老虽然年近90，但50多年前的往事却记得如此清楚，真不简单。饶宗颐说，顾老十分注重培养年轻人，奖掖和提携后进是他对中国学术的重要贡献，也是他深受敬重的原因之一。曾宪通回忆说：饶教授回香港不久便接到了顾颉刚去世消息，二人的最后一次见面对饶教授来说意味深长，因为饶教授对王莽等的研究，多直接来自顾老的点拨和启发。

　　11至13日，在济南参观山东省博物馆、趵突泉、李清照纪念馆、大明湖、辛弃疾纪念堂、济南博物馆、灵岩寺。

　　13日傍晚，到达泰安。

　　14日，登泰山，到"经石峪"。这里相传为晒经石，宋时称为经石谷，明代才叫经石峪，是在成片的石坪上，刻着金刚经的全文。字径在一尺以上，是历代大字的鼻祖。有人称它为榜书之宗，列为妙品。但经石写于何时？书者是谁？由于没有记载，说法很多，无法确指；先生认为北齐韦子琛写的可能性大些，因为韦氏在邹县也有刻经，字体大致相若。经石原有1000多字，因年久风化，现仅存数百字而已，且大多已模糊不清。为防止继续风化和裂塌，已楔下大钉加以保护，并准备在上游建造水库，防止因大水的冲刷而被破坏。饶宗颐对经石峪情有独钟，除仔细琢磨外，还留下多张照片继续观摩。十多年后，他更以如椽大笔书写《心经》，如此鸿篇巨制，正可与经石峪之丰润恢宏相媲美，二者实有异曲同工之妙。

16日，抵达兖州，参观孔庙，这是历代祭孔的圣地，规模非常宏伟：碧水桥前有三坊二门，即金声玉振坊、棂星门、太和先气坊、至圣坊及圣时门；碧水桥后又有三大门，即弘道门、大中门和同文门。进入奎门阁，两旁立有十三座碑亭，为元、金、明、清所立大碑。经大成，进杏坛，就是大成殿。

17至18日参观孔府、孔林。19日在南京游鸡鸣寺、钟鼓楼、玄武湖、中山陵、明孝陵、栖霞山石刻。第二天游雨花台、瞻园、天王府、莫愁湖，观省、市博物馆。第三天游秦淮河、清凉山、扫叶楼和朝天宫。

22日到扬州。游瘦西湖，参观史可法纪念馆。在参观扬州市容时，先生说："扬州现在没有铁路，经济不大发达。但在唐宋时期，这里是长江和运河的交叉口，得东西南北水路之利，许多商贾大户都集中在这里，到处莺歌燕舞，十里洋场，非常繁华，可以说，当时的扬州就是现在的香港。"

23日参观扬州博物馆，适逢馆里举办"扬州八怪画展"，展出扬州、镇江、常州三组画派49家，共计182幅，是一次了解扬州画派的大好机会。

24日到镇江博物馆看以"扬州八怪"为主题的馆藏名画。

25日到焦山参观著名的瘗鹤铭（拓本。五套）和焦山澄鉴堂全碑。

26日到无锡参观惠山公园，园中有惠山寺、二泉、华孝子祠和纪念吴太伯的至德祠。锡山观看名联："无锡锡山山无锡，平湖湖水水平湖。"到将惠山、锡山连成一片的愚公谷，此谷为明万历湖广提学邹迪光所辟，邹号愚公，故名。最后来到著名的借景园林"寄畅园"，此园为明正德年间所建，一进门有乾隆御笔所题园名。内有唐陀罗尼经幢和宋仿唐的普利院大白伞盖神咒幢。游太湖鼋头渚，顺道参观梅园、天新台、招鹤楼和念劬楼，尽兴而归。

27日到常熟，登虞山，游虞山公园。有言偃墓、商逸民周公墓、梁昭明太子读书台及萧统像、琴川等。参观兴福寺塔。又到常熟城郊陈家桥谒清代画圣王石谷先生墓。在汽车往苏州的路上，饶宗颐向司机打听明末遗老钱牧斋先生墓地，司机称未听说过；下车询问路人，也无人知晓。但他似乎心有灵犀，坚信就在附近，于是下车四处寻找，终于有了意想不到的发现。在一片荒野中，展现一巨型墓碑，上书"明赠宫保礼部尚书景行钱公之墓"，其墓旁有记："公讳世扬，字称孝，号景行，邑庠生。子谦益，孙上安，曾孙锦城俱祔葬。嘉庆廿四年七月，奚浦鹿园两支族同立石。"他说，这是钱牧斋没后，祔葬于其父之侧，遵王时有所讳忌，不敢竖碑，至嘉庆间方由宗族立碣。而钱泳所立者但题"东涧老人墓"，旁记"集东坡先生书，尚湖渔者题"，可见仍有所畏忌也。翁同龢与牧斋为同乡，有《东涧老人墓五律》云："秋水堂安在，荒凉有墓田。孤坟我如是（注：墓与河东君邻），独树古君迁。题碣谁摹宋，居人尚姓钱。争来问遗事，欲说转凄然。"可见钱氏后人之萧条。他说，有人告诉他，常熟县城犹有河东街，以蘼芜所居得名。而其墓在拂水南，与东涧相去数武，规模宏伟，则为陈文述官常熟令时所修，今亦倾圮矣。因作《常熟吊柳蘼芜文》。文用赋体，上阕开头云：惟冬初之凄厉兮，忽临晚乎吴中。陟虞山之渐渐兮，俯尚湖之沨沨。抚东涧之坏碣兮，邻拂水之闳宫。下阕结尾云：惟夫人之绸缪兮，无救乎家变之相攻。竟一死以殉之兮，有重于泰山之崇。凛惊风之殒叶兮，信芳草之埋英雄。诉我愤懑而献吊兮，泣斜日于寒虫。凄厉愤懑，令人感慨不已。

28日到苏州博物馆，饶宗颐对近年在昆山曹澄墓发现的《青天歌》作者，更有精湛的研究。曹澄墓出土的《青天歌》，因署名徐渭，论者或目为伪物，或误以《青天歌》为徐渭所作。饶宗颐据元王价《青天歌注》，断《青天歌》乃长春真人丘处机之所作。并指出："王注谓其演音三十二句，乃按度人经三十二运化之道，奇辞奥旨，赖以抉发焉。曹墓所出，知明人喜诵此诗，故形诸楮墨。徐书狂放，颇异常规。今睹原卷，似鹭鸟之乍飞，若崩崖之可怖，洵为上上妙品也。"对于世人的议论，先生则以为："遗迹信足振采，则书者何庸刻舟。"可谓见解独到矣，因作《论书次青天歌韵》以和之。

29 日，游苏州园林，走马于拙政园、留园、狮子林、怡园，游太湖东山，来到紫金庵，寺院仅一殿一堂，规模不大，然寺中塑像技艺精湛，神形兼备，名闻退迩。在展室看到澄湖出土的鱼篓形黑衣陶壶，器上有五个刻符，属于新石器时期的遗物，引起饶宗颐的关注，以为很有研究价值。遂详为考释，其成果收进后来出版的《符号·初文与字母——汉字树》中。

30 日，游寒山寺、虎丘、灵岩山寺和天平山。

12 月 1 日到上海市博物馆参观。

6 日到杭州，参观浙江省博物馆、西泠印社。印社成立于 1903 年，是研究金石篆刻的学术团体，社址设在西湖孤山，社内亭台楼阁，古木参天。这里有清代篆刻名家丁敬的石刻坐像、邓石如的石刻立像以及近代篆刻家吴昌硕的铜像。在"汉三老石室"中保存着极其珍贵的汉碑。该碑于 1852 年在浙江余姚客星山出土，吴昌硕等为了阻止该碑外流，集巨资将它买下，并造碑亭妥为保存。饶宗颐一行特地在石室前照相留念。此次与西泠印社结缘，时隔 31 年后，即在 2011 年 12 月 13 日（星期二）上午 10 点，西泠印社八届六次理事会在杭州纳德大酒店举行，经西泠印社全体理事投票产生，饶宗颐当选为西泠印社第七任社长。

8 日游西湖、灵隐寺。

9 日游六和塔。

10 日到衡山。饶宗颐有《衡岳用退之谒衡山庙韵》诗云：

丹灵四顾廓然公，敢谓须弥在掌中。下视紫盖如培楼，天柱石廪丧其雄。潮阳太守尝到此，绝顶未登胜难穷。精诚能扫三峰雾，炎方瀕洞想高风，黄帝盐传古乐曲，霓裳仿佛神相通。落日亭皋遥望久，清词野鹤唳清空。厚坤万古称赤帝，简书分明陈祝融。马祖庵前哀磨镜，邺疾祠畔思巍宫。一从霜雪交摧折，山花尚放浅深红。于今祠宇空无有，升阶何以明至衰。灵期囊记人莫识，成行松柏徒鞠躬。庙貌诚可比嵩岱，岳渎佳气古今同。我行万里斯仰止，欲觅怀让与韩终。俯临突兀峰千百，征车立可收奇功。来时冥冥羌画晦，归去云雨兼瞳昽。神仙邈矣不可接，何必苦索东海东。

登上衡山巅峰时，饶宗颐有《登祝融峰绝顶》七绝为证：

岭似儿孙相率从，凭高喜见九州同。陇岷嵩岱都行遍，更上朱陵第一峰。

13日，下午3时到郑州，河南省博物馆裴明相先生到月台迎接，下榻于中州宾馆。稍事休息，即出发参观商代古城，由杨意彬先生负责讲解。在古城址适遇文物出版社金冲及、俞晓尧两位先生。次日上午参观郑州市博物馆，遇张松林先生，并由他陪同参观大和村新石器时代遗址，看到1—4号房基，基础及墙壁残部十分清晰，有明显的火烧痕迹，这是当时建屋的一道重要工序，因其地层可以把仰韶文化和龙山文化连贯起来，是一处十分宝贵的考古遗址。时逢雨后遍地泥泞，车不能进，只好步行，但地湿路滑，如履薄冰，至中午12时30分才回到宾馆。下午由裴明相先生陪同参观河南省博物馆。馆藏展品十分丰富，尤以各种品类的文字资料最具特色，还有不少新出土的材料尚在整理之中。从河南发现的考古文物来看，夏代文化的确大有研究价值。从他们把传说中的夏代迁都地点同早商文化联系起来考察，可以看到某些早商文化确有夏代文化的特性。在今天的河南境内，几乎自夏商周至秦汉，都有丰富的文化遗存，由此证明中原地区确是中华民族的发祥地。

以上行程，曾宪通花三个月时间陪饶宗颐走了14个省市，参观33座博物馆，接触大量考古文物资料。饶宗颐至今仍感恩吴南生书记的安排，使他能饱览祖国的山川胜迹，完成中国文化之旅宿愿。

曾宪通记忆犹新的是，3 个月文化之旅结束时，往回广州的列车上，他向饶教授请教治学方法，谈到胡适提出的"大胆假设，小心求证"时，饶宗颐意味深长地说："胡的小心求证是可取的，但大胆假设就不一定，由于他的中国文化基础不够，外国文化基础也不够，所以他提出的假设有些难免脱离实际。"

曾宪通说，饶宗颐治学的一大特点就是"事事爱追根溯源，从不轻信任何人的既成结论"，"从来不信奉权威，最爱较真"！

曾宪通认为，30 年前那次中国文化之旅是饶教授治学经历甚至是他一生的重大转折点，在此之前饶教授基本上是通过流失海外的中国古典文献及实物来研究中国文化，而那次长达 3 个月的实地考察使他接触到更为广博的古代文物，使他在学术与艺术领域的实践得到进一步升华。这一点从季羡林先生对饶教授的评价中得到印证，季先生从"地下实物与纸上遗文"、"异族占书与吾国旧籍"、"外来观念与固有材料" 3 个方面高度概括了饶教授的学术成就。

80 年代初期，为宋代凤岭古港题写"粤东襟喉，潮州门户"，该地位于潮州市下游的凤岭港，始于唐而兴于宋，是潮州通洋主要口岸之一。

是年冬至，为门人李锐清著《王渔洋神韵说探讨》一书作《序》。序言收入《固庵文录》，序中指出：

> 诗有夷险二途，而仁智以判，夷者乐水，而险者乐山。尚夷者如李如白，好险者如杜如韩，无不资山川之助。夫其窥情于景象之中，钻貌乎草木之上，诗之物色存焉，此诗之形文也。诗不能徒引心于物色，长言依咏，须臾不离乎音律，此又诗之声文也。诗与文异，而声之为物，尤诗与文之所以异，能酌蠡水于大海，莫坡老若，时或不免为句读不葺之词，其所以见诮于易安居士者以此。海洋之于诗，范水模山，已尽物色之能事，而于声调之渊

微，纤意曲变，如调钟吕于唇吻，殆有音踬武易安者。余往岁尝跋《谈龙录》，门人李锐清见而悦之，于渔洋之说寝馈既深，多所抉发，亦尝撰为专篇。余论诗之见屡变，于渔洋诗说解悟亦屡有不同。自有巴蜀之行，南至维扬，遍历渔洋之所经，恍然于其纳声情于宫商，寄滋味于神韵，仁智双修，化险为夷，故能独绝各古。修龄有见于唐而无见于宋，秋谷知诗中有我而不知诗中之无我，比如辟支独觉，何足以损渔洋之圆融无碍也哉！

冬日，梨俱室作《古木苍藤》图。

1981年，8月，应邀往北京作学术交流，在京期间，特地拜访钱锺书，这是"北钱南饶"两位大师级学人初次见面。

中秋节，先生过津门，于博物馆得观八大山人《荷上花》长卷，后赴陈国符之招，与其家人欢叙，酒后赋诗一首：

> 荷花十丈对冥搜（荆瞻句），大地河山一卷收。圆月照人忘主客，茂林深处作中秋。

9月中旬，被澳门东亚文学院聘为中国语言与文学专业客座教授。赴山西太原参加"中国古文字研讨会第四届年会"。会后，游览了五台山，并与陈伟湛游晋南各地，进行一个月的考察，为的是确定周民族的发源地的问题。钱穆先生认为"西周文化发源于汾河"，饶宗颐实地考察后证明钱穆先生讲法不准确，并认为只有经过实地考察才能有真实的感知，正如《孟子·尽心下》所说的："尽信书，则不如无书。"通过实地调查能够增补或修改书本里面记载有误的文献资料。另外他拜谒了司马光故乡夏县，而黄河的对岸，则是司马迁的故居，两位司马隔河对望，他在黄河岸边拜谒两位伟大的史学家，穿越时空与两位史学巨匠精神交汇，这是他一生中最难忘怀的事情。

在晋期间，另有一事让饶宗颐深信缘分的存在：大同华严寺展出秘笈，恰好藏着龙藏本（刻于清雍正十一年）《金光明经》与皇兴写经相合的卷秩，赫然入目的卷首序题让他不敢置信，上面写道："元丰四年三月十二日真定府十方洪济禅院住持传法慈觉大师宗颐述。"这序题的宋代元丰年间僧人"宗颐"的法号正是他用了60多年的名字（其年他64岁）。略作翻检，便又在《百丈清规》卷八也同样看到这位大师的法名："崇宁二年真定府宗颐序。"正因这一因缘，他治印一方："十方真定是前身"，以作纪念。后赋诗一首：

> 同名失喜得名僧，代马秋风事远征。
>
> 托钵华严宝寺畔，何如安化说无生。

编著的《唐宋墓志：远东学院藏拓片图录》，由香港中文大学中国文化研究所与法国远东学院分别以"史料丛刊之二"和期刊127号共同出版。在新加坡国家博物馆成功举办个人画展。

在瑞士作《白山画集》图。

秋日，梨俱室作《渔歌图》、《水墨苍松》、《书黄道周诗卷》，摹明遗民程邃《焦墨山水》。

为门人杨勇所著《洛阳伽蓝记校笺》一书作《序》，其中指出：

> 余少耽杨记（指后魏杨衒之所著《洛阳伽蓝记》），涉趣差同，尝妄发其微言，共资杨榷，闻夫财由秽心，建寺终烬，宣律之语，足深长思。龙宫起念，孰两东门之可芜；忉利下生，历百五年而复灭。天王茸构之作，只树载茂之绿，虽有造者，仅接遗基，延及于今，但剩荒土，古往来兹，罔不如是。

1982年，9月，参加夏威夷的"商代文明国际研讨会"并提交《殷代易卦及有关占卜诸问题》的论文，后赴北京与李一氓商谈"全明词"的事宜。此年先生被香港大学授予荣誉文学博士学位、香港中文大学授予中文系誉休讲座教授衔并任香港中文大学艺术系荣誉讲座教授。同时，国务院聘请为古籍整理出版规划小组顾问，敦煌研究院荣誉研究员等职务，先后有 50 多个学术研究机构及大专院校聘请为顾问、讲座或客座教授。

《选堂集林·史林》出版，全书分上、中、下三册，收录论文 59 篇，附记 4 篇，是继钱锺书《管锥编》之后又一学术巨著，学术界将这两部著作称为"南北学林双璧"。其中，《论七曜与十一曜——记敦煌开宝七年（974）康遵批命课》，系先生第一个讲敦煌批流年书的重要论文。后收录入《饶宗颐史学论著选》，《饶宗颐东方学论集》，《饶宗颐二十世纪学术文集》卷八·敦煌学。与曾宪通合著《云梦秦简日书研究》，由香港中文大学出版社出版。本书是研究"日书"的第一部著作，对日书中的"建除"、"稷辰"等 20 多个项目，进行透彻论述。

引言中提到："'日书'二字，写于秦简列一一五四号之反面。原来即称为'日书'。《日书》者，当是日者所用以占候时日宜忌之书。"在《"日书"研究的意义》一文中提到："研究《日书》有两点意义。《日书》中如秦楚月名对照表可看出秦楚历法的同异，日数和夕数的七式，对于时间的划分，是出于合理的观测，有充分天文学的根据，又如招摇、玄戈宿名，和甘、石《星经》可相印证，这些都可为考古天文学（archaeo－astronomy）补充了一些资料。其次如禹符、禹步等记载的前提，可以追溯古巫术与道教的关系，帮助宗教史解决一些难题。"他成为研究日书的第一人。

年中游黄山等地并到合肥会晤赖少其。后作《黄山归程》图。

由刘英伦伉俪，集印刘海粟书画 42 帧，编为一帙，饶宗颐为之作《说势序刘海粟翁书画》，其中曰：

> 韩非说势为胜众之资，兵家用势譬弓弩之象，道、法相谋，兵、艺同术，势之义大矣哉！法书之本，永字八法，是曰八势，随形应变，尽态极妍。而画笔所至，山川荐灵，或合或开，有形有势。受迟则操纵有情，受疾则操纵得势，受亦则陆离谲怪，受化则氤氲幻灭。画理笔法，其天地之质欤！

岁暮，作《拟马远雪景山水》；摹钱选《仿阎立本西旅献獒图》，题云：柔远宁迩。古文尚书惟克商，遂通道于九夷八蛮，西旅致贡毕獒，唐人为图，其目见宣和谱。此钱舜举摹本。壬戌岁暮，选堂临并记。

1983 年，4 月 2 日，张大千在台湾不幸病逝，饶宗颐悲痛至极，送挽联悼念：

> 廿五年前颂眉寿南山，附骥千言，三峡云屏偭题句；
> 十二州共悼画坛北斗，久要一面，重溟烟水永难忘！

8 月 15—22 日，应邀出席在兰州召开的中国敦煌吐鲁番学会成立大会以及"1983 年全国敦煌学术讨论会"，并被聘为顾问。先生首创的《敦煌书法丛刊》陆续在日本东京出版，全书共计 29 册，该丛刊从 1983 年 5 月至 1986 年 1 月，每月出版 1 册，全书从书法的角度，从将敦煌卷子中选出一批精品汇编而成，他对每一件选品加上了详实的考证说明。许多材料都是新的，比如唐太宗的《温泉铭》、贞观年间的《千字文》等等。这些材料，不仅为书法史提供大批文献，也因为其材料是分类编辑的，为敦煌学研究提供了丰富宝贵的资料。丛刊共录入"拓本"一册、"韵书"一册、"经史"十册、"书仪"一册、"牒状"二册、"诗词"一册、"杂诗文"一册、"碎金"二册、"写经"七册、"道经"三册等，收录敦煌卷子 152 件。对入选本书的标准，《序》中说道：

1. 具有书法艺术价值；
2. 著明确切年代及有书写人者；
3. 历史性文件及重要典籍之有代表性者。

在敦煌写卷的书法中，饶宗颐认为好的东西其实不多，只有经过披沙拣金的收集，才能发现较好的作品，对于佛教徒与道教徒的书法比较，他觉得道教徒的字要比佛教徒的好，因为道教的书法从晋代起就是有传统的，如果道教书法能够发扬光大，应该比佛教书法要高明得多。

关于本世纪书法的出路，他认为经历过帖学、碑学之后，21世纪的书法应该是简帛学的天下，即竹简、帛以及马王堆出土的各种帛，由于其书法是随意写出，往往不受规范约束也能够浑然天成，这对于本已经程式化的书法来说，无疑是一个非常好的创新机会。在饶宗颐晚年的书法中，我们也可以从中发现其在这方面的用功之处，将书法的创作回归到简帛书中。

9月，出席在日本东京举行的第三十一届国际亚洲北美人文科学会议，作了《清初广东指画家吴韦与铁岭高氏》的英文提要稿演讲，首次证明中国绘画史上吴韦发明指画在高氏之前。出席香港中文大学召开的古文字学会，宣读《𡵂字说》的论文，引起与会者的热烈讨论和兴趣。

是月，《虚白斋藏书画选》（注：虚白斋为香港书画鉴藏家刘作筹斋名）在日本二玄社出版，该书系饶宗颐与青山杉雨、谷村熹斋、江兆申精心挑选，渡边隆男、西岛慎一协同编纂，饶宗颐对其中的145幅作品作解。中、日文作品解说：饶宗颐、新野岩男，英文解说：饶宗颐、屈志仁。

11月，在香港认识台湾师范大学艺术系教授主任黄君璧，相聚甚欢，黄在香港、台湾皆设有画室，两人合作《三友》图一幅。后多次见面，有艺术交流。

同月，出席在曼谷市明拉琳酒店举行的第二届国际潮团联谊年会。

12月，应邀出席香港大学冯平山图书馆金禧纪念学术讲座，作了《道教与楚俗关系新证——楚文化的新认识》的演讲。

1984年春节，写春联："岁月随人好，山河照眼明"，洒金纸的春联随中文刊物寄送读者，人见人爱，争相传诵。香港当时正处于回归问题谈判后期，不少港人彷徨观望、情绪悲观，饶宗颐的春联，为香港平添了几分信心和春意。

年中，在马来西亚太平举办个人书画展。应聘为台湾中央研究院文哲研究所咨询委员、浙江温州师范学院名誉教授。4月，到大陆参加上海复旦大学《文心雕龙》国际学术研讨会，作了《鸠摩罗什通韵与〈文心雕龙·声律篇〉》的演讲，以"四声说起于悉昙"作为论点，后将此文作了补订写成《鸠摩罗什通韵笺》，文章收录入《梵学集》。在此次研讨会上，王元化取上海图书馆所藏的《文心雕龙》元至正本影印本送给与会来宾，饶宗颐随之作《跋》，发表于《中华文史论丛》，收录入《固庵文录》，更巧的是，其门人刘健威购得朱希祖旧藏之元至正嘉兴路本《吕氏春秋》，他认为此书与元至正本《文心雕龙》为刘贞同时期所刻。他说：

> 刘贞至正本《文心雕龙》，日前于上海图书馆欣获快睹，今又得见其同时刊刻之《吕氏春秋》，同一月中，两元本均得寓目，可谓翰墨因缘，无巧不遇，因喜而书之，志余眼福。

夏，撰《题任伯年纨扇集锦册》，文章收入《固庵文录》，序曰：

> 近贤宝绘，平生惟山阴任氏之作，披览独多。忆十二岁时，从金陵杨寿楠先生学山水，其尊人筱亭翁，亦山水名家，最昵于任氏，酬赠至富。杨家藏任画，无虑百十数，皆供余恣意临写。其后余客星洲，友人陈之初藏任画，一时无两，均得纵观饱玩；岭海之间，自清季与沪渎商旅往来，故任画最为易得。顷者源君则捡出此册属题，册集任氏不同年纨扇，为张石园旧物，累钤"钱镜塘鉴藏"印，起同治八年己巳，讫光绪十九年癸巳。任氏卒于光绪丙申，得年仅五十六，此册几囊括其不同时期作品，足为研讨之资。戊子己丑花卉、水墨离披，最为习见。其中临罗聘写冬心睡相，一望而知为少作。丙子一帧，亦少年之制，工细妍丽，

尤见功力之深，早岁已成熟如此，其为人倾倒，非偶然也。余幼从杨师学，久而病其霸悍而弃之。频年重理绘事，临池无间，益有所悟，重获睹此册，回忆童稚之事，怅触今昔，垂老无成，而余年将七十矣。因源君之促，馈缕书此归之。

春，梨俱室作《泰岱图》。
夏日，作《山家清供》，《挂绿上市》。
玄月，梨俱室作《书楚帛书甲篇》。
嘉平，梨俱室作《书苏东坡寒食诗册》。
秋，赴河南参加安阳殷墟笔会与商史讨论会。
在澳门东亚大学研究院创办中国文史部，任学部主任。
其书《选堂选集》，在台北弥勒出版社出版，列为"现代佛学大系"第53册。

1985年，春，梁锲斋有邓蔚山赏梅之约，江南访梅，梅花吐蕊，势若雪海，满山盈谷，香气醉人。程十发又安排浙东之游，赴兰亭、禹庙、天一阁，登会稽山、石城山、天台山、赤城山、雁荡山、显胜门绝顶，游昆山亭林公园、放鹤亭、国清寺、方广寺、观音阁、白堤等胜景，途中作诗一集，聊纪行踪，后将诗作整理成《江南春集》（47首），集中有诗一首，以感谢程十发的盛情邀请。

又作示程十发

先生晨赋催花诗，花不能言自生姿。
今年江南春苦晚，北来只惜花开迟。
一江水暖多凫鸭，两行新柳初垂丝。
虽有繁枝插晴昊，不见檀心映玉池。
五十年间真电抹，裁剪冰绡费吟髭。
好买胭脂试匀注，同行况有老画师。
明朝邓蔚骑驴去，飞笺说与春风知。

138

在杭州往雁荡途中作诗怀念好友戴密微。

临海道中，怀故法国戴密微教授，用大谢庐陵王墓下韵

戴教授治谢康乐诗，译述至富。年七十馀时，尝申请赴华，作上虞、永嘉之游而不果，终生引为憾事。君殁已近十年。余顷自杭州来雁荡，所经多是谢诗山水之乡，感君此事，用志腹痛之戚。

傍午发天台，密林遍十方。日昃过临海，冻雨洒重冈。眷言怀安道，悲悒热中肠。峨峨天姥岑，修竹晚生凉。平生耽谢诗，池草讽不忘。南山往北山，引领冀远行。思从七里滩，遵海挹遗芳。赍志终莫遂，抚卷徒增伤。人事有代谢，时义每相妨。德音去已遥，日就且月将。我来斤竹涧，念子恸无常。缅邈江海辽，崎岖征尘扬。虞渊凄寒冰，感旧不成章。

大谢有登临海峤初发疆中诗。李善注引谢氏《游名山志》"桂林顶远则嵊尖疆中"。余车往天台，必经嵊县。

大谢有《从斤竹涧越岭溪行诗》，斤竹涧旧传在北雁荡灵岩下。

1月，著名词学家唐圭璋①85岁寿诞，作《千秋岁·寿唐圭璋八十五》词祝贺：

云谣荐寿。日月文章走。汴宋事，夸人口。两朝篇翰盛，并出钩沉手。花草后。似公结集诚稀有。　　卌载神交久。儒雅尊耆旧。五岭外，空翘首。晤言缘未惬，祝嘏随年又。但愿取，长江浩荡倾春酒。

开春，梨俱室作《花果手卷》。

---

① 唐圭璋（1901—1990），字季特，南京人，著名词学家，有《全宋词》、《全金元词》、《词学论丛》等传世。

端午节，作《黄岳图》，《一松独坐图》，启功题："'一松独坐图'于香港。"

首次利用秦简证明"纳音"与"五行"之关系见于《秦简中之五行说及纳音说》，该文发表于香港中文大学中国文化研究所《中国语文研究》第七期，又见《古文字研究》第十四辑，后收录入《楚地出土文献三种研究》，《饶宗颐史学论著选》，《饶宗颐二十世纪学术文集》卷三·简帛学。

6月，在中华文化促进中心作以《曾侯乙钟铭与中国文化》为题的演讲；8月，在新疆乌鲁木齐召开的"第二届敦煌吐鲁番学会学术会议"，先生作为主席团成员之一。会议结束后，游丝绸之路古迹、交河故城遗址。同中央美术学院美术史专家金维诺教授在天山天池游览。又在摄氏43度高温下，踏上戈壁，走过火焰山。饶宗颐风趣地说："自己身体还好，不用借铁扇公主的芭蕉扇。"

出席在扬州举行的"古琴打谱学术会议"，并赋有《水调歌头》寄京中琴友之词。

12月，香港中文大学音乐系主办的"现代道教音乐国际学术研讨会"，在会上宣读了《南戏戏神咒，"啰哩嗹"之谜》的论文，发表于《明报月刊》，后收录入《梵学集》。

被暨南大学聘为文学院顾问，被深圳市政府聘为深圳博物馆名誉馆长（后力辞未就）。

各种学术论著陆续出版，最主要的是《楚帛书》和《随县曾侯乙墓钟磬铭辞研究》。《楚帛书》在香港中华书局出版，标志着楚文化研究进入了一个新的阶段。楚帛书于1942年在湖南长沙由盗墓者掘出，1946年流到海外，现藏美国纽约大都会博物馆。楚帛书不但具备极高的文献价值，更为高水平的艺术作品。此书集饶宗颐30多年研究之大成，他第一个指出帛书即楚国"天官书"的佚篇，被学界认为是最合理的解释。饶宗颐也是研究帛书书法之第一人，书内，他不但重新考证楚帛书十二月名与《尔雅》的关系、其内容及其性质等，更有一章专论楚帛书之书法艺术。曾宪通则补充了40年来楚帛书研究之梗概，及附上楚帛书文编。

而《随县曾侯乙墓钟磬铭辞研究》是与曾宪通的合著本，作为"香港中文大学中国文化研究所中国考古艺术研究中心专刊之四"由香港中文大学出版，从文化史的角度对曾侯乙墓钟的钟磬铭辞进行分析，饶宗颐以大量史书结合金文铭辞考证古钟律学，并进而探讨了楚文化的问题。从音乐史的角度，以湖北随县1978年出土的曾侯乙墓中钟磬铭辞为研究对象。其中收有饶教授就其铭辞作深入探究的文章，例如《钟磬铭中乐律术语通释》等文；又有论上古音律的，如《论楚商、楚辞"劳商"与商角》等。此外，又有曾宪通所著的《曾侯乙编钟标音铭与乐律铭综析》等二文，以及裘锡圭、李家浩等学者的文章。图版部分由曾侯乙墓钟的全部及局部黑白照片。此为音乐史上不可多得的佳作。

《明本潮州戏文五种》由广东人民出版社出版。此书收录明刊本、写本潮州戏文五种，分别为：《刘希必金钗记》、《蔡伯喈》、《荔镜记》.(附刻《颜臣》)、《荔枝记》、《金花女大全》、(附刻《苏六娘》)，计附刻两种，实共七种。其中《荔镜记》、《荔枝记》、《金花女大全》由先生协助，从英国牛津大学、日本东京大学东洋文化研究所、奥地利维也纳国家图书馆等三地影印，并于1985年由广东人民出版社出版。明刊、写本潮州戏文五种的寻找、影印出版，对于开拓传统戏曲、潮州戏文与民间传说等研究，具有重要意义。

香港芥子居出版《选堂扇面册》，共收入作品58幅。先生作《重印〈黄河图〉略说》为在日本二玄社出版的《黄河流势图》做了鉴定：

> 据图内所绘人工渠之"中河"，描述甚是详悉，故知必为康熙二十七年靳辅治河时所浚之漕渠。又靳氏幕客周洽于康熙二十三年花四阅月工夫，历兖、豫、雍、冀四州之地，调查摭绘，与是图所叙述地理大体一致。故推知此图可能出自周洽之手。

本年1月份，香港三联书店主办"饶宗颐个人书画展"；4月份，韩国东方研究会在汉城利马美术馆举办"选堂韩国书画展览"。32尺巨幅荷花创作完成。

潮学方面,为广东人民出版社出版的《明本潮州戏文五种》作《〈明本潮州戏文五种〉说略》一文,赞赏该书在元明清戏曲史的研究史上的价值和贡献。

在学术探讨上,与美国加州大学梵文学家 Frits Staal 论《梨俱吠陀》的诵唱法,为法国汉学家谢和耐解答"裸葬"问题,同刘述先探讨"暗里闿"等问题:

> 述先教授吾兄道鉴:信顷于《明报月刊》得读大作《本年哲学会剪影》,知此次开会盛况,可贺可贺!
>
> 偶然忆起去年美术史专家汪世清教授自北京来书,抄示八大山人友契释机质(字季彬,江西南昌人,著有《广陵三山草》。)赠八大诗偈一首云(此诗从未发表,汪君从朱观所辑《国朝诗正》卷六钞出):
>
> 梵音撒在千峰外,拍手拊掌会捏怪;识破乾坤暗里闿,光明永镇通三界。
>
> 汪君谓"此首极费解,盼能指述"。余覆书妄为解说云:
>
> 梵音撒开在千山之外,则不必借梵音而能直指心源,识破天地之秘。惟大画家能捏怪、振奇者,可造此境界,故拍手、拊掌(《哀江南赋序》:"陆士衡闻而抚掌,是所甘心。"拊即抚也。)以称赞之。
>
> "乾坤暗里闿"数字极紧要。闿者,《说文》言部:"闿和说(悦)而诤也。"最为碻诂。"洙泗之间闿闿如也",《论语·乡党》:"与上大夫言闿闿如也。"孔训:"闿闿,中正貌。"以今语解释之,即在争论中取得和悦、和谐。天地间之奥妙处,即在暗里的"闿"(似可借用"辩证的统一")如何悟得。以佛理言,从无明得到真如。如画理言,从一堆黑漆漆的墨团中,可开拓新意境,则永得光明,而掌操胜算矣。此即八大山人之成就也。

汪君颇以为然。今次哲学会以和谐与争斗为主题，从争论取得和谐，大家正在追求"暗里闹"，与会者相信都是能"识破乾坤暗里闹"的人。此一诗偈，寥寥数言，已为点破。艺与道，固相通也。讨论的语言可以撇开，此诗偈本身，亦是禅家"捏怪"之一例，故不避累赘，再为录出，以供识者的拍手拊掌，兄可一笑置之。宗颐（选堂）合十。

冬月，于梨俱室作《複笔罗汉图》。

1986年，《〈盘古图〉考》，发表于《中国社会科学院研究生院学报》1986年第一期，又见《中国古代、近代文学研究》第四期，以《述宋人所见东汉蜀地绘"盘古"的壁画》，发表于《中央民族学院学报》第二期"盘古与盘瓠问题国际研讨会"论文专栏，以《盘古图考——述唐宋人所见东汉蜀地刻绘"盘古"的壁画》（附补记）收录入《饶宗颐二十世纪学术文集》卷一·史溯，首次将《盘古图》的年代推前到东汉。

任香港艺术馆名誉顾问、香港中文大学中国文化研究所荣誉讲座教授。参加了巴黎大学宗教研究院成立百年纪念的"礼学会议"，第一个提出"礼经"问题。

9月6日至28日，香港中华文化促进中心主办"饶宗颐教授从事艺术、学术活动五十周年纪念——七十大寿书画展"，此次展览以敦煌风光为主。

7月20日，刘海粟携夫人夏伊乔到香港与饶宗颐相聚，香港大学的罗忼烈也一起来到，刚好是选堂70大寿，大家提议合作一幅画为他祝寿。《松柏长青》应运而生，罗忼烈写寿石，选堂画苍松，夏伊乔新篁，刘海粟植古柏并题：百岁开一。罗忼烈记下此画友情："丙寅六月十四日，喜共海粟翁贤伉俪会于选堂道兄凤辉台寓楼之梨俱室，合作此画以寿主人古稀华诞。"后来，刘海粟多次到港讨论艺事，饶教授作"题刘海翁狂草卷，兼谢其远颁红梅画幅，用东坡黄楼险韵"的题画诗以资纪念。

中秋，赴法国巴黎出席索邦大学（La Sorbonne）宗教研究院成立百年纪念"礼学会议"。启程前夕，为学生叶明媚《古琴音乐艺术》一书作《序》。序云：

> 比岁琴学复兴……尤以七弦琴上运用各种平均律制之尝试，进行研究……吾人细察谱中如出现十一、八徽按音之标记时，可审为四分旧律，反之，则为明以降之三分损益律。此一新知，对于打谱者在校勘、演奏中……有极大裨益（上海陈应时君于此多所抉发）。

11月，由先生倡议，汕头大学、韩山师专和潮州韩愈研究会联合主办的"国际韩愈学术研讨会"在汕头举行，先生首位发言，作《宋代潮州之韩学》的演讲，收录入《饶宗颐潮汕地方史论集》。在先生的大力支持下，韩学研讨会定期开办，韩愈坟墓得到重新修造，并为韩愈陵墓题写"韩陵"门头标牌。早在1985年的2月8日，潮州市修建韩祠办公室、韩愈纪念馆联名发布"关于召开广东省首届韩愈学术讨论会的建议书"，后经多方面努力，将地方性学术会升格为全国性的会议。先生作为会议筹备的特邀嘉宾，为会议的升格起了推动作用。在韩愈学术研究筹备会上，介绍海外韩学研究的情况，阐述召开国际性学术会议的重要性以及可行性，并提供了海外邀请对象初步名单。本年度韩愈学术讨论会顺利召开，来自美、法、日、新加坡以及港澳地区的15位代表与内地的58位代表一同参加，此次会议成为韩学领域有史以来第一次国际性盛会，为日后在韩愈家乡召开的"国际韩愈学术研讨会"以及"中国唐代文学学会韩愈研究会"的成立奠定了坚实的基础。

在《宋代潮州之韩学》一文中，他指出：

> 宋代潮州之韩学，可称述者约有三点：一为潮本韩集之刊刻；

二为名宦之尊韩，而多所兴建；三为大颠与韩公往来事，演为灵山问答。……第三点站在佛氏立场，意欲正韩与化韩，可谓韩学之反面。

先生列举了潮州韩学诸多鲜为人知的新史料，在中国学术和思想史的高度下考察韩学，考据严谨，极具说服力，为潮州韩学在历史上作了正确的定位，将潮州韩学推向一个巅峰。

同月，参加了南昌举行的"八大山人书画艺术学术研讨会"，提交论文《傅萦写生册》。

1979 年至 1986 年撰写论文如下：

1979 年：

《潮州居民及其早期海外移植》，发表于《泰国潮州会馆成立四十周年暨新馆落成揭幕纪念特刊》；

《北魏冯熙与敦煌写经——魏太和写〈杂阿毗昙心经〉跋》，收录入《选堂集林·史林》；

《论敦煌残本〈登真隐诀〉》（P.2732），发表于台湾《敦煌学》第四辑，后收录入《饶宗颐二十世纪学术文集》卷五·宗教学；

《关于〈青天歌〉作者》，发表于香港《美术家》第十一期，后收录入《饶宗颐二十世纪学术文集》卷十三·艺术；

《挽丁衍庸》悼念画家丁衍庸病逝。

1980 年：

《中国古代文学之比较研究》，发表于日本京都大学《中国文学报》第三十二册，后收录入《文辙·文学史论集》（上册），《饶宗颐二十世纪学术文集》卷十一·文学；

《从"睒变"论变文与图绘之关系》，发表于广岛《东洋学论集》（池田末利博士古稀纪念东洋学论集），后收录入《饶宗颐史学论著选》，《中印文化关系史论集·语文篇——悉昙学绪论》，

《梵学集》,《饶宗颐东方学论集》;

《越南出土归义叟王印跋》,发表于香港《大公报·艺林》,后收录入《固庵文录》;

为在香港中文大学出版的陈荆和编注的《阮荷亭〈往津日记〉》作《阮荷亭〈往津日记〉钞本跋》,后收录入《饶宗颐史学论著选》;

日文版《早期中日书法之交流》发表于青山杉雨编集的《书の本》第二册第一篇,后以《早期中日书法之关系》为名收录入《饶宗颐史学论著选》;

《信阳长台关编钟铭の跋》,发表于日本《东方学》第六十辑;

《〈敦煌曲〉订补》,发表于台湾中央研究院史语所集刊第五十一卷第一期·庆祝"中央研究院"成立五十周年纪念论文,后收录入《敦煌曲续论》,《饶宗颐二十世纪学术文集》卷八·敦煌学;

为门人王晋江的著作《〈文镜秘府论〉探源》作《序》;

为门人李锐清的著作《王渔洋神韵说探讨》作《序》;

为常熟陈国符的著作《外丹黄白术四种》作《序》;

《安阳王与〈日南传〉》经过订补,增入《论安阳王与西于、西瓯》、《秦代初平南越辨》、《南海置郡之年》等作为附录,收录入《选堂集林·史林》;

Caractéres Chinois et Poétique(汉字与诗学),1980 年发表于法国巴黎举行的"文字——观念体系与实践经验会议",1982 年发表于 "Ecritures" le Sycomore, Paris, pp. 271—292;中文版收录入《文辙·文学史论集》(上册),《饶宗颐史学论著选》,《饶宗颐二十世纪学术文集》卷十一·文学。

1981 年:

《唐宋墓志:远东学院藏拓片图录》,由香港中文大学中国文化研究所("史料丛刊之二")与法国远东学院(期刊 127 号)共同出版;

《中山君颅考略》,发表于《古文字研究》第一辑;

146

《骚言志说》（内加附录《楚辞学及其相关问题》），发表于法国远东学院学报《戴密微教授（1894—1979）纪念号》，后收录入《文辙·文学史论集》（上册），《饶宗颐二十世纪学术文集》卷十一·文学；

《赵德及其〈昌黎文录〉编选溯源》，发表于香港潮州商会六十周年"纪念特刊"，收录入《文辙·文学史论集》；

《陆淳とその判词》，发表于日本东京《法帖大系月报》（2），东京，第二期；

《〈洛阳伽蓝记〉书后》，收录入《文辙·文学史论集》；

为门人杨勇的著作《洛阳伽蓝记校笺》作《序》。

1982 年：

《有虞氏上陶说》，收录入《选堂集林·史林》（上册），后收录入《饶宗颐二十世纪学术文集》卷四·经术、礼乐；

《说"瓦"》、《魏玄石白画论》，收录入《选堂集林·史林》（上册），后收录入《饶宗颐二十世纪学术文集》卷六·史学；

《乐产及其著述考》，收录入《选堂集林·史林》（中册），后收录入《饶宗颐史学论著选》，后收录入《饶宗颐二十世纪学术文集》卷六·史学；

《宋帝播迁七洲洋地望考实兼论其与占城交通路线》，收录入《选堂集林·史林》（中册），后收录入《饶宗颐二十世纪学术文集》卷七·中外关系史；

《谈印度河谷图形文字》，收录入《选堂集林·史林》（下册），后收录入《梵学集》，《饶宗颐东方学论集》，《饶宗颐二十世纪学术文集》卷一·史溯（率先把印度河谷图形文字介绍到中国）；

《谈"十干"与"立主"——殷因夏礼的一、二例证》，发表于香港《文汇报·笔汇》，后收录入《固庵文录》，《饶宗颐史学论著选》，以《谈三重证据法——十干与立主》收录入《饶宗颐二十世纪学术文集》卷一·史溯；

《明嘉靖本史记殷本纪跋》，发表于《香港大学冯平山图书馆金禧纪念论文集》，后收录入《饶宗颐史学论文选》；

《吴昌硕信片册》于日本二玄社出版，先生在其书中撰写了《吴昌硕与沈石友信片册·跋》，后收录入《饶宗颐史学论文集》；

《略论马王堆〈易经〉写本》（附录《马王堆帛书〈易经赞〉》），发表于《古文字研究》第七期，后收录入《固庵文录》，《饶宗颐史学论著选》，《饶宗颐二十世纪学术文集》卷四·经术、礼乐；

为刘英伦伉俪集印的刘海粟书画42帧作《说势序刘海粟翁书画》。

1983 年：

《日本东京金冈氏藏于山癸年画册跋》，发表于北京《文物》，后增入《王世清先生来书》、《答王世清问释机质赠八大偈语》收录入《画𩓣》；

New Light on Finger-painting

XXXI Intenational Congress New Light on Finger-painting of Human Sciences in Asia and North Africa（第 31 回国际アヅア·北アフソカ人文科学会议），Tokyo：Tōhō Gakkai, 1983；中文版《清初广东指画家吴韦与铁岭高氏：吴韦指画花卉卷跋》，发表于《新亚学术集刊四》，又见《美术史论》，后收录入《饶宗颐史学论著选》，《画𩓣》，《饶宗颐二十世纪学术文集》卷十三·艺术，2009 年发表于东莞《南雅》第一卷；

《马王堆医书所见〈陵阳子明经〉佚说——广雅补证之一》，发表于《文史》，又见《湖南考古辑刊》第二集，以《陵阳子明经佚说考——马王堆医书跋》收录入《文辙·文学史论集》（上册），《饶宗颐二十世纪学术文集》卷五·宗教学；

《从秦戈皋月谈〈尔雅〉月名问题》，发表于《文物》总第三百二十期；

《关于〈世说新语〉二三问题》，发表于《唐君毅先生纪念论文集：唐君毅先生逝世五周年纪念》，后收录入《饶宗颐二十世纪学术文集》卷十一·文学；

《殷代易卦及有关占卜诸问题》，发表于北京《文史》第二十辑，后收录入《饶宗颐史学论著选》，《饶宗颐二十世纪学术文集》卷四·经术、礼乐；

《论敦煌石窟所出三唐拓》，发表于《图书副刊》第一百五十九、一百六十、一百六十三号，后收录入《饶宗颐史学论著选》；

《说"亦思替非"、"迭屑"与"也里可温"》，发表于香港《语文杂志》第十一期·赵元任先生纪念号，后收录入《固庵文录》，《饶宗颐史学论著选》，《饶宗颐二十世纪学术文集》卷十四·文录、诗词；

《秦简日书中夕（栾）字含义的商榷》，发表于北京《中国语言学报》第一期；

《玉田讴歌八首字诂》，发表于华东师范大学《词学》第二辑；

《曾侯乙墓器漆书文字初释》，发表于《古文字研究》第十辑；

《港九前代考古杂录》，发表于《新亚学术集刊》"中国艺术专号"，又见《岭南文史》总第六期，后收录入《饶宗颐史学论著选》。

1984 年：

《关于中国书法的二三问题》，发表于澳门东亚大学中文学会《中国语文学刊》创刊号；

《再谈马王堆帛书〈周易〉》，发表于香港《明报月刊》第十九卷第七期，后收录入《饶宗颐史学论著选》，《饶宗颐二十世纪学术文集》卷四·经术、礼乐；

《读阜阳汉简〈诗经〉》，发表于香港《明报月刊》第十九卷第十二期，后收录入《文辙·文学史论集》（上册），《饶宗颐史学论著选》，以《读阜阳〈诗〉简》收录入《饶宗颐二十世纪学术文集》卷四·经术、礼乐；

《说鍮石——吐鲁番文书札记》，发表于北京大学《敦煌吐鲁番古文书研究论集》第二辑，后收录入《固庵文录》，《饶宗颐史学论著选》，《饶宗颐东方学论集》，《饶宗颐二十世纪学术文集》卷十四·文录、诗词；

《吽字说》，发表于香港《明报月刊》第十九卷第三期，后收录入《中印文化关系史论集·语文篇——悉昙学绪论》，《梵学集》，《饶宗颐二十世纪学术文集》卷五·宗教学；

《关于甲骨文的"吽"字》，发表于《明报月刊》7月号，后增入《吽字续说》收录入《梵学集》；

《题任伯年纨扇集锦册》，收录入《固庵文录》；

《〈敦煌舞谱研究〉序》，后收录入《澄心论萃》。

1985 年：

《道教与楚俗关系新证——楚文化的新认识》，增入"四面先君"的新材料，发表于《明报月刊》第二十卷第五期，后收录入《饶宗颐史学论著选》，《饶宗颐二十世纪学术文集》卷五·宗教学；

《曾侯乙墓编钟与中国古代文化》，发表于香港 1985 年 4 月 25 日《大公报·中华文化》第八期；

《茗柯词系年略考》，发表于华东师范大学《词学》2 月刊；

《〈木兰花慢〉的作者问题》，发表于华东师范大学《词学》2 月刊；

《校正补说"酅"字》，发表于香港《明报月刊》第二十卷第六期；

《卍考——青海省出土の彩陶文样に关する——解释》，发表于东京《三上次男博士喜寿纪念论文集·历史篇》，以《说卍——青海陶文小记》发表于成都《纪念顾颉刚学术论文集》（上册），以《说卍——青海陶符试释之一》发表于香港《明报月刊》第二十五卷第十期，以《说卍（Svastika）——从青海陶文谈远古羌人文化》，收录入《饶宗颐史学论著选》，《饶宗颐东方学论集》，以《卍考（Svastika）考——青海陶文试释》收录入《梵学集》（注：Svastika：Swastika，相传为象征太阳、吉祥等的标志）；

150

《敦煌曲子中的药名词》，发表于香港《明报月刊》第二十卷第九期，后收录入《敦煌曲续论》，《饶宗颐二十世纪学术文集》卷八·敦煌学；

《〈文心雕龙·声律篇〉与鸠摩罗什〈通韵〉——论四声说与悉昙之关系兼谈王斌、刘善经、沈约有关诸问题》，发表于上海古籍出版社《中华文史论丛》第三辑，后收录入《中印文化关系史论集·语文篇——悉昙学绪论》，《梵学集》，以《论四声说与悉昙之关系兼谈王斌、刘善经、沈约有关诸问题——〈文心雕龙·声律篇〉书后》发表于《古汉语研究》，收录入《饶宗颐二十世纪学术文集》卷十一·文学；

《长沙子弹库残帛文字小记》，发表于香港《楚帛书》，又见《文物》第 1992 年十一期，后收录入《饶宗颐二十世纪学术文集》卷三·简帛学；

《妇好墓铜器玉器所见氏姓方国小考》，发表于北京《古文字研究》，后收录入《饶宗颐二十世纪学术文集》卷二·甲骨；

《南戏戏神咒啰哩嗹问题——答何昌林先生》，发表于香港《明报月刊》第二十卷第十二期，又见《国际道教科仪及音乐研讨会论文集》，以《南戏戏神咒"啰哩嗹"之谜》发表于《南戏探讨集》第五辑，《明本潮州戏文论文集》，后收录入《中印文化关系史论集·语文篇——悉昙学绪论》，《梵学集》，《饶宗颐潮汕地方史论集》，《饶宗颐二十世纪学术文集》卷五·宗教学；

《〈明本潮州戏文五种〉说略》，发表于广东人民出版社出版的《明本潮州戏文五种》卷首，后收录入《饶宗颐潮汕地方史论集》，《饶宗颐二十世纪学术文集》卷九·潮学，《明本潮州戏文论文集》；

《论盛君簋——隋州擂鼓墩文物展侧记》，发表于湖北《江汉考古》第一期，后收录入《饶宗颐二十世纪学术文集》卷六·史学；

《尼卢致（Niruta）与刘熙〈释名〉》，发表于北京《中国语言学报》第二期，后收录入《中印文化关系史论集·语文篇——悉昙学绪论》，《梵学集》，《饶宗颐二十世纪学术文集》卷五·宗教学；

《敦煌琵琶谱〈浣溪沙〉残谱研究》，发表于北京《中国音乐》杂志第一期，后收录入香港敦煌吐鲁番研究中心丛刊之二《敦煌琵琶谱论文集》，《饶宗颐二十世纪学术文集》卷八·敦煌学；

《张惠言〈词选〉述评》，发表于华东师范大学《词学》第三辑，后收录入《文辙·文学史论集》；

《〈释名〉与印度训诂学》，后收录入《澄心论萃》；

《〈四声三问〉质疑》，后收录入《澄心论萃》。

1986 年：

《论疏密二体》，发表于香港《明报当代中国绘画研讨会特刊》，以《张彦远论画分疏密二体》收录入《画𩕳》，《饶宗颐二十世纪学术文集》卷十三·艺术；

《"法曲子"论——从敦煌本〈三皈依〉谈"唱道词"与曲子词关涉问题》，发表于《中华文史论丛》第一辑，又见《中国史研究》第一期，《中国古代、近代文学研究》第八期，后收录入《敦煌曲续论》，《饶宗颐二十世纪学术文集》卷八·敦煌学；

《诗画通义》，发表于《饶宗颐教授从事艺术、学术活动五十周年纪念——七十大寿书画展》，由香港中华文化促进中心印发，后收录入《固庵文录》，《画𩕳》，《饶宗颐二十世纪学术文集》卷十三·艺术；

《论书次青天歌韵》，发表于《饶宗颐教授从事艺术、学术活动五十周年纪念——七十大寿书画展》，由香港中华文化促进中心印发，又见《书谱》（饶宗颐专辑）第六期；

《南越王墓墓主及相关问题》，发表于香港《明报月刊》第二十一卷第四期，后收录入《饶宗颐二十世纪学术文集》卷六·史学；

《敦煌曲与乐舞及龟兹乐》，发表于《新疆艺术》第一期，后

收录入《敦煌曲续论》,《饶宗颐二十世纪学术文集》卷八·敦煌学;

《说和声的"啰哩吟仑"与"哩啰连"》,发表于华东师范大学《词学》第五辑,后收录入《饶宗颐史学论著选》;

《〈春秋左传〉中之"礼经"及重要礼论》,发表于香港中文大学《联合书院三十周年纪念论文集》,后收录入《饶宗颐二十世纪学术文集》卷四·经术、礼乐(最早在国际会议上提出"礼经"的问题);

《傅縶写生册题句索隐》,发表于香港《大公报·艺林》;

《敦煌与吐鲁番写本孙盛〈晋春秋〉及其"传之外国"考》,发表于台湾《汉学研究》第四卷第二期,后收录入《饶宗颐东方学论集》,《饶宗颐二十世纪学术文集》卷八·敦煌学;

《非常之人,非常之事及非常之文》,发表于澳门社会科学学会《学报》创刊号,以《司马相如小论——非常之人与非常之文》收录入《文辙·文学史论集》(上册),《饶宗颐二卜世纪学术文集》卷十一·文学;

《清初僧道忞及其〈布水台集〉》,发表于日本东京《神田喜一郎博士追悼中国学论集》,后收录入《饶宗颐潮汕地方史论集》,《饶宗颐二十世纪学术文集》卷五·宗教学;

《宋代莅潮官师与蜀学及闽学——韩公在潮州受高度崇敬之原因》,发表于《刘子健博士颂寿纪念宋史研究论集》,后收录入《饶宗颐潮汕地方史论集》。

古稀春锄

（1987—1996）

饶宗颐以"辛苦待春锄"来谦虚地称自己只是农耕夫。古稀之年，他坚持学术研究、书画创作，并一如既往地提携教育后学晚辈。正如他自己所说的，学艺生涯并不是一帆风顺，最重要的是遇到困厄之时，要以忍辱来面对困境，直至克服。

1987 年，71 岁，饶宗颐依旧精力旺盛，任香港大学中文系荣誉讲座教授、中国敦煌研究院名誉研究员。

6 月，参加并主持在港举行的"国际敦煌吐鲁番学术会议"，会上作了《敦煌琵琶谱与舞谱之关系》的演讲，论文收入《香港敦煌吐鲁番研究中心丛刊之一〈敦煌琵琶谱〉》。

同月，在台北与著名画家、杰出的艺术理论家何怀硕订交，开展艺事交流活动。

夏，与岭南画派代表人物关山月相晤，合作《梅石》一幅。

11 月，以音乐史家身份主持由香港中华文化促进中心举办的"中国音乐传统与现代化"座谈会。

同月，在上海钱君匋家做客，题画品茗。

12 月，与女儿饶清芬、女婿邓伟雄一起游览武夷山，并作诗《武夷杂咏》六首：

> 千秋嘉会忆鹅湖，吾道从知德不孤。旧构荒坛巢水鹤，当年曾刻六经图。
>
> （从江西入闽，经铅山鹅湖书院。清中叶乡人郑之侨宰此县，著有《鹅湖讲学会编》，又刻《六经图》书，俱存。）

毛竹流霞赖品题，丹山绿篆满前溪。空中箫鼓何年洞，凄绝名山第一诗。

（李义山到此，有诗咏毛竹，山志列为武夷首唱。）

上清沦谪久离群，不是巫山亦雨云。怪底柳郎多狡狯，武夷君作云中君。

（咏玉女峰。柳永《乐章集》中巫山一段云五首，人以其首阕"六六真游洞，三三物外天"，即咏其地。）

尝从云笈识神仙，至孝弥天营鏊船。临水凿龛山半肋，五溪遗俗尚依然。

（朝野金载记五溪蛮凿山以葬，弥高者以为至孝。）

山腰仙掌一峰悬，竹径清流素月延。为问山中来往客，何人能忆柳屯田。

（中峰寺有柳永遗迹，见嘉靖建宁志十九。）

悬空一水滴成帘，非雾非烟似撒盐。岩隙人家烹活火，茶香舌本味犹甜。

（咏水帘洞）

香港《书谱》杂志出版社出版《饶宗颐专辑》。

为潮州祭鳄台撰书楹联："溪石何曾恶，江山喜姓韩。"

门人黄兆汉所编之书《道教研究论文集》即将出版，欣然为书作《序》，其序言后收录入《固庵文录》以及《澄心论萃》第101篇，序中云：

道教研讨之事，近世之显学也，于域外尤盛。其在欧洲，自马伯乐开其端，至于今兹，乃有《道藏解题》之辑集，是何异道书之重整运动？学者趋向，又重在仪轨；以为礼失必求诸野，故凡斋醮、拜斗、发炉、修行、普度诸科，其旧俗、法事可考于今者，无不穷究原委，务求征实。汉学界中以道教为论文题目者以百数计，可谓盛矣！自来道释，相资相敌，竞为表异，化胡之经，本际之义，引文证理，入室操戈，孰为得道而迷踪？有待披云以见日。道之剷剥儒释，其事繁赜，理而董之，亟待其人。其在扶桑，则神道之教，理多相涉；于是上清剑、鉴云图；神形可固之论，无不为攻治之所取资，益以黄白导引之术，志在养生而事关科技，遂令探索者纵窥玄奥，别启新途。此则前人所未涉足，而创获遂更倍蓰焉。

黄君兆汉曩从余问，治金元之语业，深知全真之徒，以倚声施教，其所为者，亦复炳炳烺烺，顾与花间、尊前大异其趣。君遂自是深入道教之门户，既醉心于张三丰其人其书，覃思最深，所得亦度越时辈，所著各篇久已风行寰内。顷者裒集向所为文若干篇，厘为一集，余得取而读之。余尝深慨道教典籍久为人所漠视，今之业绩反得力于异国人士。而君奋起其间，如苍头异军，自树一帜。其事亦已伟矣，何待余之揄扬。余向者亦略究三张之遗著，蠡测管窥，愧未能发擿微隐，辄以藤绠，联彼珪璋，喜得与君忝为同好。去岁浪游洪都，陟彼西山，一访许旌阳之遗迹，又幸得瞻朣仙之墓，华表依然，柱间符篆犹仿佛可睹，低徊久之，而恨君之未能同游也。益信韩昌黎谓气之所钟，必蜿蜒扶舆磅礴而郁积，非亲临其地者无以体其真而究其胜。他日当携君同履鹤鸣之山，君其亦有意乎？丁卯清和饶宗颐。

年底，为《佃介眉先生书画集》写序：

吾乡艺苑，向少高明奇崛之士。乾嘉之际，郑雨亭以临古蜚声南北，为翁覃溪所器重，所刻《吾心堂帖》，风行一世。厥后嗣响几绝，晚近碑板篆刻之学朋兴，谈艺者竞趋之，盖以京沪风气沾被南服，名家乃辈出，亦时运使之然也。然艺之为务，不贵徇时，而贵独创。怀德葆真之士，独居深念，致力古今，发胸中之所蕴，其精神上诉真宰，所造往往不可冀及，吾于佃介眉先生见之。先生平居闲旷，寡交游，以书画印章自娱，书学尤功深，自

156

漆书石室，靡不涉其藩篱，错综变化，几忘纸笔，直以心行而已。
与先君为至交，余家长物，若米万钟研山，先生亦为品题。余未
弱冠，追陪先生于莼园觞咏之中，至今思之，犹昨日事。忽忽五
十年，先生既久归道山，而余鬓发皤皤，亦已逾耄矣。历经兵燹，
先生遗作，安然无恙。锐东君能承先志，为选辑若干事，付诸剞
劂，先生历年心力所聚，精思所寄者，得此可垂诸永久。既得岭
海诸先进题扬扢，复远道贻书索序。余自愧连年萍寄东西，乡
闾耆旧，契阔日久，为之欢忭者累日。益信艺文专精，必在寂寞
之滨，惟寄淡泊者乃能发豪猛，昌黎所谓"于书得无象之然"者，
吾于先生，诚无间然矣。

一九八七年十二月

1988年，1月，参加董寿平①在香港举办的个人书画展，从此结
下友谊，合作有《竹石》、《松兰》等作品。

春，在上海结识当代文艺理论家、画家伍蠡甫②，两人对绘画史
均深有研究，此后，时以书信讨论或会面细谈。在上海合作《山水》
一幅，伍蠡甫画远山，先生画树石。

甘肃省广播电视厅音像出版社聘为《敦煌乐舞》特邀顾问。

9月11日，出席上海音乐团唐乐传声演奏会，作词一首。

霓裳中序第一

1988年9月11日，沪上音乐团有唐乐传声之会，倚此解题
赠，依白石韵。

融峰遥望极。虚谱旧辞取次得。多少国工合力。听危柱哀弦，
艳歌漫索。吟商补陈。萃九州、瀛府词客。欣同赏，满堂清响，
古怨凝秋色。　　空寂。流泉萦壁。凭缱绻，丝簧似织。摩挲风

---

① 董寿平（1904—1997），北京名画家，工书画，墨竹最为人知，竹叶壮阔。
② 伍蠡甫（1900—1992），广东新会人，在上海出生、居住。当代文艺理论
家、画家。

笙字迹。井水递声。杨柳依陌。雅音从未息。叠鼓动，霜天涵碧。绕梁处，羽宫相犯，鬲指更吹侧。

10 月，在香港会晤到访的画家刘旦宅。

本月，为南京大学中国语言文学系全清词编纂委员会撰写《全清词（顺康卷）序》。

冬，为中山大学编《陈寅恪教授国际学术论文集》赋诗：

> 苦向书丛觅骈枝，古辞今典恰相期。
>
> 上清沦谪开来学，绝代兰芬系所思。
>
> 万里西风关运会，廿年南服久栖迟。
>
> 绸缪胜义空今古，莫道因缘仅一时。

年底，参加了西安半坡 30 周年纪念会议，此行收获颇丰，在鼓乐大师李石根的陪同下，阅览鼓乐旧谱，并发现旧谱为工尺俗字记号，与他熟知的"敦煌琵琶谱"非常接近。

诗集《揽辔集——日本纪行诗稿》由香港日本文化协会出版。

对先前所著的《楚辞书录》，在《自序》中，作了以下补充：

> 余论屈子之学出于儒，盖为晦翁而发。念《远游》一篇，向来多疑其非出屈子手笔，经时贤仔细研究，知非彼莫能造此境地；尤以论气之说，夐绝千古。与《鹖冠子》及近年长沙出土《养生方》，可相表里。诚楚学之英华。原固楚人，濡染者深，不期亦与道家为近。为学兼综多方，自古而然，屈子亦莫能外也。温公《通鉴》始三家分晋，不提屈子只字，彼力主纲常，其贬屈也，殆信孟坚"露才扬己"之论，弥见知人论世之不易云。

对己作《烛赋》的篇末进行补记：

《马矢赋》一篇，陶秋英女士喜诵之，许为抗战文学之奇构。陶君治汉赋有声，谅非阿好之言。惜其于年前殂谢，不能共定吾文，谨志腹痛之感。

为友人萧遥天所著《人名的研究》题辞，标明全书要旨为："人是历史舞台上的角色，人名是他们的标帜，离开了人名，一部二十四史，真是无从说起。因此人名的研究亦是治史的一把钥匙，在西方正盛行。"

在香港与许麟庐①会面，在梨俱室合作《古木小鸟》画一幅。

1989 年，饶宗颐担任主编、沈之瑜校订、沈建华编辑的《甲骨文通检》（第一册），由香港中文大学出版社出版，该书收录了《甲骨文合集》以及小屯南地、海外多国如英、法、日、加拿大怀特氏等收藏的甲骨，还有周原出土的甲骨。饶宗颐在《前言——贞人问题与坑位》说道：

> 近年学者，喜从坑位侈谈断代，惜乎从不完整之坑位资料，予以辨析，欲求准确，事有至艰。
>
> 至于依据称谓以论年代，困难更为倍蓰，因异代而称谓相同者比比皆是，从事断代者，势必借助于书体、文例，然往时所定之标准，仔细比勘，亦复乖违百出，须重新厘定。

先生将所作的各类文集合编成《固庵文录》，由台北新文丰出版公司出版，共收录文章 162 篇，其中"俪体篇"40 篇，"散体篇"122篇，钱仲联教授作序，《序》曰：

> 文集之名，昉自中古，前此无有也。刘《略》班《志》，惟列

———————
① 许麟庐（1916—2011），山东蓬莱人，国画家、书法家、书画鉴赏家。

诗赋，著诸家篇数，初无集名。东京而次，文章朋兴，云构风骇，然范、陈史，于文士诸传中，记其文笔，第云著诗、赋、碑、箴、颂、赞、诔、七、吊、连珠、书记、论、奏、令、策若干篇，不云文集若干卷。实斋章氏所以云："文集之实已具，而文集之名犹未立。""《隋志》：'别集之名，东京所创。'盖未深考。"曹丕《与吴质书》称道徐、陈、应、刘，谓"撰其遗文，都为一集"，此殆总集之嚆矢。陈寿于晋初定诸葛亮故事，奏上《诸葛氏集》，此殆别集之嚆矢。然观亮集目录内涵，诚如太炎章氏所云："若在往古，则《商君书》，而《隋志》亦在别集。"阮孝绪《七录》，经典、纪传、子兵、文集之四录，已全为唐人经、史、子、集之权舆，故实斋以为"集部著录，实昉于萧梁，而古学源流，至此而一变，亦时势为之也"。

所谓古学源流者何也？请循其本，盖在先秦，文哲一体，诸子论道述事之专撰，寻其质，皆别集也。儒、道、墨、法，显学争鸣，自孟、荀、老、庄、墨、韩以迄吕氏，岂徒其学之六通四辟，"皆以其有，为不可加"而已，即其文亦高出于后代，并风格亦各异焉。孟之雄肆，荀之密栗，老之精约，庄之诙诡，墨之素朴，韩之刻深，吕之闳博，是皆专家之作，虽偶有弟子或他人附益者，要无害其为一家之文也。荀书且以美文《成相篇》、《赋篇》纳入矣，韩子之《内、外储》，启连珠之先路，此其名为子部，与后世文章别集奚异焉，此诸葛氏法家之书，所以得谥为集也。至于刘《略》诗赋，更属实斋所云"成一家之言，与诸子未甚相远"者，厥初未尝衷而称为文集而实即是集，然则所谓"文集之实已具"者，固不待东京而始然。文家别集之名既立，"后世应酬率率之作，决科俳优之文，亦泛滥横决，而争附别集之名。""势屡变而屡卑，文愈繁则愈乱。"呜呼唏矣！

盖自昭明以沉思翰藻为文，"以文辞之封域相格"，唐以来变本而加厉，自宣公、昌黎、柳州、宾客诸集外，学与文歧而为二，无论偶体或散文，凡一家为一集者，往往以文为主也。宋儒见理邃密深沉，《晦庵集》选言雅驯，诚文以载道者之雄。《水心集》之言经制者次之。下此者黄茅白苇，治学者文不工，能文者中无实，一命文人，便不足观，别集云者，遂为博学高流所诟病，非无由也。曼珠一代，集部如林，张广雅《輶轩语》称其中有实用胜于古者，特举朱彝尊、方苞、杭世骏、卢文弨、戴震、钱大昕、孙星衍、翁方纲、李兆洛、全祖望、顾广圻、阮元、钱泰吉、武亿、严可均、张澍、洪颐煊、包世臣、曾国藩之撰，谓其或可为掌故之资，或可为学术流别之镜，或可考辨群书义例、古刻源流，或可谠正史传之差误。此诚可谓见其荦荦大者。而独以专集属之词章家，则隅见矣。刘《略》诗赋，固词章也，亦何害其为一家言之近于诸子也。广雅列举朱氏以下诸家之书以别于专集，而其书实皆别集，并明标集之名者也。歧学术与文章为二，宜其论之自陷于矛盾而不能中肯綮矣。

若论文质彬彬，融两者于一冶，则在胜国二百数十年中，殆无逾于汪中《述学》之美且善者。《述学》不称集，而实集也。其书既有平章子部之文，为清学创辟蹊径，复有美文，睥睨三唐，世尊为八代高文，独出冠时。斯诚别集之翘楚，上承先秦诸子暨屈赋之脉者。《定庵文集》亦其亚，则揭文集之名矣。晚近王国维《观堂集林》，允称独步，《海日楼文集》、《太炎文录》，亦名世巨帙，斯皆言其学之精兼文之美者。《寒柳堂文集》，时流所重也。其学淹贯中西，信为弘博，而文差不逮，持较乃翁《散原精舍文集》之雅言，则有间矣。此可知文质并茂之难也。

余今读选堂饶先生《固庵文录》，乃喟然叹曰：此并世之容甫与观堂也。抑又有进者，容甫生今二百年前，其学固不能不为乾、嘉学风之所囿。观堂生近世，精殷墟甲骨，考古史，通域内外于一杭，融文史哲为一境，世推为现代学派之祭尊与开山，良非虚誉。然观堂之学，究不能谓其为广大教主，无所不包，峻不可攀，河汉无极也。如释藏道笈，即非其所措意矣。沈、章钜子，殚精国故。亦探梵典，而不谙西国之文，则创新遂不能与观堂敌。今选堂先生之文，既有观堂、寒柳融贯欧亚之长，而其精通梵文，亲履天竺，以深究佛学，则非二家之所能及。至于文章尔雅，二家更将敛手。斯录也，都俪体篇、散体篇于一帙，其为赋十三篇，皆不作鲍照以后语，无论唐人。其余颂、赞、铭、序、杂文、译文，皆能以古茂之笔，抒新纪之思。所颂者如法南猎士谷史前洞窟壁画，所赞者如马王堆帛书《易经》，所序者如《殷代贞卜人物通考》，所译者如《梨俱吠陀无无颂》、《近东开辟史诗》，非寻常笃古之士所能措手也。俪体得此，别开生面。容甫如见，得毋瞠目。至其散体；所考释者，自卜辞、儒经、碑版以迄敦煌写本；所论说者，自格物、奇字、古籍、史乘、方志、文论、词学、笺注、版本，旁及篆刻、书法、绘画、乐舞、琴艺、南诏语、蒙古语、波斯语，沉沉夥颐，新解澜翻，兼学术文美文之长，通中华古学与四裔新学之邮。返视观堂、寒柳以上诸家，譬如积薪，后来居上。九州百世以观之，得不谓非东洲鸿儒也哉！

先生不以余不学，以文录序言，诿诿相属。余反复循诵，有如《大智度论》所云：如入宝山，自在取宝。不辞奔陋，敢为引喤。盖将为当代学苑悬此鹄的，并为集部树中天之帜也。先生啸傲于红香炉顶，俯视海天，鲸度浡潏，百灵狂沸，其将许我拍肩，迪尔一笑，以为若斯人者，始可与言集部也矣。辛未季夏，钱仲联序于苏州大学。时年八十有四。

友人陈槃在《固庵文录·书后》说道：

当代学人，能文事者盖寡。固庵崛起岭表，早岁以诗赋倚声鸣于时。张大千六十寿辰，固庵步昌黎《南山诗》一百二十韵以祝嘏，伍叔傥见之，叹为咄咄逼人。其执教于耶鲁大学也，三月间遍和《清真词》一百二十阕，艺林至今传为佳话。固庵精熟文选理，以选名其堂，所作沉博绝丽，挹让于陆、潘、任、沈之间。自幼好汪容甫，揣摩功深，读其《马矢赋》，如哀盐船文；吊贾生

162

文如吊黄祖，萧瑟江关，情文胜挚，信为可传之作。固庵足迹遍天下，中岁浪游天竺，复躞蹀蒲甘安哥窟之旧墟，为法显奘师行记之所未及。其译吠陀无无颂，以庄生傲诡之笔出之，更能于旧译中，开出新貌。若其孤怀闳识，感怆古今，论周家享有八百年之久者，以不敢自外于天道；论宋后大学地位之隆，出自温公启迪之功，凡此皆发人所未发。今读其集，比之清人，惟孙季逑、凌次仲可相匹敌。余交固庵逾三十年，论文论学，旨趣讫合，共耽古史，敏求不怠。而固庵涉猎东西古文字，驰骋百氏，所造独深，尤余之所心折。固庵书既刊成，观其题目，崭新可喜，已令多士奔走骇汗，又况文辞之美，把玩无斁，大有裨于史学。世有知音，当不河汉余言。

《固庵文录》收集的文章正如陈槃所说的"揣摩功深"、"情文胜挚"，饶宗颐文学功底在文录中可一目了然。

"选堂教授诗文编校委员会"亦作《固庵文录·后序》，内容为：

> 先生的作品，描写生活的各个方面，风格高浑，摛辞精练，内涵深刻，此文痛民族之劫难，寓志士之贞心，实为难得也！

《固庵文录》收录先生一些独具学术见解的文章，比如《格物论》，其中云：

> 《乐记》云："……夫物之感人无穷，而人之好恶无节，则是物至而人化物也。人化物也者，灭天理而穷人欲者也。……是故先王之制礼乐，人为之节。乐者天地之和也，礼者天地之序也。和，故百物皆化；序，则群物皆别。"
>
> 千古阐格物之义无如此段之深切。格物者，物来而应之以正。必也能化物而别物。……以是立己，则物来无碍。
>
> 《大学》八条目，自格物以至修身，胥成身之事，成身之道，

莫切于"不过于物"一语，故首言格物，是格物之义，非斤斤着力于一事一物之际，而必有合于宇宙真理之原则性，故《哀公问》论成身之要，必贵乎天道。……天道如此，人能弘之，要在"不过乎物"而已，是《易》道也。故知"格物"之义，通乎《易》，贯乎天人，非仅假诸外物而能得者也。此据天人合一之义言之者也。

裘锡圭先生亦有《说格物》一文，以"祥瑞"说的原始巫术思想为背景，深扣"格物"说的起源以及发展，而先生之文则主张"研经之法，莫如以本经正本经"，与裘先生之文的创新相比，先生更注重的是中国原儒精义的融会贯通、科学精神与人文精神的统一。

《饶宗颐书画集》由香港中文大学出版，辑录饶宗颐临摹敦煌白画的作品、对八大山人画风追寻的作品以及模仿明代书法家的书法作品。

《饶宗颐书画集》可以与《画领》各篇章相印证，比如《画领》中的《从明画论书风与画笔的关联性》云：

六法中以"骨法用笔"为最基本条件；国画的特色是由笔、墨产生气韵。笔为骨、墨与色为血肉。潘天寿认为"画事以笔取气、以墨取韵"，是很对的。但主要还是以行笔的线条为主，线条的厚重、轻倩、刚健、婉丽，形成不同的风姿，此即所谓"线条美"，事实上因各人的性格和书法训练而异途发展，形成多彩多姿各具不同的表现，从笔的本质上看来，画笔和画风二者往往保存着对应关系。可以说画家在书法上的训练，他的爱好、取舍方向，配合个性，造成行笔的习惯，以此决定他的画笔的特色。许多人都知道书、画同源，但行笔的工夫及其形成的过程，在画面上的运用诸问题，很需要进一步加以探讨和分析的。

明代上承元人遗绪，书与画的结合，比宋代又推进一步。赵孟頫已提出"石如飞白木如籀"的写法，倪迂折带皴，以侧笔取姿，王蒙杂树简直是以草法入画（指《青卞隐居图》），这些是众所周知的例子。线条美在画面所扮演的主角地位，逐渐为人所重视，到了明代发挥更为淋漓尽致，"笔墨"的条件作为中国画的核心，明人在这方面的成就，是不能抹杀的。

不少画家亦兼为书家，如文、沈以至晚期的董其昌、八大山人，都是双轨并进而有高度的成就。有的原为大书家，余事作画，像王铎、张瑞图、傅山之流，画亦卓然可观。至于画家而工书者更比比皆是。明代大画家无不讲究"用笔"。唐六如论画云："工画如楷书，写意如草圣，不过执笔转腕灵妙耳。世之善书者多善画，由其转腕用笔之不滞也。"可谓知言！董其昌在《画禅室随笔》卷一"论用笔"即有十八则，虽然论书，移以论画，许多道理，正自相通的。

下面略举一些重要及较少被人注意的画家，从他的书法造诣可以看出他们画笔所由形成的根柢。

王绂　山人工写竹。自言："画竹之法，干如篆，枝如草，叶如真，节如隶。"（《六如画谱》）全用书法来譬喻画。

刘钰　其七言草书（《古代书画图目》二·〇三一七）遒劲流转，画笔亦如之，涩中带润、柔中呈健。

姚绶　行草书运笔浑圆、干湿兼施（如《古代书画图目》二·〇三二五、三二六）。山水、竹石学吴镇，行笔路数至相近。

史忠　重用水墨，奇恣荒率（如《古代书画图目》二·〇四一三、四一四），信是如醉如痴，书、画行笔正一致。

郭诩　人物豪纵（如《古代书画图目》二·〇四四〇）。人称其"寄我清狂"，自题句用笔，重浊浑涵，一如其画。

陈淳　白阳书画皆从米海岳来。行书痛快淋漓，笔飞墨舞。写雨景亦水墨酣畅，满纸氤氲。

沈周　文徵明　文、沈书皆学山谷，同归而实殊途。沈得黄骨、文得黄态，而文兼工小楷、隶体秀整而古意盎然，苍拙不及沈而妍丽过之，文之狂草可追怀素，故写兰竹尤洒落不羁，为沈所不及。观二公书画合符相用之方，于斯道可思过半。

唐寅 行书近鸥波，韶秀取媚。王弇州谓"其书软熟"。又称其"行笔极秀润缜密而有韵度，惟小弱耳"。故其山水虽师法李唐，而化险为夷，骨力未能凝重，得其幽邃而乏其峻峭，亦以行笔近赵故耳。

徐霖 行书浏离顿挫，画笔亦如是。与杜董合作长卷，兰石及双钩竹，纯出天真，神品之尤，全以书法作画，异乎常轨。

莫是龙 王世贞称其"小楷精工，过于婉媚，行草有豪迈之态"。如山居杂赋，洵是神来之笔。画之行笔，自非拘守绳墨者可比。

邹之麟 观其为张灵织女图题字，疏宕有奇气，学大痴富春长卷，亦极疏简，同一笔法。

由上举各家观之，画笔与书法正是同一鼻孔出气，处处可悟两者关联处之深。

自董华亭以禅理论艺，取《楞严经》"八还"之义，主张师法前人，贵在能会，而神与之离，如哪吒之拆骨还父。"还"的意义，非常紧要。众艺之道，从"有所法而后能"，而进于"有所变而后大"。故必须由能合而至能离。八大画笔从董而来，晚期可谓拆骨已尽，深契"八还"，而自辟户牖，前无古人（他的印章有"八还"一号，即取自董说，人少知之）。若石涛《画语录》开宗明义，由"一画"说起，自能得源头活水，"一"以生二、生三，以至生出万般形态。执一以驭万，故所得在"用繁"，观北京故宫博物院所藏《搜尽奇峰打稿》卷，可谓茂密之极；而《万点恶墨》卷，亦以繁见长。可谓有悟于"一即一切"之旨。八大则反是，他注重还原，所得在"用简"，牢宠万类，而归于一，可谓有合于"一切即一"之旨。故知石涛是小乘僧，八大则大乘（摩诃衍）禅师矣。

画家湛深于书道者，明其与画理相通之处，自可左右逢源。惟此须从实践中体会而来。不能迅速立致。艺人致力，须经三熏三沐，何止"八还"，而造境浅深，宛如"十地"。明代各家，深有悟于书、画行笔一揆之理，故造诣往往突过前人。此一关捩，

166

至为紧要。故粗为阐述，以当喤引，望诸位专家有以是正之。

一九八八年九月五日

上文借鉴明人书画成就，提出书画同源，直截了当指出用笔的重要性。

何怀硕在《饶宗颐书画集》所作的序文《率性随心，元气淋漓》评价道：

> 近代中国学术或文艺有大成就，而其名号曰"堂"者，有观堂、雪堂、鼎堂、槐堂、彦堂、语堂等。诸堂多为书契金石文字与历史考古大家，槐堂为书画家，语堂为文章家。而集诸堂于一堂，于文字、考古、历史、文学、书法、绘画诸项，学艺兼美者，是为选堂。
>
> ……
>
> 沈括认为传神可以通过"合理"或"造理"来达到，目的是要"回得天机"。他说"书画之妙，当以会神，难以形器求也"。苏东坡与米芾都重常理、意气、天真、生意，可说把"神"扩充到更大范畴。从此，理、趣、气、韵、逸气、风神、性情、得意等，成为文人画家追求的最高鹄的。
>
> 选堂先生的画，正是继承这个伟大传统的典范。不过，以一个有高度成就的学者与诗家的涵养来从事绘画，若以明朝文徵明所谓"作家"与"士气"，何良俊所谓"利家"与"行家"论之，选堂先生的画自然大半为"士气"与"利家"。其画重神韵，表现自我生命，寄托高远之怀抱，游心天地之间。手挥五弦，目送飞鸿、游笔戏墨，而不减对宇宙人生尽精致广之严肃；惨澹经营，呕心沥血，出之以优容随兴，举重若轻之挥洒，而未泯其天趣忘机之童心。若以为严肃则不能游戏；文人戏墨则不能表现自我生命，实难以体会选堂先生绘画的旨趣。
>
> 选堂先生的书画，清狂跌宕不可一世，温文雅逸莫之与京。

在当代，只有溥儒有此浓馥的书卷气。但溥画失之枯梗瘠薄，其笔法过多"作家"气。选堂先生笔墨丰润华滋，行笔自由放任；若无绳墨，却自有法度。

书卷气不是"行家"所能有，全由学问涵养而来。渊博的学识与高旷的诗怀，使选堂先生书画的造诣非寻常画人所能相提并论。其境趣不论是空灵雅淡，或奇峭野逸，或老辣拙涩，皆第一等品位。就笔墨技法言，选堂先生行笔可谓真正到了恣肆纵横、从容自得的境界。其线条不仅写状物象精神，亦不仅合乎中国书画用笔含蓄内敛之道，更重要的是能体现由作者自我性情学养而有的神韵与趣味；在轻重疾徐，抑扬转折之间，表现了一种形而上的玄奥之美。这种精神性的笔墨，不可方物，也难以言诠，而饶有余味，这正是选堂先生最不可企及的成就。在笔法之外，选堂先生的墨法与水法也别有天地。墨色变化多端，不仅五色具而已，主要便在水的运用。元气淋漓，氤氲滋润，全靠水法。游笔戏墨，皆藉水之运用，而有浓淡盈枯之变化，目的在抉发宇宙生命之情致，立万象于胸中，传千祀于毫翰。万象与千祀者，宇宙也。如果笔法所作成的线条是时间，墨象所表现为空间，则水的运用乃生命之气息。所谓形而上玄奥之美者，乃由时空与生命之体悟而形诸笔墨者也。

选堂先生画不拘一格，不论拟古、写生与即兴创作，皆率性随心，无斧凿痕，也即"自然"。中国文人画家所追求的最高境界，才情、学养、阅历与功力，缺一不可。余于选堂先生的修养与成就，深心景佩，谨以此小文表达拳拳之意，不敢以为知言。

是年中秋，为《刘昌潮画集》题辞：

以竹入画，一向推萧协律《徇行图》为最早，李息齐曾言之。然敦煌壁画之写竹，著色枝柯，犹隐约可观，足证隋朝官本有杂竹样之可信。自文同始穷其变态；元代赵、吴、顾、倪各大家辈

168

出，萧散清标，遂极写意之大观。清世扬州八怪郑（燮）李（方膺）之徒，渭川千亩，牢笼胸中，更挥其慧刃，蔚为新貌，奇趣横生，益尽笼箍之美焉。

昌潮先生工写竹，炉锤功深，历数十载，蟠空缭隙，无不尽态而极妍、海内翕然宗之无间言。顷者，集古斋为举办个展，虽以墨君为主，而山水动植兼而有之，海外同好，得窥先生作品之全，沾溉画坛，抱之无尽。彭君属缀数言，以当喤引，不揣固陋，遂题其端云尔。

己巳中秋前十日　饶宗颐

秋天，赴捷克，出席在布拉格召开的"纪念五四运动70周年国际学术研讨会"，并在会上宣读《连珠与逻辑——文学史上中西接触误解之一例》论文。漫游维也纳。

11月，出席澳门召开的第五届国际潮团联谊年会，作《潮人文化的传统和发展》的演讲。月底，为汕头大学题横匾"学海无涯"。

12月，撰《谈六祖出生地（新州）及其传法偈》，发表于《纪念陈寅恪先生诞辰百年学术论文集》，他是首位提出六祖出生地（新州）问题的学者。该文章以《新州：六祖出生地及其传法偈》收录入《文化之旅》、《饶宗颐二十世纪学术文集》。

与陈语山合作《合仿唐伯虎梅花流水》一幅。陈语山是香江篆刻五老之一，人称"边款王"，他俩相交数十年，陈老曾为先生刻印数十章，"饶宗颐"、"选堂"印皆出自其手。

1990年，被香港历史博物馆聘为名誉顾问。

4月，著作《词学秘笈之一——李卫公望江南》，由台北新文丰出版公司出版，该书对台湾中央图书馆藏本《李卫公望江南》以及北京图书馆藏前京师图书馆旧抄本易静《兵要望江南》进行考证，书前作《李卫公望江南序录》一文，论证词非起源于初唐，而举出一个未刊版本作为佐证，供词学家研究。

《中印文化关系史论集·语文篇——悉昙学绪论》则由香港中文大学中国文化研究所、香港三联书店联合出版，书中收录了 15 篇论文，对中国语言学的发展以及接受外来语言学和融入过程进行论说。饶宗颐提出，中国语言学受外来刺激有两个时期，一个是东汉末年印度梵学传入时期，另一个是 18 世纪西方语言学正式输入时期。而悉昙的输入从北凉时起，昙无谶首次翻译《大涅槃经》，其中有《文字品》，印度字母即已为僧徒所钻研了。"悉昙"（Siddham）一词，就有"成就"之意，原来呈图志形式，用于表示印度语子音与十二母音各种可能组合情形，此类观点可详见他书前的《前言》。书中论文可补王力先生所作的《中国语言学史》之缺漏。发表于香港《明报学刊》第二十五卷第十一期《羊的联想——青海彩陶、阴山岩画的⊕号与西亚原始计数工具》文中，运用楔形文字专家 Schmandt Besserat 女士的突破性发现，广泛研究从苏美尔人（Sumerian）的线形文（Linear writing），到中国古代彩陶、岩画，论证文字起源于刻画标记（incisedsigns），并考证了⊕号即"羊"——财富的象征，他是将陶文⊕证明为"羊"的象征，他是第一人。

6 月，赴美国波士顿探访病中的杨联陞。在哈佛大学东亚系演讲敦煌曲子词有关问题。

秋日，于梨俱室忆写缅甸《浦甘秋林佛塔图》、《看山图》。

11 月，参加在汕头大学举办的"中国历史文献研究会第十一届年会暨潮汕历史文献与文化学术研讨会"，作专题演讲，其摘要发表于《国际潮讯》第十三期，后收录入《饶宗颐潮汕地方史论集》。

12 月，创办"香港敦煌吐鲁番研究中心丛刊"。《敦煌琵琶谱》作为"香港敦煌吐鲁番研究中心丛刊之一"，由台北新文丰出版公司出版。该书中收录了他自 1987 年至 1990 年所作的十几篇研究论文，这是继《敦煌琵琶谱读记》和《敦煌曲》之后，研究敦煌琵琶谱的又一个新的里程碑。

先生在《序言》中曰：

敦煌写卷所见乐谱有三，主要为巴黎列伯希和目 3808 之残卷，其一面书"长兴四年应圣节讲经文"。自 1938 年日本友人林谦三取与天平琵琶谱合勘，确定其为琵琶谱，至今已五十年。其在《月刊乐谱》第二十七卷一期发表之长文，去岁始由余与李锐清君合译，登载于上海之《音乐艺术》（1987.2），国人始获睹其文之全貌。

自 1982 年叶栋著论，据称有破译之举，其《敦煌曲谱研究》行世以后，讨论者日众，重译者又有何昌林、金建民诸家。余于 1987 年 6 月在香港主持国际敦煌吐鲁番学术会议，提出论文：《敦煌乐谱舞谱有关诸问题》，强调乐谱与舞谱有不可分之关系，不能舍舞而论乐，见于敦煌乐谱之曲子多为上酒之曲子，事已同于酒令，琵琶谱之节奏，实与舞之步伐相配合。向来各家治乐与舞，分道扬镳，殊途而不能同归，殊属不智，亟宜改正趋向。

至于乐谱节奏方面，自来相袭，采用板眼说，诸家译谱，且已录音，听来甚不悦耳。由于译谱者不够忠实，每每随意增减，势非重译，无以奏功。因请上海音乐院陈应时教授再作尝试，其时赵晓生新倡句逗说，以纠各家之疏失，视·号为小顿，□号为长顿。陈君根据张炎《词源》，合以《梦溪笔谈》，另创掣拍一说。其重译之谱，顷已完成，蒙先寄示，睹其新译，要点有三：（一）谱字之细心勘核，多所订正。（二）揭开□·两号叠用之奥秘。（三）六字一拍与煞句三字一拍之分析，依同调之比勘，发现曲调谱字之旋律，可谓近年来敦煌乐谱研究之突破。

关于□·两号之原义，及其后来使用之演变，实与词乐有水乳之密切关系。余乃取姜白石《旁谱》及张炎《管色应指字谱》暨《事林广记》所载节奏记号之丁、住、折、掣等，与敦煌乐谱比较，更悟出两者之间实出于同源，而丨号本为"主"（住）之省形，·原为住号，后来用以作掣，正如号在白石《旁谱》中用为住号，而张炎则以为掣号，其事如出一辙，足为陈说提供参证。

171

陈应时撰写的《读〈敦煌琵琶谱〉——饶宗颐教授研究短号琵琶谱的新纪录》一文，对《敦煌琵琶谱》的研究价值作了评价，现节录如下：

通读《敦煌琵琶谱》中饶宗颐教授的论文，我以为饶宗颐教授对于敦煌琵琶谱抄写年代和曲体结构所作的有关结论足可以成为定论。

……

针对何昌林的考证，饶宗颐教授写了《琵琶谱史事来龙去脉之检讨》和《再谈梁幸德与敦煌琵琶谱》二文，文中据敦煌卷和有关文史资料分析，认为何氏的考证难以成立。尤其在《敦煌谱写卷原本之考察》一文中，饶宗颐教授通过对敦煌琵琶谱写卷原本作了考察之后，发现三种笔迹的乐谱，原先是抄在由方形纸黏贴而成的三个长卷上，由于抄写经文需要更长的纸，因此就把三种独立成卷的乐谱再行裁剪，利用其背面抄写经文。因为经文抄写者只顾抄写经文所需要的纸张长度，所以就不考虑乐谱的完整，将我们现在所说的第二组、第三组乐谱的头部都裁剪掉了。正如饶文所说，第一组十曲后留有一大片空白，说明原本是抄完了的一卷完整的乐谱；第二组头上是裁剪好后贴在第一组的末尾；而第三组开头又被第二组的纸所贴，因此第三组开头谱字旁有三处"•"号和三处"□"号的小部分被第二组的纸所遮，在这两个接口的背面，经文又正好写在接口上。这说明现存此两卷乐谱开头的两首乐曲（即现在我们所称的第十一曲和第二十一曲）一开始不仅被剪去曲名，亦有可能被剪去若干行谱字，因此各为不完整的乐曲。乐谱背面的经文写在接口上，也就足以说明经文是利用旧有乐谱的背面抄写的。因此饶宗颐教授在文中强调指出："该原卷是先有乐谱，而乐谱原又是出于不同时期和不同的人所书写，再由该各谱黏连成为长卷。长兴四年，才在该卷之上抄写经文，由此可以肯定乐谱的书写时代，该是长兴四年以前的文书，虽无

172

法知其先后确实时期，但'长兴四年'即乐谱的下限，却可论定。"

　　饶宗颐教授考察敦煌琵琶谱原卷写本之后的发现，不仅解决了历来有争议的敦煌琵琶谱抄写于"长兴四年"之前还是之后的问题，而且也有助于判明敦煌琵琶谱的曲体结构问题。

　　由于饶宗颐教授发现了 P.3808 敦煌卷原本是用了三卷已经抄好了的乐谱黏贴成长卷之后再利用其背面抄写经卷的，因此三种笔迹抄写的三卷乐谱，本来就不构成一个整体。所以饶文有理由地说："由于本卷子是由三个不同的人所书写，有两处的曲子，前半部被剪去贴进连于他纸，这二个不完全的曲子属于何曲调都无从知道，应在阙疑之列，故无法把这二十五曲视作一整体而把它全面看成一组大曲。叶栋把它作一套大曲来处理，是说不过去的。"

　　在《敦煌琵琶谱》一书中有饶宗颐教授论述敦煌琵琶谱节拍节奏论文四篇。其中《论"□"、"·"与音乐上之"句投"（逗）》和《再论"□"、"·"与顿住》二文是对赵晓生"长顿小顿"和笔者"掣拍"之说的评论，并对赵晓生所说的"顿"和笔者所引沈括的"敦、掣、住"三声从文献学的角度作了详细考证；尤其在《再论》一文中，更进一步把敦煌琵琶谱中的某些符号和姜白石谱中的某些符号作了比较，提出了，研究敦煌琵琶谱的节拍节奏不能纯从乐器方面着手，还应注意到古代歌谱和舞谱中的节拍节奏。在《三论"□"与"·"两记号之涵义及其演变》和《四论"□""·"及记谱法之传承》二文中，饶宗颐教授一方面系统地考证了"□""·"两号自战国至元朝在涵义上的演变过程，指出了张炎《词源》所谓的"拍眼"一词"为拍中之眼。和后来把拍与眼对立起来，分为二事，迥不相同"；另一方面又将敦煌琵琶谱中的某些符号和传承至今的西安鼓乐俗字谱中的某些符号作了比较，指出了古代记谱法随时代变迁，不可能一成不变。饶宗颐教授的这"四论"，不仅对解译敦煌琵琶谱，而且对解译宋代俗字谱，都有其重要的学术价值。由于书中黎键先生的《饶宗颐关于唐宋古谱节拍节奏记号的研究》一文，对饶宗颐教授的古谱节拍节奏研究已有专门的论述，这里就不再赘述了。

饶宗颐教授在本书的《浣溪沙琵琶谱发微》一文中，还对于P.3719《浣溪沙》琵琶谱中的谱字"复"作了新的解释，认为凡谱字"加上复号表示一音重出"，从而使此谱又有了新的译法。在《轳轵说》一文中，饶宗颐教授又对P.3539 敦煌卷琵琶二十谱字前牒文中的"轳轵"二字作了诠释，纠正了有人作"轳轵"的误读，认为"此轳轵二字想是用作车头之雅名，故可指车头，即车坊经营之主人"。

从上文评述中，我们可了解到饶宗颐对敦煌琵琶谱的研究是以实证出发，以最具有说服力的证据来论证自己的观点。

《敦煌琵琶谱》一书的出版，先生赋绝句二首：

其一
波磔奇胲谿两眸，乐星残谱认伊州。
玉田难觅知音寡，辜负当年菊部头。
其二
清绝五弦岛国哀，天平一纸发沉埋。
凭谁为唱倾杯乐，还逐尊前水鼓来。

诗中的"知音寡"、"辜负"、"哀"、"沉埋"都表达了对敦煌琵琶谱不为当今所识的遗憾之情，当年的张玉田（张炎）、菊部头（宋高宗时宫中伶人菊夫人，善歌舞，妙音律，为仙韶院之冠，宫中号为菊部头。）的辉煌成就如今凭谁唱倾？诗作表达了饶教授对敦煌琵琶谱历史辉煌的地位的赞颂和他对曲谱研究取得成就的渴望。

在第三届全国地名考证研讨会上，中山大学曾宪通代为宣读《古史地名学发凡——以〈夏本纪〉禹后以国分封诸姓为例》的论文。

邝庆欢在巴黎去世，送挽联悼念："记问字玄亭，剩有遗笺供涕泪；待招魂青冢，怕闻幽怨出琵琶。"

是年，为郭光豹《静庵之歌》题签。

1991年，1月，《近东开辟史诗》（《E-na-ma. E-lis》）作为"东方学丛刊之一"，由台北新文丰出版公司出版。在前言中他指出："西亚史诗与天地开辟，由 Apsa 与 Mummu 结婚，由是再生出 An－sar（天）与 Ki－sar（地）……汉土以相成之感，象征天地之相成，与西亚史诗之描写夫妇相搏，子复父仇者迥然异趣，截取徹墨之躯以造分天地，沥 Kingu 之血以塑成人类，在汉土传统思想实为不可想象之事。于此可见两种文化基质的悬殊，汉土所以无'原罪'，其故可深长思。"在西亚，"人是从宇宙中的有罪的恶神抽出他的血来塑造的，所以是有'原罪'的。中国的造人传说，属于用泥捏成一系，不同于西亚"，他指出了近东宇宙论之二言论。先生研究西亚文化，与指导汪德迈的论文有一定的关系。先生受法国高等研究院之邀担任博士论文答辩委员，认识了另外一个委员蒲德侯（J·Bottero），是著名的西亚史专家，他给许多资料图籍，让先生得以窥探西亚文化。在巴黎，先生跟他学楔形文字及西亚史，并从 1976 年开始，用十年时间把《近东开辟史诗》翻译为中文，填补中国学术史的重大空白，先生是第一位翻译、介绍、研究该书的学者。《近东开辟史诗》是一部原用楔形文字记述阿克得人开天辟地的神话集，是西亚神典，世界上最早史诗之一，希伯来圣经中的《创世纪》即由此衍生出来。它引领了先生对这一领域的学术探讨，先生开始着手研究比较文明史。《论印度河谷图形文字》一文中，在对甲骨文、陶文、楔形文的研究基础上，参考西方考古学者关于印度河谷的发掘报告和专论之后，先生比较分析得出了河谷文字与印欧语系完全相悖以及古代中印可能有过文化接触的结论。

5月，在中国文化促进中心作《敦煌文物的价值》的演讲。

9月，赴法国巴黎，参加第六届国际潮团联谊年会，并作专题演讲，会上法兰西学院汉学研究所所长施博尔说："饶宗颐教授不仅是我们法国汉学界的老师，而且是全欧洲汉学界的老师。"这是对饶宗颐在国际汉学界贡献的充分肯定。

9月26日至10月18日，"饶宗颐教授书画展"在香港大学冯平山博物馆展出，钱伟长、刘海粟、李嘉诚等出席了开幕式，香港大学校长王赓武、香港中文大学校长高锟为书画展剪彩，著名画家黄永玉及孙星阁莅临观赏。

《敦煌琵琶谱论文集》作为"香港敦煌吐鲁番研究中心丛刊之二"，由台北新文丰出版公司出版。该书收录了先生撰写的《敦煌琵琶谱读记》、《敦煌琵琶谱〈浣溪沙〉残谱研究》等论文，以及与李锐清合作翻译日本学者林谦三的《琵琶古谱之研究》，还有叶栋、陈应时等人的文章。

秋季，整理漫游意大利、瑞士词作《古村词》、《聊复集》和诗作《苞俊集》，在各集的开头，作《小引》，记述创作缘由和感受。

古村词

1979年4月，漫游瑞士，经 Altdorf，越重峦叠嶂，至 Lugano 而入意大利。沿途所至，有词记之。德语 Altdorf 义为古村，故命曰《古村词》。法诗人蓝波（Arthur Rimbaud）尝于此地遇大风雪，徒步逾阿尔卑斯山。（见 Enid Starkie："Arthur Rimbaud"页二八三引其1878年11月17日家书）蓝波是时已废诗，将事远役，以追求东方之秘，其心情沉重，可于《醉舟》一诗见之，与余心境之轻松迥别。

风景不殊，而东西异趣，亦事之无可如何者也。选堂漫记。

聊复集

昔赵德麟名其词曰《聊复集》。余十载以来，久已废词，偶因事著笔，亦不存稿，朋侪钞示，仅此十阕而已，聊复存之，以殿吾集，俪文一篇附于末，以见余近年论词体之见解云，辛未八月，选堂识。

苞俊集

王褒作九怀，其三曰《危俊》，一作《苞俊》，其言曰："陶嘉月兮总驾，寨玉英兮自修，结荣苣兮逶逝，将去蒸兮远游。径岱土兮魏阙，历九曲兮牵牛。聊假日兮相伴，遗光耀兮周流。"余自退居以后，足迹几遍禹域，身车所至，未废吟哦。友人冯康侯取亭林语为刻一章曰："九州历其七，五岳登其四。"……盖山川荐灵，纵不登昆华，亦有玉英之可采，荣苣之可结。苞俊咀华，是在其人耳。

10月，应香港中华文化促进中心和香港中文大学中国文化研究所之邀，作《广州南越王墓的发现及其重要价值》和《香港与广东大陆的历史关系》演讲。

11月，《老子想尔注校证》由上海古籍出版社出版，该书为增订版。书中增入了《想尔九戒与三合义》、《老子想尔注续论》、《四论想尔注》，在附录中增附《天师道杂考》和《有关大道家令戒之通讯》等文章。其中《想尔九戒与三合义》是对《老子想尔注校证》的补充，他指出：

> 考《太平经》卷四十八"三合相通诀"谓色裹元气、自然、天地，凡事三合相通，并力同心，乃有所成。……
>
> 今观敦煌所出此《太平经》卷前语，谓《想尔》之书"记三合以别真，上下二篇法阴阳"，其后"复出《青领太平文》"、"复出五斗米道，备三合"，是干吉、宫崇之书，与《想尔》之理论，固息息相关，而"三合"之义，尤为天师道教理之精髓，近世论道教史者罕能及之。

《文辙——中国文学史论集》（中国精神史探索之一），由台湾学生书局出版。该书收录了论文60篇，所论大凡自上古诗学，以迄近代晚清词学等，皆有专篇，书分上下两册。《小引》中，饶宗颐提到：

念平生为学，喜以文化史方法，钩沉探赜，原始要终，上下求索，而力图其贯通；即文学方面，赏鉴评骘之余，亦以治史之法处理之。五十年来，讲论所及，凌杂米盐，亦有门人所记，未忍刊削者，兹汇为一帙，略依讨论内容之年代为次，用便省览，题曰《文辙·文学史论集》，读者视为国史上文学演变之陈迹也可，视为吾个人余力学文经历途辙之自白亦无不可。

在梨俱室为梁荣基编著《词学理论综考》一书作《序》。序中曰：

　　词之为物，合声文形文情文三者而为一。句之抑扬长短，音之清浊亢坠，调谱以之形成，有其定格，故音乐性亦最高，其他韵文，无可与比拟者。若其练字琢句，六丁难致其工，被质纬文，七襄亦逊其采。清空之气，流转于字里行间，真挚之情，无害乎粗头乱服。句兼对偶，辞极绵丽，盖合骈散之职能，华夏文体演进，至此而遂臻极致焉。又况一调一体，少之十六字，多者二百四十文（莺啼序）。增减摊破，不离其宗；钩勒腾挪，出人意表。用笔既提顿承转，结拍复水尽云生。或淡语而以浓句收，或艳情而以幽景结。忽张忽弛，愈朴愈真；曲终人散，江上峰青，尤情文之不可及者也。夫词调创制，非深谙音律罔能奏功。能自度曲者固希，然步武嗣响者则至易。盖依式填辞，只呈著句之美，而无构调之劳，事半而功倍；人以填词拘于格局为难，实则格局已定，不必兼营，非难而实为其易也。词中三昧，尤在托体高浑，渺尽比兴。试摅寄托于片言，暨投水乳于一瓿。作者诚能意内而言外，读者自可据显以知幽。玉葱层剥，微窥内蕴之心；珠帘半卷，且觅归来之燕。空中传恨，更谁定厥是非；表里相宣，聊假类以自达。渊乎词旨，归趣罕求，词体之尊，理原于此，文辞之变，斯其极矣。（余有词楬赋，对"词心"颇多刻画）

　　曩在星洲，梁生荣基，久昵于余，每见必谈词，以为至乐。发孤愤于游仙，寄凄迷于咏物。索明珠于牡蛎，事等病梅；通款曲乎瑶琴，愁生多角（哥德言愁是 DasVieleck）。究倚声之眇理，瘁而成文；感雅蒜而先花，情欣有托。项者出示多年积蕴《综考》宏篇，诚由嗜好之偏，弥知持之有故。淋漓痛快，足为初学津梁；截断众流，穷尽声家之正变。雕虫何益，只惜吾生之有涯；野云孤飞，早悟去留之无迹。是为序。

赴温州参加"谢灵运与山水文学国际研讨会"。

12月，应邀出席在越南河内举行的"法国远东学院成立九十周年纪念学术讨论会"，在会上第一位发言，介绍牙璋在国内外分布情况，引起越南考古界同仁的兴趣。

被聘为潮汕历史文化研究中心顾问、香港潮州商会第七十三届名誉会长、温州师范学院荣誉讲座教授及上海古籍出版社"敦煌吐鲁番文献集成"学术顾问。

1992年，春，再次被国务院古籍整理出版规划小组聘为顾问。

3月，特撰《〈三阳志〉小考》，作为"潮汕历史文献与文化学术讨论会文集"的序言。在论文中指出：

"《三阳志》收采及洪武林仁歙之文章（指《潮州府志书序》），与文渊阁著录标明潮州府之《三阳志》疑即是一书，故《三阳志》有元人所著者，又有更后书为明初人续修者。至于宋人之'潮州志书'应即是《图经志》，不得与《三阳志》、《三阳图志》混为一谈。"先生还说，"作为文献学者，对于史源认识须掌握确切材料，方不至于误解而导致不确之判断。地方史足为国史之辅车，由于记载较为翔实，又富有亲切感，大有助于史学，自未容忽视"。

5月13日，在北京大学会晤季羡林教授。同时，访问上海复旦大学。

8月，在香港大会堂举办个人画展，李嘉诚出席剪彩仪式。

9月，在新加坡国家博物馆举行个人书画展，书画集《选堂书楹联初集》、《饶宗颐翰墨》由香港艺苑出版社出版。《选堂书楹联初集》收录了饶宗颐所书对联共118幅，各种书体皆备。邓伟雄撰写《〈饶宗颐翰墨〉中的书法》一文，对饶宗颐的书画艺术作了全面介绍，内容如下：

> 《饶宗颐翰墨》这一本书画册，绘画占了很大部分的篇幅，因为二百件刊出的作品中，只有四十件是书法。
>
> 不过这四十件书法，却是极具代表性，可以见到不单止是饶选堂教授的书法造诣，也可以见到他的书法主张，因为其中一件，是他论书诗长卷，这一首用元代长春真人丘处机的《青天歌》韵写成的长诗，把饶氏对书法的看法、主张都概括地写出来。
>
> 《青天歌》这一首长诗，是因为今年在中国出土一件徐文长所书的长卷的再显于世，在出土之初，不少人以为是徐文长的诗作，后来才考出来是元代全真教的丘处机所作。
>
> 饶选堂教授对徐文长这个书法卷及这首丘处机的诗，做过不少研究，并曾发表文章讨论它。在十余年前，他在巴黎大学任客座教授之时，"自顷旅居，久疏笔研，惟暇复抚琴，睡足饭饱，重温去岁此作（选堂教授书青天歌卷），弥有所悟，用广其意以论书云"。
>
> 他在这跋语中，提及抚琴，是因这一首论书诗，表达他今年对书法之体悟，以为书法一事，尤其行草之作，与音乐之韵律节奏，有极其相关之处，所谓"乍连若断却贯串，生气尽逐云光驰，一波一撇含至乐，鼓宫得宫角得角，肥瘦干湿浑相宜"（论书诗中句）。
>
> 饶选堂教授之以书法相通与音乐之论点，实开论书的一个新观点，也可以作为百艺之理皆相通之明证。古人书画同源，其实书、画、篆刻、音乐、雕刻等，何尝不是同出于一源呢？

收入《饶宗颐翰墨》一书中的其他书件，真是各体兼备。

饶选堂教授在甲骨学中，著述甚丰，较之昔年研究甲骨之"四堂"——罗雪堂、王观堂、郭鼎堂及董彦堂，有过之而无不及。而四堂之中，唯罗雪堂、董彦堂能甲骨书法，罗雪堂以金文笔法写甲骨，董彦堂书甲骨，则以肥厚为主，饶氏书甲骨，着意在甲骨文的古拙笔意，而用笔不拘于丰厚或瘦硬。是罗雪堂、董彦堂、简经纶、叶玉森、丁辅之诸家之外，另一面目。

饶氏对楚国文化，著述亦多，对楚国传世的名迹"缯书"，亦有不少专著，他对楚缯书中的文字的书写，时有涉笔，曾有论近世书法者云，中国当代能写缯书者，台湾王壮为氏及饶选堂教授，可称并世两雄。

至于简牍书法，由昔年出土之流沙坠简，到今日新出土之竹木简，饶氏都有深入研究，临摹汉简的书写，亦时有所作。汉简本是西陲军民人等手笔，而饶氏以文人气韵之笔触，写古人俗书，不入古意而有创意，是他广为人知的一种书体。

饶选堂教授除了对古文字的书写着意研究之外，他早期书法，是植基在唐朝欧阳询及颜真卿两家，尤其于欧书九成宫醴泉铭及颜书麻姑仙坛记下过很深功夫，到现今，他的行楷书，结体近长方形，有轩昂之态，就是受到欧阳询书法之影响。

唐碑之外，他对龙门造像、爨宝子、前秦广武将军碑、张猛龙碑、石门铭等魏晋碑刻，也一样下过很大功夫。《饶宗颐翰墨》这本书画册之中，有几幅碑体的字，可以见到他在这方面的造诣，而饶选堂教授的碑体书法，一洗清代写碑体的人那一种狰狞习气，但亦没有赵撝叔之后，写北碑者剧媚之态，他用了行草书笔意来中和碑刻字体的板刻，为写北碑者开一新路。书画册中有一幅北魏《王芟墓志》，可以窥见他在这方面的成就。

清代以来，因吉金粟石的书体盛行，不少书家变得专趋尚古，而少注意及行草书法，但饶教授却力主不偏废任何一时代的有特色作品，故他于明末清初书家的行草书法，绝不因其时代较晚而忽视他。

他在其所著之《论书十要》中，就有一则提及晚明书法者。

他在论明代书法一则云："明代后期书风丕变，行草变化多辟新境，殊为卓绝，不可以其时代近而蔑视之。倘能揣摩功深，于行书定大有裨益。"

而他对明末清初之黄道周、倪元璐、张瑞图、陈老莲、八大山人、王觉斯等人的书法，都着力吸取其变幻多端之结体，神龙天矫的行气，干湿变动的笔法，这一些都一一融入在他的行草书中，故此他的行草书法，在强烈之自我面貌之中，见到晚明书风的奇气。已故冯康侯老师昔日曾云饶教授所书的行草书，带有黄道周、王觉斯之奇变，又有章草古朴之意，奇正相生，自成面目，确是知言。

近十年来，饶教授又再转向隶书的书写，他本来对汉简书体，浸淫不少年月，而对新近出土的秦汉简帛诸书，更是悉心研究，他以为这些新出土秦汉书法墨迹，"奇古悉如椎画，且皆是笔墨原状，无碑刻折烂，臃肿之失，最堪师法"。他就是在这一些秦汉人真迹中，参以秦汉诸刻，尤其是张迁、华山、乙瑛、孔宙诸碑，求取汉隶之真貌，故此其隶书浑厚古朴，于拙重中取意，又成他近年书法一大特色。

他视书法为真乐，以为"尺幅之内，将磅礴万物而为一，其乐不啻逍遥游"。故其书纯为自然流露，自更胜于斤斤于点画筑构者。

第二届赋学研讨会在香港中文大学举行，在会上作了《赋学研究展望》的演讲。对赋学研究论述了自己的研究方法，从言志类赋之独立研究、赋音佚书之辑录、赋与图关系之研究、赋之文化史研究、赋与修辞学之研究以及赋学纪事之作等方面进行论说。

《词籍考》补入新发现资料后易名《词集考》（唐五代宋金元篇），由北京中华书局出版，该书为 1963 年出版的《词籍考》的修订本，全书共十二卷，分"别集类"、"总集类"、"外编"三部分。《后记》中对该书易名作了说明：

> 拙著《词籍考》于 1963 年 2 月由香港大学出版社印行。其时新增订本《全宋词》五册与《全金元词》皆未问世。明以前词人别集，勾稽整比，其事维艰，兹编摭拾丛残，条理粗具。今修订再版，益以总集，及外编词评、词乐、词韵之属，以存自唐五代讫于金元词书之全貌，易名为《词集考》。

《翁万达集》在上海古籍出版社出版，为该集题写书名。

10 月，在纪念马王堆发掘 20 周年之际，学术界出版了《马王堆汉墓文物》，全文发表了《刑德》乙篇，先生以最快的速度写出《马王堆〈刑德〉乙本九宫图诸神释——兼论出土文献中的颛顼与摄提》一文，不但对帛书《刑德》九宫图进行了复原研究，而且对该图中所列诸神名进行了令人信服的考证。如考证位于四仲的四方神名："东方木，其神大皋，西方金，其神大皋，西方的'大'字，必是'少'字之写误，即大昊与少昊。"简明扼要几句话，就将令人晕头转向的迷惑点明了；接着是破解帛书本北方之神"湍王"即"颛顼"，令人豁然开朗，并指出："颛顼之名，未见于出土文物，是图作'湍王'。"这些富于首创性的解读，成为经典性的诠释。

11 月，任复旦大学顾问教授。出席在汕头举行的"潮汕历史文化研究中心第二届理事会"和"翁万达国际学术研讨会"，在理事会上作重要演讲，提出潮州可研究的东西很多，应该成为一个独立的"潮州学"作为研究对象，建立"潮州学"使之成为有系统、有规模的独立学科，倡议在香港举办"国际潮州学研究会"。到南澳考察，应邀为岛上清戍台澎故兵忠魂墓的"望鲲亭"题匾名并撰书对联："环海扬风舢舻千里，归魂瘞旅袍泽百家。"

被广州诗社、中国唐代文学会韩愈研究会聘为顾问。

1993 年 1 月 1 日，由香港中文大学中国文化研究所出版的《庆祝饶宗颐教授七十五岁论文集》在香港发行。同月，《选堂诗词集》由台北新文丰出版公司出版。本书为 1978 年版诗词集的增订版，书中增入了《选堂诗词续集》，即《苞俊集》、《揽辔集》、《黄石集》、《江南春集》、《古村词》、《聊复集》等之结集，以及《词学理论综考序》和新诗《安哥窟哀歌》，增加了钱仲联为全集和续集所作的《序》和罗忼烈作的《选堂近词引》。在《选堂诗词续集序》中，钱仲联说道：

> 此续集者，先生退居后之所撰也。历览前修，往往窈窕之哀，驰骛之思，易钟于绮岁，而代谢之感，每积于暮年，情以境迁，境以时易。陈芳一老，夔州后诗，"平淡而山高水深"，"不烦绳削而自合"，胜义遂为双井所拈出，此不足与飞扬跋扈辈言也。今选堂先生此集，亦何独不然。文章成就，斧凿痕尽，而大巧出焉。如是则游戏神通，复奚施而不可。今观续集用杜、韩、苏诸大家古体之韵者，固足以觇先生法乳所在，而凡前集所澜翻不穷者，续集复奇外出奇，千江一月，掉臂游行，得大自在。求之并世胜流，斯诚绝尘莫躅者已。

> 但果谓选堂诗以次韵为能事，则读续集中沉沉夥颐之其他古近体诸篇而知其不然。至其中卓异之作，有如《论书次长春真人青天歌韵》七古大篇，正国内画论家所谓徐渭早年作品说之误，斯已足宝矣，复据道藏元混然子之注，以琴律通书道，抉发其奥秘，更非治学博邃如先生者不能，馀子无从措手，自不待言矣。此言其论古卓识，当大笔特书者一也。集中游览之作，老庄告退，山水方滋，固已诗中有画，而又不域此藩，《揽辔》一集日本纪行之作，往往咏人境庐主人屐齿所未经者。《九州稿》、《北海道稿》，皆足补人境《日本杂事诗》之阙，宁徒补其事而已。其诗之芬芳玄邃，为秋津绝代江山施以粉黛，使人生"此乡不住住何乡"之感，又岂人境之所能匹乎？此言其游览之作，有关扶桑文献之巨，当大笔特书者二也。其余如《黄石集》之域外诗，《江南春集》之

禹域周游诗，读斯集者，自当一一寻其幽绪，挹其古馨者也。

更有进者，《古村词》一帙，以白石空灵瘦劲之笔，状瑞士天外之观，追摄神光，缠绵本事，传掩抑之声，赴坚抗之节，缥缈千生，温凉一念。求之近哲，惟吕碧城《晓珠词》能之。而选堂贺新郎用后村韵者，则岸异可与青兕挹拍，又碧城之所未能为也。

钱仲联对饶宗颐诗词续集加以赞赏，从新增诗词续集中可见诗人纯正的学术理念和独立的人格精神。

2月，《潮中杂记》由台北新文丰出版公司出版。此书为明郭子章著，此以明万历刊本影印，列为由饶教授主编的潮州善本选集的第一种，并为香港潮州商会印行的潮州"文献丛刊"之八，由香港潮州商会于1993年春或以后不久印行。此书前有饶教授序，并附其所撰《拓林在海外交通史上的地位》一文，后有郭伟川跋，实为一不可多得的研究潮州地方史的方志类善本文献。与张树人合编的《广济桥史料汇编》由香港新城文化服务有限公司印行，该书收录了饶宗颐于1936年所撰的《广济桥志》、张树人于1971年所撰的《湘子桥考》，及其附录《韩湘异闻五则》，后附录茅以升先生的《介绍广济桥》及张树人所编图片及说明。该书《序言》为：

> 余自少留心乡邦文献，弱冠尝着手辑《韩山志》，访耆老，徵遗文，连类及之，又为广济桥撰志；夫以一桥之细，勒成志书，其例罕觏，而广济桥以浮舟作"活动桥"，成为桥梁史上之特例，经茅以升品评，列为全国五大古桥之一，尤见特色。维时史料所限，缀记殊艰；又未获见古《三阳志》及郭春震《嘉靖志》，故于宋元建桥颠末，载述莫详。1965年，综辑《潮州志汇编》，方从《永乐大典》"潮"字号录出《三阳志》，惜非完帙，此元代修潮志孤本，乃得重显于世。《三阳志》纂修去宋不远，其中"桥道"一项，记载是桥建置始末尤详，且备录诸家碑记，桥之沿革，赖以有徵。其特重要者，若肇建者州守曾汪之《康济桥记》，知创桥之

185

初，本名"康济"，司其事实为通仕王汲式，始事于乾道七年六月乙酉，落成于九月庚戌，有详确月日可稽；复有张羔之《仰韩阁记》，知淳熙元年知州事常祎增修浮舟一百零六只，又构仰韩阁于桥岸之右。两《记》皆后此《州志》所刊削不录者，其事向来所未知，复得之于《三阳志》，洵可宝也。张君树人好学能文，据《大典》所记，重撰《湘子桥考》，凡所增益，详覈有据，足补余前志之不逮。君书顷拟重刊，合余前志暨茅以升专文共三篇，汇为一帙，命曰《广济桥史料汇编》，他日欲考是桥史迹，舍此书无从下手，于地方文献或不无小补也。

4月，在香港中文大学召开的"闽方言国际学术研讨会"上作《"言路"与"戏路"》的演讲。同月，广东人民出版社在中山大学黑石屋召开了《饶宗颐文集》编辑委员会首次会议，为文集的出版作必要的准备。

6月，《画颔——国画史论集》（"中国精神史探究"之二），由台北时报文化出版企业有限公司出版，书中收入饶宗颐关于中国绘画论文40篇。对书名的确定，饶宗颐在《小引》论道：

余自退休以后，改授课于艺术系，且浸淫于绘事。积岁以来，与诸生谈艺，颇费唇舌，中边未到，何异鼻观，辄举历代画坛魁怪，相与捞天摸地，上下其论，谈言微中，亦可解颐。偶尔着笔，积稿不觉数十篇，所论多涉画史上关键人物与重要问题，稍加比次，敢云"从顶颔上得来"，但聊作警语之资，因题曰，"画颔"。

此后，在香港中文大学庆祝建校三十周年而主办的"魏晋南北朝文学国际研讨会"上，作了《从对立角度谈魏晋南北朝文学发展趋向》的特邀演讲。

7月，《梵学集》作为中华学术丛书之一，由上海古籍出版社出版，该书收入饶宗颐28篇佛学研究论文以及纪游诗作《佛国集》。论文当中有关佛教教义，如《不死观念与齐学》；中印交通，如《蜀布与Cinaputta》；更多的是关于悉昙学的研究及其对中国中古声韵学的影响。在小引中，饶宗颐谈到：

> 近时治敦煌本《通韵》，寻究六朝间悉昙学之流变，因悟涅槃之学与悉昙相为表里，唐以前十四音之遗说，钩稽内典，冥行探赜，所得有出于安然《悉昙藏》之外者，足为中古声韵史提供崭新资料。因不自量，勾集曩日之短书散札，合为一编，颜曰《梵学集》。

8月，与曾宪通合著的《楚地出土文献三种研究》由北京中华书局出版。书中收录了《随县曾侯乙墓钟磬铭辞研究》、《长沙子弹库楚帛书研究》、《云梦睡虎地秦简日书研究》，在《随县曾侯乙墓钟磬铭辞研究》增补了饶宗颐的《曾侯乙钟律与巴比伦天文学》，这是一篇鲜有把音乐联系到天文学的文章。另外，增补多篇饶宗颐论述楚帛书所记楚国历法的文章，如《楚帛书十二月名与〈尔雅〉》等。增补了饶宗颐的《云梦秦简〈日书〉剩义》、《秦简中的五行说与纳音说》。

中秋前，梨俱室作《群山雨意图》，书"奇云扶坠石，秋月冷边关"联，题云："以石门铭杂流沙简法书之。"

10月，《饶宗颐书画》由广州岭南美术出版社出版，书中收录了绘画册页、挂轴山水、花鸟、人物共 70 幅，书法作品 38 幅。黄苗子为该书作了序言，另有姜伯勤的观后感《天风海雨自在心——读〈饶宗颐书画〉》，郭绍纲的《承前启后独行远——观读〈饶宗颐书画〉有感》，姜伯勤对画作给予高度评价。认为：

> 《饶宗颐书画》，使我们欣幸地看到，中国文人画的传统没有断绝。"天风吹海雨"，"中流自在心"，在如此丰厚的中华文化传统中，未来的人类可以在这里找到如意无碍的自在心。

郭绍纲也评价道:

> 饶宗颐先生已年届八旬,正进入"风力方滋,漫施丹采。敢云享帚自珍,聊寄我梦寐。晓烟夕霭,尽行役之纪程;蜀缣乌丝,犹美学之散步云尔"的充满创作活力的时期。按照一般的规律,像饶先生这样的学者型的书画家,他所继承和所创造的艺术峰巅还会与年俱增,令后学者们仰观。

年中,应邀任台北故宫博物院主办的"张大千、溥心畬诗书画国际学术研究会"主席。

10月18日,郑午楼博士以华侨崇圣大学筹建委员会主席身份,假座香港银行公会,聘请饶宗颐为华侨崇圣大学中华文化研究院院长。

年底,赴广东饶平柘林考察;随后,在澳门举行的"东西方文化交流国际学术研讨会"上,作《柘林在海外交通史上之地位》的演讲。后以《柘林与海上交通》收入《文化之旅》,由香港牛津大学出版社出版。

11月,主编的《法藏敦煌书苑精华》(8册)由广东人民出版社出版,8册分别为拓本、碎金;经史(一);经史(二);书仪、文书、牒状;韵书、诗词、杂诗文;写经(一);写经(二);道书。书中有周绍良所作的"序"以及饶宗颐的"自序"。

《饶宗颐史学论著选》由上海古籍出版社出版。收录史学方面的论文56篇。季羡林作《饶宗颐史学论著选序》,全文共一万七千字,他将饶宗颐的学问分为八大类进行概说,并对其生平作了详细的介绍,高度肯定了饶宗颐在文史书画界的贡献。

11月12日,饶宗颐学术馆奠基,先生出席奠基仪式。该馆是第一个潮籍名人馆,占地450m²,建筑面积700m²,启功题写"饶宗颐学术馆"匾额。

由潮汕历史文化研究中心和汕头大学潮汕文化研究中心合办的学术研究刊物《潮学研究》创刊号出版。饶宗颐作为主编,发表《何以要建立"潮州学"——潮州学在中国文化史上的重要性》这一重要文章，阐明建立"潮州学"的依据，在文章中，他指出：

中国文化史上，内地移民史和海外拓殖史，潮人在这二方面的活动的记录一向占极重要的篇幅，这是大家所熟悉的。潮人若干年来的海外拓殖成果和丰厚的经济高度发展的各种表现，在中国以外各个地区孕育出无数繁荣美丽的奇葩，为中外经济史写下新页，久已引起专家们的重视而且成为近代史家崭新的研究对象。因此，潮州地区人文现象的探讨，更使多数人发生热烈而广泛的兴趣。本人对这一件事，多年以来屡加以积极提倡，汕头潮汕历史文化研究中心的成立，正说明这一工作已经取得相当成就。此次在香港潮州商会鼎力资助下，香港中文大学举办首次为期三日的潮州学研讨会，这无疑是非常有意义的事。

潮州人文现象和整个国家的文化历史当是分不开的。先以民族而论，潮州土著的畲族，从唐代以来，即著称于史册。陈元光开辟漳州，筚路蓝缕，以启山林，即与畲民结不解缘。华南畲民分布，据专家调查，皖、浙、赣、粤、闽五省，畲族保存了不少的祖图和族谱，无不记载着他们始祖盘瓠的传说和盘王祖坟的地点，均在饶平的凤凰山。换句话说，凤凰山是该族的祖先发源地。我曾引用宋晁补之《鸡肋集》中《开梅山》一长诗，和泰国北部发现的《瑶人文书》里面《游梅山》的记述，来讨论宋代畲、瑶的关系。又引用元《三阳志》记载宋时水东有"不老"的土音来探索畲族什么是他们自己称呼的名号。这些问题，牵涉甚广，还有待于进一步的深入研究。

潮州学的内涵，除潮人在经济活动之成就与侨团在海外多年拓展的过程，为当然主要研究对象，其与国史有关涉需要突出作专题讨论，如潮瓷之出产及外销、海疆之史事、潮州之南明史等论题，在潮汕已有不少文化机构着手从事编写，十年以后，研究成果，必大有可观，钩沉致远，深造自得，蔚为国史之要删，谨

189

拭目以俟之。

文中提出建立"潮州学"的重要性，指出应把研究工作推向更高层次，并对建立"潮州学"充满期待。

12月20日至22日，在香港中文大学与参加首届潮州学国际研讨会，海内外近百学者参加。先生在发言中指出，潮州文化作为中国区域文化之一，不仅具有一般中国文化之底蕴，而且经二千年之积淀而逐步形成自己的特色。潮州文化的研究，不仅涉及民族学、考古学、语言学、民俗学、方志学等等诸多学科，而且由于近代大量潮人的海外移民，更涉及到中外关系史的诸多领域。

25日，赴法国接受法国索邦高等研究院（巴黎高等实用研究院）授予的人文科学博士学位。此乃该院建院125年以来，颁授的第一位人文科学荣誉国家博士学位。26日，法国文化部授予饶宗颐法国艺术及文学勋章。"法国艺术及文学勋章"设立于1957年，是法国四大勋章之一，专门颁发给在文学艺术领域获得卓越成就者，或为传播法兰西文化和艺术做出突出贡献的各国人士。该勋章由法国文化部授予，每年只有极少数享有很高声誉的艺术家有资格获得，文学艺术骑士勋章是法国政府授予文学艺术界的最高荣誉。在巴黎期间，会晤蒲德侯，拜谒思想家巴斯加（B. Paseal）的遗迹。与时为法兰西远东学院院长汪德迈同游宗教盟友（Solitaies）在巴黎市郊建立的"小学"（Petites Ecoles），这些盟友追求清净寂灭甘愿弃绝尘世来此度过隐士生活。他们热爱宗教及教育事业，1651年，扩充静室附近农家建筑设立这一座"小学"，并以修辞学为教材，提倡新方法，为青年学子锤炼古典文字（希腊、拉丁文）的基础，十年之间，人才辈出，与莫里哀齐名的大戏剧作家拉辛（Jansé Rcine）即在此接受古文和诗律学（Prosodie）的培训。他为静室写过有名的《史略》，把古典语文学科称为"小学"和中国的传统语文的形、音、义的知识完全一样。因此，足见对于古典语文基础训练的重视，中外是一致的。为此行之纪念饶宗颐写下名篇《皇门静室小学》。在皇门静室，他还了解到，聪明睿智早慧的巴斯加全家都是冉森教徒，他和姊妹积莲在这静室栖隐，直到 1662 年身故，其有名的代表作《沉思录》（Pensées）至死还没有完成。他慨叹人生的脆弱，但认为有了知识，便可战胜宇宙，于是，饶宗颐写下了十分精彩的一段话：

> 人在天地之中，
> 渺小得像一个不可知的斑点，
> 亦像一根芦苇，
> 很容易被一阵风所摧折……
> 面对无限的宇宙，
> 永远的岑寂给人以无限的恐惧。
> 在无限的周遭，
> 处处可以是中心，
> 而何处是圆周，
> 却煞费思量。

　　香港大学饶宗颐学术馆英文为：The Tsuug-I Petite Ecole。Petite 是小的意思，Ecole 是学校，合起来为"小学"。饶宗颐把学术馆视同皇门静室小学一样，谦虚地认为自己的学问所知仍然不多，仍像"小学"那样，另外，他希望大家重视传统的古文字学，也一并寄予在这个"小学"里面。

　　11 月 20 日至 24 日，"93 广州饶宗颐书画展"在广东画院举行，画展由广东美术家协会、广州美术学院、岭南美术出版社、广东书法家协会、广东画院及广东《画廊》杂志社等携手联合举办。

　　12 月，在台湾中央研究院史语所作《王莽传与王莽简》的专题演讲。由他倡议召开的"第一届潮学国际研讨会"在香港中文大学举行。会上，作了建立潮州学的讲演，阐述了一切有关潮州的人文现象，都可供潮州学研究。饶宗颐的讲演成为建立潮州学的宣言。

　　被聘为中山大学名誉教授、中华文化研究中心名誉主任；广州美术学院名誉教授；中国旅游协会咨询中心高级学术顾问。

1994 年，汕头潮汕历史文化研究中心授予饶宗颐"潮学研究荣誉特别奖"，时任广东省政协主席吴南生向他颁发证书及奖杯，饶宗颐将全部奖金捐赠给香港"敦煌吐鲁番研究中心"。

1 月，为即将出版的《潮剧志》题序，并赋诗三首：

　　往岁主纂《潮州志》，特创"戏剧"、"音乐"二门，为前志所未有，恨未能成稿。今观连裕斌先生寄来《潮剧志》，群公殚十载之功力，成此伟构，有关潮州剧目、角色、身段、机构、舞台艺术，巨细各事，网罗殆尽，纲举目张，要言不烦。李万利歌册，虽板片早毁，幸海内外尚有残存者，获得加以胪列，存其什一，俾剧目足以征存。潮剧声华所被，远及雷州、海南，域外更无论矣。此书记载详确，足为信史，用赋绝句三首，以赞其事。

　　　　梨园往事自堪夸，一帙丽情纪岁华。
　　　　鳄渚风谣随去水，教坊依旧唱桃花。

　　　　哄堂摘耳闻啰哩，待溯巘峰粉蝶儿。
　　　　正字菱花南戏在，三更听唱水心词。

　　　　轻三重六咏弦诗，拍板来源未易知。
　　　　斟酌半音成律准，由来丝竹是宗师。

2 月，出席了香港中文大学中国文化研究所举办的"南中国及邻近地区古文化研究"国际学术研讨会，饶宗颐第一个发言，发表了《由牙璋分布论古史地域扩张问题》的演讲，他指出："牙璋从蜀地输入南越与雒越是没有困难的，何况蜀王子安阳王与尉佗屡有军事交涉，先时'蜀王子将兵三万讨雒王'（《水经注》引就《交州外域记》)，经雅安西昌而建国于越南。蜀与雒越及南越尉佗当日构成三角对峙局面。"

同月，于梨俱室作《老子图》。

3月24日，泰国华侨崇圣大学举行揭幕典礼，泰王驾临主持仪式，应邀出席仪式，以自己的佛像画作敬献泰王。25日，与北京大学教授季羡林在曼谷世界贸易中心作演讲。发表题为《圣凡之间：生命高层次的追求》一文。

4月，署名饶锷、饶宗颐著的《潮州艺文志》（"潮汕文库·潮汕历史文献丛编"之一），由上海古籍出版社出版。该书前十三卷按原《岭南学报》刊登本摄片影印；清人别集及以后部分，由饶教授另取其撰写的《潮州志·艺文集部》清人别集文稿编入。卷末附录部分，收入《〈三阳志〉小考》、《大颠禅师与〈心经注〉》以及明郭子章辑录的《潮中杂记卷七艺文志书目》。饶宗颐在卷首作《重印〈潮州艺文志〉序》，对重印该书表达了自己的看法：

　　　　方志之书，向有艺文一项，收录历代诗文作品，其从目录学角度，罗列地方人著述，与有关该地载述之篇籍，则寥若晨星。盖地志书目，别为专书，明代藏书家始开其先例。

　　　　潮州自宋州守常祎初纂《古瀛集》，地方文献，赖以有徵，惜书久亡。元《三阳志》部分存于《永乐大典》，略记宋时刻书经过，得知当日文教之盛。明万历间，知府江西郭子章为《潮中杂记》，赓续其伯父春震《嘉靖志》之余业，其书卷七、八为《艺文志》，分上下二类，上卷为书目，下卷为碑目，合后人代"艺文"、"金石"为一门。其书目类始潮州府，次及海阳、潮阳、揭阳、澄海、程乡、饶平、惠来、大埔、平远、普宁各县，而以释氏之书附焉。虽诸县著述间或仅有一二种，且为著录，其非州人著作而镌刻于郡廨者亦录之，似即承《三阳志》之旧例也。清代《潮志》，若顺治、乾隆诸书，均刊削书目，但取文章，体例反不逮郭书之具体而微，轻辨章学术之源流，徒囿于重文之积习，为可慨

193

也。

先君昔岁辑《潮州艺文志》，有取于孙诒让《温州经籍志》之成规，撮录序跋，间著考证。州人著述，自赵德《昌黎文录》以降，迄于明清，四部之书，灿然毕陈。前代志书，仅海阳有"艺文志"而已；席履非丰，用力倍蓰，事涉草创，勾集綦劳，未底于成而先君见背，小子抱椠书徬徨。念永嘉成书，年方逾冠，遂复僶勉历发，殚心缀录，粗竟前绪。得刊于《岭南学报》专号先后两期，自经部至明季集部而止，尚非完帙。中经抗战，奔走四方，先人故庐，文籍荡尽，不可复问。潮汕光复以后，余操《潮志》纂政，发凡起例，其中"艺文"一志，由余主稿，限于体例，复就先君前著，简括典要，存其大凡。其十四卷以后清人别集及外编，订讹剩稿，襄日董理，未能竣事，均付兵燹，沦于劫灰，思之扼腕。因重起炉灶，仓卒着笔，著录稍滥，颇有增益，泾渭细流，居然积成薮泽，存目较繁，自成别帙，视前书为骈枝，亦来者之要删矣。

顷者汕头大学有潮汕文化研究中心之设，杜经国教授以此书罗列前修著述，足为考索潮汕人文演进轨迹之取资，倡议重刊，合先君原著及余所补清人别集部分是为"别卷"，汇为一编，以便考览。而外编非潮人著述部分，当日未克具稿，尚有待于补录，然非力之所能及矣。余书愆谬丛脞、涉览未周，愧无诠次，方欲焚其少作，何敢重灾梨枣。惟谊切枌榆，事等鸡肋，条绪难更，未遑重定。但冀方闻，匡其中蹉驳而已。

同月，赴台北出席"中国神话与传说学术研讨会"。广东人民出版社定 5 年内出版《饶宗颐文集》20 卷，后因故文集未能成书出版。

饶宗颐主编，姜伯勤、项楚、荣新江合著《敦煌邈真赞校录并研究》一书，由台湾新文丰公司印行。

5 月，为赖少其八十寿题祝：黄岳婆娑静者寿，青溪神趣润含春。

夏，于梨俱室作《诸葛孔明像》，书《晋唐法帖册》，作《洞庭秋色图》。

8月，雪梨摹清伊汀洲《山水图》。

9月7日，由中国美术家协会、中国书法家协会、中央美术学院、中国艺术研究院、中国国家画院于北京中国国家画院展览馆联合举办"饶宗颐书画展"，李瑞环亲临剪彩，首都各界知名人士200多人出席，中央电视台当晚新闻联播予以报道。"饶宗颐书画展"引起北京学术界和艺术界的高度重视。展览期间举办多场座谈会，许多著名学者、画家和书法家在会上热烈讨论饶宗颐的书画，对其艺术成就给予极高的评价。

10月，为《慵石室诗钞》题签并作《序》：

慵石翁诗若干首，康晓峰君搜之陈箧，发之丛残，几经辛苦乃集而得；余又益以揭阳姚氏学苑七古三数首，翁诗存者殆仅此而止耳。翁初自行整比，厘为四卷，曩岁余纂潮志艺文曾著于录，固非此戋戋之数，知亡佚者多矣！

石遗序翁诗，谓"诗有仁气，有义气。仁气近风，义气近雅，翁诗奇肆挺拔，盖为义气而近于雅者"。此序今亦不存。余犹记石遗赠翁诗云："岭东诗人有三杰，皆未谋面称及门。二子缥缃各投报，惟于君也阙赠言。君诗八十又八韵，层峦叠嶂笔能奋。残筝邻笛极哀吟，如此性情宁晚近。乙符已逝仲英穷，惟君吐气如长虹。粤东循海本南迤，断章取义吾道东。"少时诵此章略能上口，故追录以留逸事。

翁诗波澜壮阔，铸语激越，胜处可摩放翁之垒，东门楼诸作最为人传诵。亦有学白傅反邻宋人唇吻。悼乙符一律，追亡虑存，苍凉之气，倍见性情之真，宜为石遗所深赏。翁虽及其门，而所作体气高峻，实与闽派异轨，可谓豪杰之士。

吾乡诗学，至翁堂庑始大。人知抗志于古之作者，不复踽促跬步之间，诚如坡公指出向上一路。州人于翁诗，爱慕独至，虽寥寥一卷，亦复视同琬琰，室之勿坠，人人犹得闻翁謦欬，庶几旦暮可亲，翁亦可以无恨矣。

一九九四年十月　饶宗颐于香港

又题《铭吾诗翁像赞》：

诗深不敢论，（薛能句）何庸缚以律？身世寄沧洲，幽微出通
侻。新句满江山，万古共怫郁。斯人去已遥，空忆古堤月。

11 月，于梨俱室书"猛志逸四海，和泽周三春"，题云："书周公
隽句，以石门参金刚经为之。"

12 月，《饶宗颐先生任复旦大学顾问教授纪念文集——选堂文史
论苑》，由复旦大学中文系编，上海古籍出版社出版，书中选入施岳
群、姜伯勤、钱仲联、荣新江、陈应时、李伟铭、单国霖等人研究先
生的文章八篇，还有程千帆、王运熙、王水照等人的文史论文。

《新加坡古事记》（编）由香港中文大学出版社出版。为饶宗颐未
赴新加坡时搜集的民国以前有关星洲各项资料的汇编，经过增订，为
东南亚国别华侨史提供一新体例。全书以实录类，政书、公牍类，日
记、游记类，地志、杂述类及散文、诗词类五类编次，书前有德国籍
学者傅吾康的《序》及饶宗颐的《〈新加坡大事记〉引》。

主编的《甲骨文通检》（二）由香港中文大学出版社出版，该书对
甲骨文中的地名进行考辨，饶宗颐在前言中提出考辨地名的"三难"
和"三蔽"。"三难"即识字之难，断句之难，一地同名多歧之难；"三
蔽"，即囿于殷疆土局于河域之蔽，泥于主观拟构时月及同版连系与行
程推测之蔽，限于方隅与地名关涉之蔽。只有解决了"三难"以及
"三蔽"才有资格研究殷代的地理。

《敦煌邈真赞校录并研究》，该书为饶宗颐主编，姜伯勤、项楚、荣
新江等人合著，由台北新文丰公司印行，饶宗颐为该书作了序言。

被聘为泰国华侨崇圣大学顾问，汕头大学校董会第三届校董会名
誉董事，香港武陵庄美术学会中、日、港美术交流邀请展特邀顾问，

西北大学国际唐代文化研究中心名誉主任，杭州大学敦煌学研究中心顾问，北京广播学院名誉教授，杭州大学顾问，北京中国画学院荣誉院长，文化部归国华侨联合会顾问，重庆巴文化研究会顾问，广州潮人海外联谊会名誉会长。

1995 年，本年至 2004 年《补资治通鉴史料长编稿系列》（第 1—8 种）由台北新文丰出版公司出版。此系列丛书为香港敦煌吐鲁番研究中心的主要研究项目。饶宗颐希望通过近年考古出土的新资料，为司马光《资治通鉴》做些史料方面的补充，现已出版论著八种。

3 月，参加在香港大学冯平山博物馆举办"东南亚考古学术研讨会"。会上，被香港大学授予"考古研究荣誉奖"。4 月，赴台北，参加台湾中央研究院文哲所举办的"清代词学研讨会"并提出论文《清代地域性之词总集与酬唱词集》。

正月，作《摹敦煌大士像》。献岁作《逢迎佳兆》。

端阳日，于梨俱室作《风雨峡舟图》，《嬉遨升平图》。

中元节，于梨俱室作《硃描送子观音》。

9 月，与李均明合著的《敦煌汉简编年考证》与《新莽简辑证》二书由台北新文丰出版公司出版，为香港吐鲁番研究中心的主要研究项目。

11 月 10 日，潮州饶宗颐学术馆建成开放，饶宗颐赴家乡潮州参加了庆典活动。朱维铮撰写《建饶宗颐学术馆记》，刘梦芙、东篱香以及毛谷风分别作诗赞颂。

刘梦芙《谒宗颐（选堂）先生学术馆》：

四海高流一选堂，楼名天啸起鸾凤。
岂惟学术融夷夏，更富诗篇越汉唐。
冰雪声华宜比洁，珠玑翰墨永腾光。
我来万里瞻南斗，长拜阶前爇瓣香。

东篱香《瞻仰饶宗颐先生学术馆》：

山水归韩姓，文章属固庵。
对门澄碧绕，隔岸黛青涵。
自在心先悟，无量寿已参。
高岑何处仰？此地可停骖。

毛谷风《潮州饶宗颐学术馆》：

汉学谁先导？潮州饶选堂。
礼经稽甲骨，词曲探敦煌。
秀毓山川古，才令姓字香。
暮年犹矻矻，书海漫徜徉。

嘉平，于梨俱室书《栖云语录》，作《涧上双松图》。

《甲骨文通检》之三、四由香港中文大学出版社出版，饶宗颐为两书撰写前言部分，对甲骨文中卜辞天象以及其中的职官人物进行了考释。

创办的大型学术刊物《华学》创刊号在中山大学出版，该刊物由泰国华侨崇圣大学中华文化研究院、清华大学国际汉学研究所、中山大学中华文化研究中心主办，饶宗颐为创刊号撰写了《发刊辞》，全文如下：

中华文明是屹立大地上一个从未间断的文化综合体，尽管历尽沧桑，经过无数纷扰、割据、分与合相寻的历史波折，却始终保持她的连续性，像一条浩浩荡荡的长河滚滚奔流，至于今日，和早已沉淀在历史断层中的巴比仑、埃及、希腊等古老文化完全不一样。中国何以能够维持七八千年的绵延不断的历史文化，光这一点，已是耐人寻味而不容易解答的课题。

198

从洋务运动以来，国人对自己的传统文化已失去信心，外来的冲击，使得许多知识分子不惜放弃本位文化，向外追逐驰骛，久已深深动摇了国本。"知彼"的工作还没有做好，"知己"的功夫却甘自抛掷。现在，应该是返求诸己、回头是岸的时候了。

近期，国内涌起追求炎黄文化的热潮，在北京出现不少新刊物朝着这一路向，企图找回自己的文献所遗留下来的传统文化的真义。亡羊补牢，似乎尚未为晚。

我们所欲揭橥的华学趋向，有下列三个方面：一是纵的时间方面，探讨历史上重要的突出事件，寻求它的产生、衔接的先后层次，加以疏通整理。二是横的空间方面，注意不同地区的文化单元，考察其交流、传播、互相扞注的历史事实。三是在事物的交叉错综方面，找寻出它们的条理——因果关系。我一向所采用的史学方法，是重视"三点"，即掌握焦点、抓紧重点、发挥特点，尤其特别用力于关联性一层。因为唯有这样做，才能够说明问题而取得较深入的理解。Assyrian 文法上的关系名词（Relative Pronoun）有一个 "Sa" 字，具有 Whom、What 等意义，我在史学是主张关联主义的，我所采用的，可说是一种 "Sa" 字观，有如佛家的阿字观。我愿意提出这一不成熟的方法论点，来向大家求教。

泰国华侨崇圣大学创立了"中华文化研究院"，要我来挂名负责。中山大学亦成立"中华文化研究中心"，我被聘为名誉教授兼中心的名誉主任。我和李学勤先生商妥，他代表清华大学国际汉学研究所，亦参加我们这一阵营。我想，和我在香港所服务的机构建立起三角关系，结合南北、会集东西的友好，大家协力来办这一拥有新材料、新看法的，较高层次的《华学》研究刊物，希望共同垦植这一块新辟的园地，为华夏深厚的文化根苗做一点灌溉和栽培的工作，开花结果，正待我们的努力。

一九九四年

饶宗颐享誉海内外，许多学者专家以著述来表达对他的崇敬之情，褒扬他在学术、艺术方面作出的贡献。年中，韩国东方研究院《书通》通卷 46 号，发表了长文《当代硕学、名书画家选堂饶宗颐先生》，在文中详细地介绍饶宗颐的学艺历程。由郑炜明编的《论饶宗颐》分为"敦煌学"、"史学"、"楚辞学"、"词学"、"文学创作"、"艺术创作"、"综论"等七大门类进行介绍，认为饶宗颐是"当世奇人"，往后"一定会有人系统地研究他的"，表达了对他的学术、艺术地位超乎常人的感慨，认为后世之人必争相模仿或研究"饶学"。

胡晓明访问录《饶宗颐学记》完稿出版。书分五个部分，对饶教授"其人"、"与香港的因缘"、"治学规模与识见"、"治学态度与方法"和"在学术史上的影响与地位"进行了阐述，在《后记》中，胡晓明评价说：

> 与饶宗颐先生之间近四十个小时的晤谈，是此生愉快而难以忘怀的经历。饶先生温雅、和蔼的长者风度与娓娓不倦的谈锋，给我一种奇妙的享受，真是难以言宣。《礼记》中"观人以言，美于黼黻文章；听人以言，胜于钟鼓琴瑟"，或可表达我的感受于一二。

许多学者被饶宗颐的人格魅力以及学术精神所折服，他们开始相继着手对饶宗颐学术、艺术进行研究，由饶宗颐学问筑成的"饶学"这朵盛世奇葩将绽放出奇异的色彩。

被聘为深圳大学名誉教授，任北京《续修四库全书》、上海古籍出版社《全明文》编委会顾问，香港古物咨询委员会顾问委员，香港美术馆名誉顾问，香港博物馆名誉顾问，中国历史文献研究会礼学研究中心顾问。冬天，香港岭南学院授予先生荣誉人文学博士学位。

为日本创价学会会长池田大作所著《我的释尊观》中译本作《序》，先生写道：

"释尊是人类精神世界中遍照大方、有无量光辉的明灯，向来为广大人们所歌颂……由于我曾经在印度生活过一段时间，释尊说法的鹿野苑，又是我展谒流连忘返的地方，所以我才敢不自量力来饶舌。""印度原始苦行思想导源于火（agm），汉人思想基质似是导源于水，《道德经》言'水善利万物而不争'、儒家讲融洽，孔子面对时间之流，有'逝者如斯'之叹，法家谓'下令如流水之行'，货殖家讲'平准'，'水'字正训为准。释尊抛弃事火之法以求正果，中国佛家厌恶火宅，追求清凉，中古时代作为国际佛教中心的五台山竟有清凉山的别名。中印两种文化从基质上看十分悬殊，本来难以沟通，深赖佛道的中道，乃有其不谋而合之处，所以东来之后发展为大乘，取得更加弘扬光大的硕果，殊非偶然所致。"

12 月 5 日至 9 日，泰国华侨崇圣大学、泰国中华总商会、泰国潮州会馆、泰国潮属十县同乡会联合举办"饶宗颐书画展"，由郑午楼、谢慧如、郑明如、周鉴梅主持揭幕仪式，展览作品 136 件。

结识冯其庸，时有学艺上之讨论，间有书画合作。

1996 年，80 岁，在如此高龄之下，仍从事或参与学术、艺术等领域的各项活动，饶宗颐对社会奉献，成为中国学术、艺术界的荣幸。

1 月，参加穗、港、澳三家博物馆联合举办的"南海贸易二千年展览暨学术研讨会"。

2 月，为阎宗临的《中西交通史》作《序》曰：

孙子有言："知己知彼，百战不殆。不知彼而知己，一胜一负。不知彼不知己，每战必败。"此谋攻之要道，知胜之枢机也。治学之道，亦何以异是。西方之言学，其考论吾华文字史事者号曰汉学，以西方之人而热心究远东之事，盖彼欲有知于我，此学之涉于"知彼"者也。返视吾国人之有志于究心西事者，乃寥若晨星。庸或有之，留学彼邦，略涉藩篱，归国而后，弃同敝屣，多返而治汉学，稍为"知己"之谋，辄以兼通东西自诩，实则往往两无所知，其不每战不败者几希？近世学风，流弊之大，国之不振，非无故而然也。

阎宗临先生早岁留学瑞士，究心西方传教士与华交往之史事，国人治学循此途辙者殆如凤毛麟角。其所造固已出类拔萃，久为士林所推重。抗战军兴，余任教（无锡）国专，自桂林播迁蒙山，复徙北流，与先生尝共事，颇闻其绪论，心仪其人，以为如先生者，真有志于"知彼"之学者也。嗣先生回山西故里，终未能一展所学，忧悴而继以殂谢，论者深惜之。哲嗣守诚世兄顷来书谓经已勾集先生遗书刊行在即，平生著述，自此可以行世，沾溉后人，为之大喜过望。不揣固陋，略序其端，为陈"知彼"之学之重要，得先生书以启迪来学，使人知不能以"知己"为满足，而无视于"知彼"，则不免流于一胜一负。庶几欲求操胜算者，不至于南辕而北辙；则吾文之作或为不虚，亦可稍慰先生于地下也乎。

4月，由季羡林、饶宗颐、周一良联合主办的《敦煌吐鲁番研究》由北京大学出版社出版。该学报至2008年已出版十卷。

5月，"庆祝饶宗颐教授八秩华诞寿宴"在香港翠亨村茶寮举行，众多学术界人士参加宴会。香港大学单周尧教授赠寿联"寿晋八旬一代奇才苏学士，胸罗四库千秋硕望顾宁人"。单教授把饶宗颐比拟为苏东坡、顾炎武，认为他们的高尚品格是相通的。

7月，胡晓明主编的《澄心论萃》在上海文艺出版社出版，饶宗颐为该书作序，对书名"澄心"作了解释如下：

胡晓明教授应沪上文艺出版社约请，从余杂著中，录余旧日癖谈呓语，缀为一编，厥意殊可感也。来信商略书之命名，漫戏答之曰："澄心"，以余近时喜讨论秦汉简牍，李善云："崇山坠简，未议澄心。"（《上文选注表》）余之心苦未能澄，而议论浪起，拘挛补衲，终如钟嵘所讥，非由"直寻"，每自哂也。

唯心澄乃能见独，见独乃能抉是非，定去取；余非有庄言可以发聩也，又非有危言可以惊座也，更非有卮言可以漫衍娱心也；言之，但求心之所安，肆吾意之所适而已。

若乃平居兀坐，欲罄澄心，如陆机所言（《文赋》："罄澄心以凝思"），则百虑棼如，不易殚理。及其废然以止，山海罗列我前，诵陈简斋佳句："坐以一气吞"，沆瀣供养，流连景光，脱略形骸，不知老之已至。是用借兹片言，远酬高谊，感风雅之推激，欣清趣之在兹。倘因病而成妍，起妙想乎偶得，言虽无物，或亦不无少补也乎！

8 月初，赴北京出席"道家文化国际学术研讨会"，在会上作《论道教创世纪》的演讲。

8 月 18 日，广东韩山师范学院主办，潮州市教育局、文化局协办的"饶宗颐学术研讨会"在潮州召开，饶宗颐出席了会议，并在会上致辞。他说：

今天是我一生以来最感动的日子。这种情感实在难以表达，我尽量抑制自己不要激动，但感激之情如泉水般涌上心头，在座各位对我的支持和鼓励，这种感激之情，真说不清是谢意还是敬意！

我实在很渺小，我对自己的学问始终缺乏自信心，因为我觉得中国那么大，历史那么长，如何下手？是个问题。我一向认为地方史是整个历史的局部，如果先了解局部，然后再扩大起来，在整体也许较容易入手。

我年轻时喜欢地方文献，很早受我父亲的陶冶，家庭各种各样的收藏，使我对地方历史人文有深厚的感情和认识，促成我对地方史较早具备基础，我的学问是以此为起点的。

我负责主编《潮州志》是年轻时的一种尝试，那时有些老辈

203

怀疑我是否能够胜任，因为传统上这似乎都是七八十岁的人所担当的工作。我那时二十多岁，就胆大妄为挑起这项工作，在那种很不容易的情形下，也做出点小小的成绩，虽然没能全部做好，但也印出了二十册，包括地方人文、历史沿革、气候、水文、地质等等，许多人都认为在那个时期为地方志新创体例开了先河。

但我始终不敢相信自己的学问。因为学问需要通过许多朋友的切磋。我最佩服大家所敬重的老学人陈援庵先生，他每写一篇文章一定请许多人看过，所以错误较少，他在北京有许多朋友可以帮他看。

我没有这种境遇，做学问比较孤立，没有这种条件。当然，那个时候有几位老辈给我启发，但不是那种可以给我改文章纠正我的人，我没有太多的师友。所以我的文章要完全避免错误是绝不可能的。这是我一辈子最大的遗憾。

这一次提出要举行关于我的研讨会，本来我是愧不敢当的。后来考虑到这样也好，可以趁此机会请许多专家学者来为我的文章做审查，对我的不足提出指正，这是我所馨香祷祝的。在此意义上来讲，我认为研讨会是可以召开的。

刚才朱维铮教授对我的评价，我是万不敢当的。朱教授学术造诣很高，是专门研究近代思想史的权威人物，在上海和北京学术界可谓一言九鼎，许多近代史的大人物都经过朱教授的评定，而且都是很有深度的讨论，写了许多有价值和发人深省的文章，如关于章太炎和辜鸿铭的研究，许多分析都十分深入。章、辜二位都是近代史最了不起的人物，我是万不能企及的。辜鸿铭在外国得了十三个博士学位，中国人英文最好的，我个人认为，恐怕很少人能和他相比，他的德文、法文都极好。后来他回到中国，深感国学之可贵，因此抛弃西学，他是文化传统回归的早期人物。朱教授对他的批评，无论是褒是贬，辜鸿铭都是一个十分了不起的人物。

我还要提到一个人，朱教授还将我跟王国维相比？我怎能和他相比，但我比他长寿，王国维很短命，他只活了五十岁，我比他幸运些。

我很感谢朱教授为我的学术馆写碑记，文章甚好，其中两句，我是万不敢当的。我不想在这里讲，因为朱教授对我讲得太多了，我向他表示感谢！

对于其他学者的发言，我也很感激。本来还有许多话要讲，恐怕浪费大家太多的时间，我就不多讲了。

最后，我要衷心感谢陈伟南先生，没有陈先生的支持，这个学术研讨会根本不能召开。没有黄书记、秦副书记和地方干部的大力支持以及韩山师院各位正副院长、师生的承担主办，这个会也不可能如此成功，这实在是各种因缘的结合。尤其各位海内外专家应邀前来对我进行指正，这是我求之不得的事，实在非常荣幸。谨此向在座各位致以衷心感谢！

来自美国、法国、日本、荷兰、新加坡、泰国以及内地和港、澳、台等地的 80 多位学术界人士参加会议，会议收到论文 80 多篇。研讨会以饶宗颐命名，是对饶宗颐学术贡献的肯定，会后，《韩山师院学报》（1996 年第二期）出版了《饶宗颐教授学术研究专号》。饶宗颐同时被聘为韩山师范学院顾问教授、潮州画院名誉院长。

8 月 19 日，潮州市举行饶宗颐学术讨论会，他赋诗谢与会诸君：

精义从知要入神，商量肝胆极轮囷。鹅湖何必分朱陆，他日融通自有人。

称扬如分得群公，独学自忏不苟同。韩水韩山添掌故，待为邹鲁起玄风。

（潮地宋时有"海滨邹鲁"之称。）

《潮学研究》第五期出版了"饶宗颐教授八十华诞颂寿专辑"。刊载了黄挺、杜经国的《饶宗颐教授的潮州地方史研究》、蔡起贤的《饶宗颐教授的诗词学》、姜伯勤的《灵薪神火：选堂先生的诗心》等文章。

黄挺主编的《饶宗颐潮汕地方史论集》在汕头大学出版社出版，该书收录先生"潮州学"论文 61 篇，书前郭伟川作《饶宗颐教授与"潮州学"》的序言。

《中国史学上之正统论》由上海远东出版社再版，该书收入王元化主编的"学术集林丛书"，朱维铮在序言中称赞道：

> 我在复旦大学历史系承乏先师陈守实教授的中国史学讲席，迄今已逾三十年，就寡闻所及，国内近数十年专究历史观念史的论著本就稀见，而以正统论为题进行全面考察的专著更未发现。我所见而又是同行公认的力作者，唯饶先生这一部。

夏月，书《白玉蟾咏荷句》。

9 月 10 日，于梨俱室书《黄庭坚伏波神祠诗册》。

10 月 23 日至 11 月 16 日，香港大学美术博物馆举办"饶宗颐教授八十回顾展"，展品有 32 尺宽巨幅荷花，展览为期一个月，张浚生、李嘉诚、利国伟、廖烈科、郑耀宗为开幕式剪彩。

《选堂书画》由香港大学美术博物馆出版，书画集收录了饶宗颐1961 年至 1996 年间创作的书画作品 84 幅，画册首次展示其创作之最大幅荷花，长 30 尺，宽 6 尺。香港大学美术博物馆馆长刘唯迈在《序》中曰：

> 饶公治学，世所景仰。而其字画，亦遐迩驰名。际此八十高龄，香港大学举办"饶宗颐八十回展"，藉资贺寿；同时亦以其精湛书画，聚集一堂，公诸同好，实市民之福也。

饶宗颐在《小引》中说：

陈寅恪自言平生为不古不今之学，余则喜为不古不今之画，此"不古不今"四字，实出东坡称评宋子房之山水，谓其能稍出新意也。余何敢望宋氏，幸免蹈俗笔之讥，于愿足矣。

饶宗颐自述他平生喜为"不古不今"之画，也就是他所说的在传统的山水继承上稍出新意。绘画方面，先生擅山水画，不拘一法；而人物画取法"敦煌白画"之白描画法，在李龙眠、仇十洲、陈老莲诸名家之外，另辟新径。书法方面，先生植根于文字，在行草书中融入明末诸家豪纵韵趣，隶书则兼谷口、汀洲、冬心、完白之所长，自成风格。欣赏先生书画作品，我们可看出他自己所说的那种境界，追寻的幽丽之境，独抒胸臆的创作风格。

12 月，被聘为厦门大学名誉教授。

韩文版《殷代贞卜人物通考》由韩国学者孙睿彻花费十年工夫翻译而成，此年在韩国出版，全书共三册，饶宗颐为之作《韩译本〈殷代贞卜人物通考〉著者序》。

台北新文丰出版公司出版《敦煌曲续论》。本书收入饶宗颐有关敦煌曲子词研究论文 16 篇，前有小引。这是继 1971 年出版《敦煌曲》之后，在此领域的另一力作。主编的"敦煌吐鲁番研究中心丛刊之五"，张涌泉著的《敦煌俗字研究导论》由台北新文丰出版公司印行，饶宗颐为之写序言，张涌泉在后记中说道：

我有机会得到心仪已久的著名学者饶宗颐先生的教诲。当我把本书的构想向饶先生请教时，饶先生给予热情的鼓励，并慨然允诺把本书收入由他主编的"敦煌学丛刊"之中；稿成以后，饶先生不仅寄来了评议意见，又拨冗为之作序。前辈学者对后学的那种殷殷关切之情，令人感愧不已。

1987 年至 1996 年发表的论文有：

1987 年：

《淮安明墓张天师绘画》，发表于《大公报·艺林》，后以《淮安明墓出土的张天师画》收入《画𩒩》以及《饶宗颐二十世纪学术文集》；

《〈粤画萃珍〉序》，发表于香港《大公报·艺林》，后收录入《固庵文录》；

《元大德本〈永乐大典〉》，发表于香港《大公报·艺林》；

《说琴徽——答马蒙教授书》，发表于《敩学集》（香港中文大学教育学院二十周年纪念专刊），后以《说琴徽——答马顺之教授书》发表于《中国音乐学》1987 年第 3 期，总第 8 期；

《唐以前十四音的遗说考》，发表于《中华文史论丛》第一辑，后收录入 1990 年的《中印文化关系史论集·语文篇——悉昙学绪论》，1993 年 7 月的《梵学集》以及 2003 年出版的《饶宗颐二十世纪学术文集》卷五·宗教学；

《〈历代名画记〉札迻》，发表于香港《大公报·艺林》，后收录入《画𩒩》，《饶宗颐二十世纪学术文集》；

《印度波尔尼仙之围陀三声论略——四声外来说平议》，发表于香港《中国语文研究》第九期，后收录入《梵学集》；

《个山自题像赞试释》，发表于《蒋慰堂先生九秩荣庆论文集》（与严文郁合著），后收录入《画𩒩》，《饶宗颐二十世纪学术文集》；

《诸子以前〈大学〉论》发表于《香港大学中文学会会刊》，又见 1992 年《罗香林教授纪念论文集》，收录入《固庵文集》，《饶宗颐二十世纪学术文集》；

《青云谱〈个山小像〉之"新误"与饶宗朴题语》，发表于《文物》第九期，后收录入《画𩒩》，《饶宗颐二十世纪学术文集》；

《敦煌琵琶谱来龙去脉涉及的史实问题》，发表于《音乐研究》第三期；

《论小说与稗官——秦简中"稗官"及如淳称魏时谓"偶语为

稗"说》，发表于《王力先生纪念论文集》，后收录入《文辙·文学史论集》，《饶宗颐二十世纪学术文集》；

《タイの〈傜人文书〉读后记》（百田弥荣子日译），发表于《东方学》第七十三辑，中文版《泰国〈傜人文书〉读记》发表于《南方民族考古》第一期，以及1988年的《瑶族研究论集》第一期，英文版 "Some Remarks on the 'Yao Documents' found in Thailand and edited by Y. Shiratori", Proceedings of the First International Colloquium on Yao Studies, The International of Yao Studies; Department of Anthropology（CUHK），1989; published in The Yao of South China: Recent International Studies（Jacques Lemoine and Jiao Jian ed.），Paris: Pangu, Editions de l' A. F. E. Y., 1991. pp. 125－144，后收录入《饶宗颐二十世纪学术文集》卷七·中外关系史；

《畲瑶关系新证——遥岁〈傜人文书〉的〈游梅山书〉与宋代之开梅山》，发表于《畲族研究论文集》，后收录入《饶宗颐潮汕地方史论集》，《饶宗颐二十世纪学术文集》；

《楚帛书之书法艺术》，收入中华书局香港分局出版的《楚帛书》，英文版 "The Calligraphic Art of the Chu Silk Manuscript"（translated by Dorothy C. F. Wong），Orientations, Hong Kong: Orientationgs Magazine Ltd., 1987. 9, pp. 79－84;

《禅僧传綮前后前名号之解说》，发表于上海书画出版社出版的《朵云》第十五期；

先生翻译的林谦三、平出久雄著作《琵琶古谱之研究——〈天平〉、〈敦煌〉二谱试解》发表于《音乐艺术·上海音乐学院学报》第二期，后收录入《敦煌琵琶谱论文集》；

为门人黄兆汉所编的《道教研究论文集》作《序》，后收录入《固庵文录》；

《读浙江大师画随记》，发表于《论黄山诸画派文集》，后收录入《画𩵋》；

《十六至十八世纪之中国与欧洲会议主题讲辞》，收录入《固庵文录》；

为王尧、陈践编译的《吐鲁番时期占卜研究》作《序》；

《写经别录·引》收录入《固庵文录》。

1988 年：

《法京吉美博物馆（Musée Guimet）甲背（108 号）释文正误》，发表于《文史》第二十九期；

《敦煌石窟中的诫尼沙》，发表于香港《明报月刊》第 23 卷第 6 期以及 1989 年中山大学《陈寅恪先生纪念论文集》，以《谈敦煌石窟中的诫尼沙（Ganesa）》发表于广东人民出版社的《学术研究》，后收录入《画𩵋》，《饶宗颐东方学论集》，《饶宗颐二十世纪学术文集》卷十三·艺术；

《文心与阿毗昙心》，发表于《〈文心雕龙〉研究论文选粹》，后收录入《文辙·文学史论集》，以《〈文心雕龙〉与〈阿毗昙心〉》收录入《饶宗颐二十世纪学术文集》卷十一·文学；

《曾侯乙钟律与巴比伦天文学》，发表于《音乐艺术》第二期，又以《古史上天文与乐律关涉问题——论钟律与巴比伦天文学》发表于 1990 年深圳大学国学研究所编的《中国文化与中国哲学》，后书录入中华书局《楚地出土文献三种研究》，汕头大学出版的《饶宗颐东方学论集》，以《古史上天文与乐律关系之探讨——曾侯乙钟律与巴比伦天文学无关涉论》收录入《饶宗颐二十世纪学术文集》卷一·史溯；

《忍与舍》，收录入《澄心论萃》；

《鸠摩罗什通韵笺》，发表于杭州大学《敦煌语言文学论文集》，后收录入《中印文化关系史论集·语文篇——悉昙学绪论》，《梵学集》，《饶宗颐二十世纪学术文集》卷五·宗教学；

《刘萨诃事迹与瑞像图》，发表于《敦煌研究》第二期及《敦煌石窟研究国际讨论会文集·石窟考古编》，后补《附记》及《附

210

录：印度事务部图书馆藏韩文写本 C·一二一》收录入《画𩰚》，《饶宗颐东方学论集》，《饶宗颐二十世纪学术文集》；

《读文选序》，发表于吉林大学《昭明文选论文集》，后收录入《文辙·文学史论集》；

《供春壶考略》，收录入《固庵文录》；

《围陀与敦煌壁画》，后录入《画𩰚》；

《从明画论书风与画笔的关联性》，收录入《画𩰚》；

《说𠳺》，发表于《中国音乐学》，后收录入《固庵文录》；

《〈云谣集〉一些问题的检讨》，发表于《明报月刊》6月号，增订版收录入台北新文丰出版公司的《敦煌曲续论》，后收录入《饶宗颐二十世纪学术文集》卷八·敦煌学；

《轭𬨎说》，发表于《文史知识》敦煌专号，后收录入台北新文丰出版公司的《敦煌琵琶谱》，《饶宗颐二十世纪学术文集》卷八·敦煌学；

《论口丨与音乐上之"句投"（逗）》，发表于《中国音乐》第三期，后收录入台北新文丰出版公司的《敦煌琵琶谱》，《饶宗颐二十世纪学术文集》卷八·敦煌学；

《隋禅宗三祖塔砖记》，发表于香港《东方文化》第二期，后以《皖公山雨隋禅宗三祖塔砖铭》收录入香港牛津大学出版社的《文化之旅》，以《隋禅宗三祖塔砖铭》收录入《饶宗颐二十世纪学术文集》卷五·宗教学；

《四方风新义》，发表于中山大学《学报》第四期，后以《四方风新义——时空定点与乐律的起源》收录入《饶宗颐二十世纪学术文集》卷四·经术、礼乐；

《谈古代神明的性别——东母西母说》，发表于中山大学《学报》第四期，1994年台湾《中国书目季刊》第二十七卷第四期王叔岷教授八秩庆寿专号，后收录入《饶宗颐二十世纪学术文集》卷一·史溯；

《宋代潮学之韩学》发表于《韩愈研究论文集》，后收录入

《饶宗颐潮汕地方史论集》,《饶宗颐二十世纪学术文集》卷九·潮学;

Some Notes on the Pig in Early Chinese Myths & Art（teanslated by Dorothy C. F. Wong）

Orientations，Hong Kong：*Orientations Magazine Ltd*，1988. 12，中文版《红山玉器猪龙与豨韦、陈宝》发表于《辽海文物学刊》，后收录入《饶宗颐二十世纪学术文集》卷一·史溯;

《〈浣溪沙〉琵琶谱发微》，发表于《中国音乐》第四期，后收录入《敦煌琵琶谱》,《饶宗颐二十世纪学术文集》。

1989 年:

《谈甲骨文》，发表于香港中文大学中国文化研究所吴多泰中国语文研究中心《中国语文通讯》，后作为《略谈甲骨文与龟卜》第一部分，收录入《饶宗颐二十世纪学术文集》卷三·甲骨;

撰《百家唐宋诗新话》之王维、李白、杜甫等递条收录入傅庚生、傅光选编的《百家唐宋诗新话》;

《论庾信〈哀江南赋〉》，发表于《"中央研究院"第二届国际汉学会议论文集：庆祝"中央研究院"院庆六十周年》;

《未有文字以前表示"方位"与"数理关系"的玉版——含山出土玉版小论》，发表于香港中文大学中国文化研究所吴多泰中国语文研究中心《中国语文通讯》第三期，后以《凌家滩玉版——远古表示方位与数（九天）的图纹》收录入《饶宗颐二十世纪学术文集》卷一·史溯;

《唐末的皇帝、军阀与曲子词——关于唐昭宗御制的〈杨柳枝〉及敦煌所出他所写的〈菩萨蛮〉与他人的和作》，发表于香港《明报月刊》，后收录入《敦煌曲续论》,《饶宗颐二十世纪学术文集》;

《谈甲骨文（二）》发表于香港中文大学中国文化研究所吴多泰中国语文研究中心《中国语文通讯》第四期，后作为《略谈甲骨文与龟卜》第二部分，收录入《饶宗颐二十世纪学术文集》卷二·甲骨；

《由〈尚书〉"余弗子"论殷代为妇子卜命名之礼俗》，发表于北京中华书局《古文字研究》第十六辑，后收录入《饶宗颐二十世纪学术文集》卷二·甲骨；

《上记解》、《卜辞中商义》、《〈世本〉微作禑解》、《蒿宫考》、《告田说》、《说二八》、《说"零"》、《说卜古》收录入《固庵文录》，后收录入《饶宗颐二十世纪学术文集》卷十四·文录，诗词；

《畏兽画说》收录入《固庵文录》，后收录入《饶宗颐二十世纪学术文集》卷一·史溯；

《说羬羊》、《说撰、樣》收录入《固庵文录》，后收录入《饶宗颐史学论著选》，《饶宗颐东方学论集》，《饶宗颐二十世纪学术文集》卷六·史学；

《诗一名三训辨》、《诗妖说》收录入《固庵文录》，又见《艺苑掇菁：广州日报〈艺苑〉专档文选》，后收录入《饶宗颐二十世纪学术文集》卷四·经术、礼乐；

《三侯之章考》收录入《固庵文录》，后收录入《饶宗颐二十世纪学术文集》卷十二·诗词学；

《记唐写本〈俺字赞〉》收录入《固庵文录》，后收录入《饶宗颐东方学论集》，《饶宗颐二十世纪学术文集》卷八·敦煌学；

《说"诏"》收录入《固庵文录》，后收录入《饶宗颐史学论著选》，《饶宗颐东方学论集》，《饶宗颐东方学论集》，《饶宗颐二十世纪学术文集》卷七·中外关系史；

《"十六至十八世纪之中国与欧洲"》收录入《固庵文录》，后收录入《饶宗颐东方学论集》；

《〈云谣集〉的性质及其与歌筵乐舞的联系——论〈云谣集〉与〈花间集〉》，发表于香港《明报月刊》，后收录入《敦煌曲续论》，《饶宗颐二十世纪学术文集》卷八·敦煌学；

《为"唐词"进一解》，发表于香港《明报月刊》；

《宋代莅潮官师与蜀学及闽学——韩公在潮州受高度崇敬之原

因》，发表于《刘子健博士颂寿纪念宋史研究论集》，又见《潮汕文化论丛·初集》，收录入《固庵文录》，《饶宗颐潮汕地方史论集》，《饶宗颐二十世纪学术文集》卷九·潮学；

《潮州出土文物小识》，发表于香港中文大学文物馆《广东出土五代至清文物》，后收录入《饶宗颐潮汕地方史论集》；

《述唐宋人所见东汉蜀地绘的盘古的壁画》，发表于北京中央民族学院《学报》第二期；

《〈春秋左传〉中之"礼经"及重要礼论》，发表于《香港联合院三十周年纪念文集》；

《黄大痴二三事》，收录入《画颔》；

《全清词顺康卷序》，发表于南京大学学报；

应美国牟复礼教授征文撰《法门寺遗物有关几件史事》；

《郭之奇年谱》由《新亚学报》重新修订刊印。

1990 年：

《再论"□"、"·"与顿住——敦煌乐谱与姜白石旁谱》、《再谈梁幸德与敦煌琵琶谱》，发表于《敦煌琵琶谱》，后收录入《饶宗颐二十世纪学术文集》卷八·敦煌学；

《三论"□"、"·"两记号之涵义及其演变》，发表于《敦煌琵琶谱》，又见《中国音乐》1990 年第一期，后收录入《饶宗颐二十世纪学术文集》卷八·敦煌学；

《四论"□"、"·"及记谱法之传承——敦煌乐谱与西安鼓乐俗字之比较》，发表于《敦煌琵琶谱》；后收入《饶宗颐二十世纪学术文集》；

《慧琳论北凉昙无识用龟兹语说十四音》、《〈禅门悉昙章〉作者辨》，发表于香港中文大学中国文化研究所《中印文化关系史论集·语文篇——悉昙学绪论》，后收录入《梵学集》，《饶宗颐二十世纪学术文集》卷五·宗教学；

《谈甲骨文（三）——数字卦象问题》，发表于香港中文大学中国文化研究所吴多泰中国语文研究中心《中国语文通讯》第六期，后作为《说簋——甲骨文中数字卦象问题》第一部分，收录入《饶宗颐二十世纪学术文集》卷二·甲骨；

《铜鼓三题——蛙鼓、土鼓与军鼓》发表于四川科学技术出版社《南方民族考古》，后收录入《饶宗颐二十世纪学术文集》卷六·史学；

《龚贤"墨气说"与董思白之关系》，发表于上海书画出版社《朵云》，后收录入《画𩿥》，《饶宗颐二十世纪学术文集》卷十三·艺术；

《论悉昙入华之年代与河西法朗之"肆昙"说》，发表于香港中文大学中国文化研究所《中印文化关系史论集·语文篇——悉昙学绪论》，后以《论悉昙异译作"肆昙"及其入华年代》收录入《梵学集》，《饶宗颐二十世纪学术文集》卷五·宗教学；

《北方泽州慧远所述之〈悉昙章〉》，发表于香港中文大学中国文化研究所《中印文化关系史论集·语文篇——悉昙学绪论》，后收录入《梵学集》，以《北方译刊慧远所述之〈悉昙章〉》收录入《饶宗颐二十世纪学术文集》卷五·宗教学；

《甲骨文（四）》，发表于香港中文大学中国文化研究所吴多泰中国语文研究中心《中国语文通讯》第八期，后作为《说簋——甲骨文中数字卦象问题》第二部分，收录入《饶宗颐二十世纪学术文集》卷二·甲骨；

《围陀与敦煌壁画》，发表于上海汉语大词典出版社《敦煌吐鲁番研究论文集》，后收录入《画𩿥》，《饶宗颐东方学论集》，《饶宗颐二十世纪学术文集》卷十三·艺术；

《大汶口"明神"记号与后代礼制——论远古之日月崇拜》，发表于香港中华书局分局《中国文化》，后收录入《饶宗颐二十世纪学术文集》卷五·宗教学；

《书法艺术的形象性与韵律性》，发表于香港《明报学刊》第二十五卷第七期，英文版"The Formal & Rythmic Elements in Chinese Calligraphy"（translated by Dorothy C. F. Wong），

Orientations（No.21），*Hong Kong*：*Orientations Magazine Ltd*.，1990.7；pp.54－65；后收录入《饶宗颐二十世纪学术文集》卷十三·艺术，文中第一节"书法艺术的形象"后成为《书法艺术的形象——〈意惬神飞〉代序》，收录入 2006 年香港大学饶宗颐学术馆邓伟雄编的《意惬神飞·条幅》（选堂书法丛刊Ⅲ）以及香港城市文艺出版社出版的《城市文艺》2006 年第一卷第五期；

《丝绸之路引起的"文字起源"问题》，发表于香港《明报学刊》第二十五卷第九期；

《礼与乐》，发表于香港中文大学校外进修部主编商务印书馆出版的《礼：情理的表达》；

《"羊"的联想——青海彩陶、阴山岩画的⊕号与西亚原始计数工具》，发表于香港《明报学刊》第二十五卷第十一期，后以《"羊"的联想——青海彩陶、阴山、西藏岩画的⊕号与西亚原始计数工具》收录入《饶宗颐二十世纪学术文集》卷一·史溯；

《哈佛大学所藏良渚黑陶上的符号试释》，发表于《浙江学刊》，后以《续论良渚陶器及玉器上之刻画符号（附：美国所藏良渚黑陶上的符号试释)》收录入《饶宗颐二十世纪学术文集》卷一·史溯；

《敦煌琵琶谱写卷原本之考察》，发表于上海音乐学院《音乐艺术》，后收录入《敦煌琵琶谱》，《饶宗颐二十世纪学术文集》卷八·敦煌学；

《巫的新认识》，发表于郑志明编的《宗教与文化》，修订版《历史家对萨满主义应重新作反思与检讨——"巫"的新认识》发表于《中华文化的过去、现在和未来：中华书局八十周年纪念论文集》，后收录入《饶宗颐二十世纪学术文集》卷一·史溯；

《唐词再辨——谈印行〈李卫公望江南〉的旨趣和曲子词的欣赏问题》，发表于《明报月刊》第二十五卷第十二期；

《楚帛书天象再议》，发表于北京生活、读书、新知三联书店

《中国文化》，内文甲部《楚帛书象纬解》及乙部《帛书丙篇与日书合证》分别收录入《楚地出土文献三种研究》，后以《楚帛书象纬及德匿解》及《帛书丙篇与日书合证》分别收录入《饶宗颐二十世纪学术文集》卷三·简帛学；

《〈近东开辟史诗〉前言》，发表于台湾《汉学研究》第八卷第一期，后收录入先生编译的《近东开辟史诗》；

《古琴名家汇香江》，收录入香港《第十三届亚洲艺术节》一书。

1991 年：

法文版 *Le Canon des Rites et Quelques Theories Majeures du Ritualisme Suivant le Commentaire de Zuo des Annales des Print-emps et Automnes（translated by Prof. Leon Vandermeersch.）Essais sur le Ritual Ⅱ（Colloque du Centenaire；dela Section des Sciences Religieuses；de l' École Pratique des Hautes Études），Bibliothèque de l' École des Hautes Études；Section des Sciences Religieuses Vol. XCV，Paris：Peetrers，1991；*

Preface：Cosmologie et Divination Dansla Chie Ancienne-le Compendium des Cinq Agents（teaduit et annoté par Marc Kali-nowski）De École francaise d' Extrême-Orient，Vol. CLXVI，Paris" École francaise d' Extrême-Orient，1991；

《有翼太阳与古代东方文明——良渚玉器刻符与大汶口陶文的再检讨》，发表于香港《明报月刊》第二十六卷第一期，后收录入《饶宗颐二十世纪学术文集》卷一·史溯；

《关于〈斩春风〉的出典》，发表于《明报月刊》第二十六卷第二期；

《从释彦琮〈辩正论〉谈释经问题》，发表于香港《法言》第三卷第一期，后收录入《饶宗颐二十世纪学术文集》卷五·宗教学；

《后周整理乐章与宋初词学有关诸问题——由敦煌舞谱后周之

整理乐章兼论柳永《乐章集》之来历》，发表于台北中央研究院中国文哲研究所筹备处《中国文哲研究集刊》创刊号，又以《代序——敦煌与后周之整理乐章兼论柳永〈乐章集〉之来历》发表于《中国音乐》，后收录入《敦煌曲续论》，《饶宗颐二十世纪学术文集》卷十二·诗词学；

《从贾湖遗物谈先民音乐智慧的早熟》，发表于香港《明报周刊》，又见《〈古艺拾粹〉（隗芾著）代序》，后收录入《饶宗颐二十世纪学术文集》卷四·经术、礼乐；

《八大绘画构图与临济、曹洞法门》，发表于台北《故宫文物月刊》；

《从敦煌所出〈望江南〉、〈定风波〉申论曲子词之实用性》，发表于《第二届敦煌学国际研讨会论文集》（汉学研究中心丛刊论著类第二种），后收录入《敦煌曲续论》，《饶宗颐二十世纪学术文集》卷八·敦煌学；

Questions on the Origins of Writing Raised by the Silk Road, Sino-Platonic Papers（No. 26），*Philadelphia*：Department of Oriental Studies，University of Pennsylvania，USA，Sept，1991；

《四论想尔注》，收录入《老子想尔注校证》；

《屈原与经术》、《"秦世不文"辨》、《〈元典章〉与白话文》、《连珠与逻辑——文学史上中西接触误解之一例》，收录入《文辙·文学史论集》（上册），后收录入《饶宗颐二十世纪学术文集》卷十一·文学；

《陈子昂〈感遇〉诗答客问》、《谈中国诗的情景与理趣》，收录入《文辙·文学史论集》（上册），后收录入《饶宗颐二十世纪学术文集》卷十二·诗词学；

《〈阿閦婆吠陀〉第一章"三七"（teisaptās）释义》，发表于《中国文化》，后收录入《饶宗颐东方学论集》，《饶宗颐二十世纪学术文集》卷一·史溯；

为梁荣基先生编著的《词学理论综考》作《序》。

1992 年：

《八大山人禅画索隐》，发表于台北故宫博物院《故宫文物月刊》第九十七期八大山人专辑（下），后收录入《画𩕳》，《饶宗颐二十世纪学术文集》卷十三·艺术；

《大颠禅师与〈心经注〉》，发表于北京《历史文物研究》，修订版刊于《潮州艺文志》附录，后收录入《饶宗颐潮汕地方史论集》，《饶宗颐二十世纪学术文集》卷五·宗教学；

《帛书〈系辞传〉"大恒"说》发言稿，发表于《马王堆汉墓研究文集：1992 年马王堆汉墓国际学术研讨会文学》，又见《香港中文大学中国文化研究所学报》新第一期·中国文化研究所银禧纪念，后收录入《道家文化研究》第三辑马王堆帛书专号，《饶宗颐二十世纪学术文集》卷三·简帛学；

《"唐词"辨证》，发表于台北《九州学刊》，后收录入《敦煌曲续论》，以《"唐词是宋人喊出来"的吗？说"只怕春风斩断我"》收录入《文化之旅》，《饶宗颐二十世纪学术文集》卷八·敦煌学；

《敦煌词札记》，发表于台北《九州学刊》，后收录入《敦煌曲续论》，《饶宗颐二十世纪学术文集》卷八·敦煌学；

《如何进一步精读甲骨刻辞和认识"卜辞文学"》发言稿，发表于台湾国立成功大学中国文学系资讯工程研究所编的《甲骨学与资讯科技学术研讨会论文集》，又见香港中文大学《中国语文研究》第十期，后收录入《饶宗颐二十世纪学术文集》卷二·甲骨；

《山水文学之起源与谢灵运研究》，发表于温州学院《学报》哲学社会科学版第四期，又见江苏古籍出版社的《古典文学知识》以及上海学林出版社的《中国山水的艺术精神》，后收录入《饶宗颐二十世纪学术文集》卷十一·文学；

与程贞一、席道宗合写的《曾侯乙编钟时代之前与巴比伦音律和天文学的比较研究》，收录入湖北博物馆编的《曾侯乙编钟研究》；

《潮州开元寺志·序》，发表于《潮州开元寺志、潮州市佛教志》；

《沧浪诗话的诗歌理论研究·序》，发表于香港《国际潮讯》第十五期；

《西周文化发源问题——与许倬云教授书》，发表于香港中文大学《二十一世纪》第十四期；

《朱子以前大学论》，发表于《罗香林教授纪念论文集》；

《敦煌舞谱论文集·序》，发表于《舞蹈艺术》第二辑，后收录入《敦煌舞谱论文集》；

《大英博物馆藏敦煌舞谱》，发表于《舞蹈艺术》第三十九辑；

为荣新江、张广达合著的《于阗史丛考》作《序》；

为潮籍书画家陈若海《陈若海书画集》题辞。

1993 年：

《古代听声之学与"协风成乐"说溯源》，发表于《饶宗颐史学论著选》；

《西安鼓乐与全真教》，发表于《人民音乐》编辑部编的《第一届道教科仪音乐研讨会论文集》；

《柘林在海外交通史上之地位》，发表于香港潮州商会第三十八届会董会印行的《潮中杂记》（潮州善本选集之第一种影万历本郭子章），又见澳门基金会的《东西方文化交流》，汕头大学出版社的《潮学研究》第二辑，后收录入《饶宗颐潮汕地方史论集》，以《柘林与海上交通》收录入《文化之旅》，《饶宗颐二十世纪学术文集》卷八·潮学；

《晚期诗论采用佛典举例》发言稿，发表于《复旦学报（社会科学版）》1993 年第一期，后收录入《饶宗颐二十世纪学术文集》卷五·宗教学；

《马王堆〈刑德〉乙本九宫图诸神释——兼论出土文献中的颛顼与摄提》，发表于武汉考古编辑部的《江汉考古》第一期，又见北京法律出版社的《简帛研究》，后收录入《饶宗颐二十世纪学术文集》卷三·简帛学；

《唐宋八家朱熹宜占一席论》，发表于台北"中央研究院中国哲学研究所"筹备处的《国际朱子学会论文集》，后收录入《饶宗颐二十世纪学术文集》卷十一·文学；

《赋学研究的展望——在第二届国际赋学研讨会上的演讲》，发表于长春吉林人民出版社《社会科学战线》1993 年第三期，以《赋学研究的展望——第二届国际赋学会议特邀演讲》发表于香港《新亚学术集刊》第十三期·赋学专辑，收录入《饶宗颐二十世纪学术文集》卷十一·文学；

《"言路"与"戏路"》，发表于香港《信报财经月刊》第 195 期，又见《国际潮讯》第十七期，《明本潮州戏文论文集》，后收录入《文化之旅》，《饶宗颐二十世纪学术文集》卷十一·文学；

《临汝彩陶之鹭鱼画与青海之舞人图案》、《殷代器物上彩绘的"蚁结"与蛇文画》、《楚绘画四论·画筮说》、《李结〈雪溪渔社图〉及其题识有关问题研究》、《墨竹画僧方厓考》、《八大画札记——论八大以廉写画及题画》，收录入《画𩕂》，《饶宗颐二十世纪学术文集》卷十三·艺术；

《从明画论书风与画笔的关联性》，收录入《画𩕂》，《中国书法》第八期，《饶宗颐二十世纪学术文集》卷十三·艺术；

《殷上甲微作禓（傩）考》，发表于台北《民俗曲艺：中国傩戏·傩文化国际研讨会论文集》第八十四期，又见《传统文化与现代化》1993 年第六期，后收录入《饶宗颐二十世纪学术文集》卷二·甲骨；

《楚帛书与〈道原篇〉》，发表于《道家文化研究》第三辑·马王堆帛书专号；

《论楚帛书之二戁（气）与魂魄二元观念及汉初之宇宙生成论》，此发言稿发表于《楚地出土文献三种研究》，收录入《饶宗颐二十世纪学术文集》卷一·史溯；

221

《剑玏行气与汉简〈引书〉》，发表于上海《中华文史论丛》，后收录入《饶宗颐二十世纪学术文集》卷五·宗教学；

《丁公村龙山文化陶文的试读——试揭开中国四千年前古文字之谜》，发表于香港《明报月刊》第二十八卷第十期；

《谈银雀山简〈天地八风五行客主五音之居〉》，发表于《简帛研究》第一期，以《银雀山简天地八风五行客主五音之居初探》收录入《饶宗颐二十世纪学术文集》卷十三·艺术；

《从〈经呗导师集〉第一种〈帝释（天）乐人般遮琴歌呗〉联想到的若干问题》，发表于广东中华民族文化促进会的《东方文化》创刊号，后收录入《饶宗颐二十世纪学术文集》卷四·经术、礼乐；

《从浮滨遗物论其周遭史地与南海国的问题》，发表于香港博物馆编《岭南古越族文化论文集》，又见《潮州文化研究》第三、四期，后收录入《饶宗颐潮汕地方史论集》，《饶宗颐二十世纪学术文集》卷一·史溯；

《维也纳钟表博物馆》，发表于《明报月刊》8月号，后收录入《文化之旅》；

《吐鲁番·丢了头颅的艹艹（菩萨)》，发表于《明报月刊》9月号，后收录入《文化之旅》；

《关圣与盐》、《新加坡五虎祠》，发表于《明报月刊》12月号，后收录入《文化之旅》；

《皇门静室的"小学"》，发表于《明报月刊》3月号，收录入《文化之旅》，后收入《饶宗颐二十世纪学术文集》卷十四·文录·诗词；

为郑炜明《澳门与中葡关系史论丛》作《序》；

为郭伟川的《南阳集》作《序》；

为康晓峰诗文《劫余集》题签并作《序》。

1994 年：

《由牙璋略论汉土传入越南的遗物》，发表于香港中文大学中国考古艺术研究中心邓聪编《庆祝郑德坤教授从事学术活动六十周年论文集——南中国及邻近地区古文化研究》，后收录入《饶宗颐东方学论集》，《饶宗颐二十世纪学术文集》卷一·史溯（首次从牙璋提示古代中国通往东南亚之路）；

《再谈荆门太岁戈》，发表于成都《冰茧彩丝集——纪念缪钺教授九十寿辰暨从教七十年论文集》，后收录入《饶宗颐二十世纪学术文集》卷一·史溯；

《论清词在词史上之地位》，发表于1994年台北"中央研究院中国文哲研究所"筹备处《第一届词学国际研讨会论文集》，又见《中国文哲研究通讯》，后收录入《饶宗颐二十世纪学术文集》卷十二·诗词学；

《从对立角度谈魏晋南北朝文学发展的路向》，发表于台北文史哲出版社《魏晋南北朝文学论集》，以《从对立角度谈六朝文学发展的路向》收录入《文化之旅》，《饶宗颐二十世纪学术文集》卷十一·文学；

《周教授龙山陶文考释书后》，发表于《明报月刊》4月号。

为《慵石室诗钞》题签并作《序》。

1995 年：

《良渚、大汶口图文的一二考察》收录入香港大学美术博物馆出版的《东南亚考古论文集》，后收录入《饶宗颐二十世纪学术文集》卷一·史溯；

《敦煌研究业绩小结及其发展方向》，发表于《汉学研究之回顾与前瞻：新加坡国立大学中文系主办国际汉学会议论文选集》（下册·历史哲学卷）；

《殷代日祭与日书蠡测——殷礼提纲之一》，发表于中山大学出版社《华学》第一辑，后收录入《饶宗颐二十世纪学术文集》卷四·经术、礼乐；

《殷卜辞所见星象与参商、龙虎、二十八宿诸问题》，发表于《甲骨文通检·第三册：天文气象》，又见《胡厚宣先生纪念文集》，后收录入《饶宗颐二十世纪学术文集》卷二·甲骨；

《江西新淦商代遗物有关地理考证》，发表于《学术集林》，后收录入《饶宗颐二十世纪学术文集》卷二·甲骨；

《华人入暹年代史实的探索——早期中泰关系史二三事》，发表于泰国《星暹日报·艺文版》，后收录入《饶宗颐二十世纪学术文集》卷七·中外关系史；

《关于重字与平夜君问题》，发表于《文物》；

《南澳·台湾与大陆间的跳板》，发表于《潮学研究》第三期，后收录入《文化之旅》；

《法门寺二：论韩愈之排佛事件》，发表于《潮学研究》第四期，后收录入《文化之旅》；

为日本池田大作《我的释尊观》中译本作《序》；

为马楚坚《明史论集》作《明非亡于武器之后人》的序言。

1996年：

《敦煌资料与佛教文学小记》，原文为1980年北海道大学演讲稿，收录入《敦煌曲续论》，《饶宗颐二十世纪学术文集》卷八·敦煌学；

《论天水秦简中之"中鸣"、"后鸣"与古代以音律配合时刻制度》、《记建兴二十八年"松人"解除简——汉"五龙相拘绞"说》，发表于《简帛研究》第二辑；

《清代地域性之词总集与酬唱词集》，发表于台北"中央研究院中国文哲研究所"《词学研讨会论文集》，收录入《饶宗颐二十世纪学术文集》卷十二·诗词学；

《法藏敦煌曲子词四种解说》，发表于《敦煌曲续论》，后收录入《饶宗颐二十世纪学术文集》卷八·敦煌学；

《中国古代东方鸟俗的传说——兼论太皞少皞》，发表于台北《中国神话与传说学术研讨会论文集》，后收录入《饶宗颐二十世纪学术文集》卷一·史溯；

《释哟、啟、寇》，发表于《洛阳考古四十年：1992年洛阳考古学术研讨会论文集》；

《缁衣零简》，发表于《学术集林》，后收录入《饶宗颐新出土文献论证》，《饶宗颐二十世纪学术文集》卷三·简帛学；

《明代经学的发展路向及其渊源》，发表于《明代经学国际研讨会论文集》，收录入《饶宗颐二十世纪学术文集》卷四·经术、礼乐；

《论古代香药之路——郁与古熏香器》，发表于北京图书馆敦煌吐鲁番学资料中心、台北南海杂志社编《敦煌吐鲁番学研究论集》，后收录入《饶宗颐二十世纪学术文集》卷七·中外关系史；

《甲骨文研究断想——为纪念于省吾先生百年诞辰而作》，发表于《史学集刊》，后收录入《饶宗颐二十世纪学术文集》卷二·甲骨；

《谈高邮龙虬庄陶片的刻划图文》，发表于《东南文化》，后收录入《饶宗颐二十世纪学术文集》卷一·史溯；

《图诗与辞赋——马王堆新出〈大一出行图〉私见》，发表于《湖南省博物馆四十周年纪念论文集》，又见《图诗与辞赋——马王堆新出〈大一出行图〉研究》刊《新美术》，以《马王堆新出〈大一出行图〉私见》收录入《饶宗颐二十世纪学术文集》卷十三·艺术；

《中文大学文物馆藏建初四年"序宁病简"与"包山简"——论我国秦、汉解疾祷之诸神与古史人物》，发表于《华夏文明与传世藏书——中国国际汉学研讨会论文集》；

An inscription from the ancient state of Sung：Problems attending the nomenclature "T'ien Yi，T'ang"（annotated translation by Noel Barnard）；

Ancient Chinese and Southeast Asian Bronze Age Cultures（Proceedings of a conference held ai the Edith and Joy London Foundation Property，Kioloa，NSW8-12Feb，1988）Vol. 1，Taipei：SMC Publishing Inc,. 1996-97，pp. 421—440；

中文版《从宋国铜器铭辞谈殷"天乙唐"之名号》，收录入《饶宗颐二十世纪学术文集》卷二·甲骨。

永不言休
（1997—2018）

饶宗颐对学术、艺术一往情深，无论何时何地，他总能尽显永不言休的大家本色。97 香港回归，已届 81 高龄的他，投入更大的创作热情，学、艺研究硕果累累。

1997 年 1 月，在澳门大学主办之"慧能与岭南文化国际研讨会"上发表演讲《慧能及〈六祖坛经〉的一些问题》，后编入广州学术研究杂志社《六祖慧能思想研究——"慧能与岭南文化"国际学术研讨会论文集》，再收录入《饶宗颐二十世纪学术文集》卷五·宗教学；文章中先生提出四点问题：历史上到过新洲的名人；慧能的弟子；《坛经》传本问题；宗密的承袭图所展示的四川"禅系"。

饶宗颐主编、王素著的《吐鲁番出土高昌文献编年》由台北新文丰出版公司出版，该书收录了吐鲁番出土的全部高昌文献一千余件，对高昌文献进行全面的检阅和总结，饶宗颐在序言中说道：

> 从 1959 年至 1975 年，吐鲁番火焰山公社阿斯塔那村与哈拉和卓村十三次发掘出土大量文书，为过去有名之斯坦因文书、大谷文书以外，填补了巨大文献上之空白。……余主张利用出土文献补苴通鉴系年工作，王君对此深感兴趣，大力支持，惠允担任高昌编年部分，本书即其研究成果。

新春，作《白云江树图》。自书诗（扇面），题云：流水人家曳柳条，秋风曾系木兰桡。阊门暂慰它年梦，暮雨疏烟忆六朝。丁丑新春，选堂。作《春消息》，题云：雪满山中高士卧，月明林下美人来。岁在丁丑开笔写春消息图。选堂。

6 月，为刚落成深圳关山月美术馆题壁，作诗一首：

> 汉阳画童接荆关，
> 今古尽驱入笔端。
> 力健有余成宿构，
> 最宜妆点好江山。

7 月，于梨俱室赋词二首贺香港回归祖国：

临江仙

　　岭礴江盘形胜在，五洋依旧雄风，紫荆遥映木绵红。宋台咫尺近，吟啸许从容。

　　且看江山还属我，壮怀喜共衰翁。天低鹘没晚长空。中原襟带里，往事笑谈中。

9 月，出席在北京清华大学举行的"王国维国际学术研讨会"，会上作了专题演讲。主持了简帛及甲骨文电脑标准字体的订定及甲骨文文献资料库的建立。

在北京《文物》杂志创刊 500 期纪念活动中，饶宗颐题辞勉励，内容如下：

> 新文物的发掘，提供可靠的实质依据，其可贵处不仅在资料之胪列，还贵在能化零为整骤括升华，指出它在历史上涵蕴的意义。

中秋，于梨俱室作《榆城雪意图》。

作为首届北京大学哲学与文化研究所的"汤用彤讲座"主讲人，饶宗颐先后作了《梁僧祐论》、《先老学初探》、《宋学的渊源》的演讲，其演讲稿发表于北大学术讲演丛书《中国宗教思想史新页》之中。会后，会晤季羡林、周一良、任继愈。

中华书局《文史知识》第九期出版"潮汕文化专号"，他撰写了《地方史料与国史可以互补》的论文，同时，在中华书局编辑张世林的邀请下，撰写了《我与敦煌学》刊载在专门为 80 岁以上的著名学者出版的学术研究回忆录《学林春秋》一书中，文中他说：

> 我一向认为敦煌石窟所出的经卷文物，不过是历史上的补充资料，我的研究无暇对某一件资料作详细的描写比勘，因为已有许多目录摆在我们的面前，如英、法两大图书目录所收藏均有详细记录，无须重复工作。我喜欢运用贯通的文化史方法，利用它们作为辅助的史料，指出它在历史某一问题上关键性的意义，这是我的着眼点与人不同的地方。

同月，作《减字浣溪沙》词悼念著名语言学家李新魁：

> 欲接清言除梦归，
> 素书犹是惜人非。
> 梵天谁与定从违。
> 茂草无端销夏绿，
> 深灯何处认宵辉，
> 怀贤思旧一沾衣。

11 月，出席在汕头大学举行的第二届国际潮学研讨会，在会议上作《记康熙林杭学修之〈潮州府志〉》的演讲，饶宗颐演说中提到："潮人崇尚文事，已成优良传统，林杭学此志'志文'尤为典要。甚望有人为加标点，重新排印，供州人讽诵，可作《古瀛文苑》读，与陈珏之书并行。含英咀华，别开生面，扬州里之遗芬，必有好事乐意为之也。"

演讲稿发表于《潮学研究》第六期，同月，由曾宪通主编，顾廷龙题签的《饶宗颐学术研讨会论文集》由翰墨轩出版有限公司出版。

12 月，饶宗颐主编，王素、李方著的《魏晋南北朝敦煌文献编年》由新文丰出版公司出版，其中收录文物四百七十件，饶宗颐在其中作序言，并对"变复之家"有所阐释。

《文化之旅》由牛津大学出版社出版，该书在次年作为"书趣文丛第五辑"之一，由辽宁出版社再版，书中收入饶宗颐散文随笔共 38 篇，他在《小引》中云：

> 我平生喜欢写札记，零叶寸笺，涂鸦满纸，这类不修篇幅的短文，不值得留下来的弃余谈吐，多半是在时间的夹缝中被人榨出来应景，过去"文化之旅"的小品，月草一篇，即属于这一类。
>
> 记得元代文学家吴莱说过："史文如画笔，经文如化工。惟其随事而变化，则史外传心之要典，圣人时中之大权也。"我十分欣赏这几句话，他指出史和经不同的地方，圣者折衷群言，我不敢高攀。史家如画笔，只能勾勒大略，经文则精义入神，赋予新的微旨，奥妙难测。自章实斋标榜六经皆史，其流弊正在夷经为史，使人注意到外在的事状而忽略内在的深层意义，史外已没有什么可传的心了。
>
> 我这些短文，敢自诩有点"随事而变化"，抓问题偶尔亦可能会搔到痒处。我一向观世如史，保持着"超乎象外"的心态，从高处向下看，不局促于一草一木，四维空间，还有上下。这是我个人的认识论。在付印之前胡诌几句，也许不无"小中见大"的深意吧。

大寒，于梨俱室作《书王觉斯行草卷》。

饶宗颐对自己文章能够"随事而变化"，对待问题能抓住主要矛盾，这主要靠他一向观世如史，保持"超乎象外"的心态。在此附录该书札记两篇，是他"传心"之意。

文一：《金字塔外：死与蜜糖》

我的旧朋友中有一位已经谢世的日本南画大师河野秋村先生，曾向我夸耀他以九十多岁的高龄，爬上金字塔。可是他本人居住的地方却是一间全部用竹编成的房子，真是"黄冈竹楼"的活现，记得我赠给他的诗有"出墙桃自媚，穿屋笋犹鲜"二句，完全是写实。我问他：金字塔与竹楼在艺术角度上两种不同的感受，以何者为优？他没有回答。在我看来，姑且拿山水画来作譬喻，以荆浩的深岩穹谷，来比较云林的荒村野树，我则宁愿欣赏后者。

说到金字塔，完全是死的表征，代表整个埃及文化是一部《死书》（Book of the Dead），金字塔可说是死书的缩影。我亦曾经去过开罗，在渴得要死的沙漠里，不易引起拜伦式哀希腊的心情去凭吊那些七颠八倒古建筑的残骸。我只眷注着：要追问何处有神的提撕？什么才是真正的秩序和至善（即埃及人所谓 maat）？在人心的天平上，怎样取得死神（Osirius）最后公正的审判？历史不过是一片摸不清说不尽的迷梦，只有"死"所占的漫长时间才能填补它的空白。摆在我们面前帝王谷巍峨的基塔，我很想把三千丈的白发一丝丝联结起来把它围绕一周，看看孰长孰短？值得佩服的是蜿蜒的尼罗河永远替人类负担起历史上忧患的包袱，我不愿重新砌起冥想所造成的金字塔！一切的想像，只好交给苍茫的黄昏，换取来一个不自量力的对苍天的控诉。

《死书》原是一本天书，一部不易读懂的书。埃及人对于死后事情的关怀和研究，为人类文化掀开一新页。死，无疑是人类文明最重要的课题。死是不可避免的，亦不是渺茫的！一般认为死有如毒药，但闪族人却视死如蜜糖。死的知识的开垦与追求，曾经消耗过去他们无数诗人和宗教家的精力和脑汁。波斯诗人就写下了许多的名句：

那是新鲜、愉快。死呢？它亦是一种兴奋剂，或者是糖吗？——Al-Hutuy'a 的句子。

他即把死看做蜜糖。

我徘徊于丝路上，检讨一下在沙漠的心，默诵下面的句子：在这里，一个蠢夫，用自己的鞍，骑在橐驼上。

全诗只有三行，这是八世纪阿拉伯名诗人 Al-Tinimmah 的自我嘲笑，说出大漠上旅客的心声。在日夕无常风沙的干扰之下，随时可以埋骨荒外，阿拉伯的诗亦喊出几乎怀疑自己不是一个人（You even doubt I was a man）的疑问！

这些诗似乎未见有人译出；就算译出，恐怕可能引起人们的喝倒彩，因为怕死的人实在太多！在中国，儒家撇开死而不谈，偷懒地说："未知生，焉知死。"死给完全抹煞了！庄子把死生看成一条，死只是生的一条尾巴而已。死在中国人心里没有重要的地位，终以造成过于看重现实只顾眼前极端可怕的流弊。南方人最忌讳"死"与"四"的谐音，不敢面对死的挑战。人类之中，中国是最不懂什么是"死"的民族，连研究死的问题的勇气都没有，真是可笑？人的灵性差别之大就是如此！

我们不妨吟咏一下波斯、阿拉伯人在沙漠中的警句，也许别有一番滋味："一水饮人分冷暖"，甘苦自知，不用我来道破。

文二：《由 Orchid 说到兰》

新加坡最吸引人的植物，莫如 orchid 了。人们赐予她以嘉名，呼为胡姬；从这个称号看来，好像把美人的名用之于香草。可是胡姬花的特点，以色而不认香；和中国人所爱好的兰，号为"王者香"，似乎是两样不同的风格。记得庞德（Ezra Pound）的诗句有云：

Drifted…drifted Precipitate，Asking time to be rid of…Of his bewilderment；to designate His new-found orchid…

这诗最后一行，提出要 new-found 的 orchid。在什么地方才可找到如庞德所说新的兰花呢？我想不如向古人的园地中去寻觅，这样使我联想起中国古代的兰。

中国的兰花，自古以来，即被歌颂着。屈大夫说过："春兰兮

231

秋菊，长无绝兮终古。"琴操有《猗兰》，相传孔子过隐谷之中，见芗兰独茂，与众草为伍，伤其如贤者之不逢时，故作此操。梁末，会稽人丘公明，隐于九嶷山，妙工楚词，对幽兰一曲，尤为精绝。《碣石调·幽兰》一谱，即由他流传下来，旧写本现藏日本。绘画史上兰的名作，要算宋季郑所南绘的兰，现存于大阪。寥寥数笔，不着土地，充分表现他的民族意识。昭明太子云"兰之生谷，虽无人而犹芳"（《陶渊明集序》），拿兰来譬喻陶潜清高的人格。画家写兰，有时象征孤芳自赏的心情，金寿门题郑板桥的墨兰诗云："苦被春风勾引出，和葱和蒜卖街头。"暗示士不遇的感喟，这是很被人传诵的名句。

以兰花入画，未知起于何时。南宋初邓椿的画继（卷三），说到他本人曾于李骥家中，见过米芾一幅夜游颍昌西湖所作的画，"乃梅松兰菊，相因于一纸之上，交柯互叶，而不相乱"，"实旷代之奇作"。这是以兰入画的较早记录，应是一般所谓"四君子画"的前驱。（后人言四君子，取"竹"以代"松"。）南宋后期的杨无咎（补之）、赵孟坚（子固），画兰都是能手。赵氏写有兰谱卷，说道：

愚向学补笔法，数载后，承友人携至花光兰蕙各一本，并藏之久矣。每临窗挥写，日不暇食。然蕙一干七八头，兰一木一花，有秋兰亦类蕙五七花者。

如其所言，墨兰的画法，可追溯至北宋的花光和尚。花光即以写墨梅著名的仲仁。他和黄山谷是极好的朋友。山谷集中有花光为其作梅七言排律。花光把兰与蕙分为二种，似乎和山谷的见解不无关系。山谷写过"兰说"一篇，文云：

兰生深山丛薄之中，不为无人而不芳。含香体洁，平居与萧艾同生而不殊，清风过之，其香蔼然，在室满室，在堂满堂，所谓含章以时发者也。然兰蕙之才德不同，兰似君子，蕙似士夫，概山林中，十蕙而一兰也。……至其发华，一干一华而香有余者兰，一干五七华而香不足者蕙也。

232

分别一干而一花者兰，一干而五七花者为蕙，与赵子固所述花光的兰蕙，如出一辙。

　　《离骚》言"滋兰九畹，树蕙百亩"；司马相如《子虚赋》曰"蕙圃衡兰"，将兰蕙分开。蕙是薰草，为唇形植物。颜师古注谓："兰即泽兰"，乃属菊科。诗溱洧："士与女，方秉蕑兮。"蕑即是兰。楚辞的兰，注家多以泽兰说之，如谢翱的楚辞芳草谱，即其一例。山谷兰说亦引楚辞为证，朱子独非之，著其说于楚辞辨正，略谓：

　　本草所言之兰，虽未之识，然亦云似泽兰，今处处有之。蕙则自为零陵香，尤不难识。其与人家所种，叶类茅而花有两种如黄说者，皆不相似。……其非古人所指甚明，但不知自何时而误耳。

　　诗经的兰，楚辞的兰，都指泽兰，乃属于菊科之兰草，即Hemp Agrimony，其香在茎叶，故可纫而佩之，今之春兰，香在花而不能佩。山谷所指及花光所写之兰，则是春兰，原属兰科，二者鳌然大有分别。

　　兰的地位，被人抬高，和屈原似有深切关系，宋人开始写兰，亦与宋时楚辞学的发展不无因缘，吴仁杰著《离骚草木疏》一书，即隐寓薰莸异臭之旨。仁杰为淳熙进士，朱子之门人。朱子注离骚，同属此时，二人的用心略同。惟仁杰书仍采山谷之说，对于兰之为泽兰异于春兰，仍未能深辨。

　　兰谱之书，《群芳谱》所引，不一而足，此外王寅《兰谱论》写叶之法，须合刚柔，陈逵《墨兰谱》，旧说有凤眼螳肚诸名色，文人墨戏，宁拘成法。清季许霁楼著《兰蕙同心录》，举常州屠氏（用宁）有《兰蕙经》，余姚黄氏有《兰蕙谱》等书，余皆未见过。许氏之书，详其品目，皆属春兰。又备述种兰养花经验，更为难得，惟题曰《楚骚遗韵》，仍蹈前人之习。自花光和尚以后，画家写春兰，而题以离骚纫兰和香草，把兰科的春兰与菊科的泽兰，误混在一起。可谓不辨菽麦。如果有人图绘星洲的 Orchid 而题上滋兰九畹一类诗句，岂不笑破肚皮。春兰之认作泽兰，习俗积非，至今不改，虽有朱子纠正于前，李时珍指摘于后，至吴其濬亦把这一问题，交代得很清楚。可是写兰的人仍然不去理会，岂非艺术与求真二事完全脱节，这是需要再行澄清一下。写兰和写竹，已成为中国画的一个重要传统，大家已惯写春兰，在艺术本身自有它的独立价值，可是题句，似乎不妨加以斟酌呢。

饶宗颐为《季羡林传》作序，序曰：

　　从我肤浅的考虑，常见的学问家，可能有下面几种类型：一是才士型，一是辩士型，还有探险家型，或者是会计师型……我所认识的季先生，很难说是上面的哪一类型。他是一位笃实敦厚、人们乐于亲近的博大长者，摇起笔来即娓娓动听，光华四射。他具有褒衣博带、从容不迫的齐鲁风格和涵盖气象，从来不矜奇，不炫博，脚踏实地，做起学问来，一定要"竭泽而渔"，这四个字正好表现他上下求索的精神，如果用来作为度人的金针，亦是再好没有的。

　　要能够竭泽而渔，必须具备许多条件：第一要有超越的语文条件，第二是多彩多姿的丰富生活经验，第三是能拥有或有机会使用的实物和图籍、各种参考资料。这样不是任何一个人可以随便做到的，而季老皆具备之；故能无一物不知，复一物不苟，为一般人所望尘莫及。

　　"竭泽而渔"的方针，借《易·坤卦》的文字来取譬：真是"括囊、无咎、无誉"，又是"厚德载物"的充分表征。多年以来，季老领导下的多种重要学术工作，既博综，又缜密，放出异彩，完全是"海涵地负"的具体表现；为中华学术的奠基工程做人人称赏的不可磨灭的劳绩。有目共睹，不待我来多所置喙。这本传记的刊行，对于从学者的鼓舞，从而带起严正、向上的学风，一定会"不胫而走"，是可以断言的。

与季羡林，王元化，李学勤，汤一介出任《姜亮夫全集》学术顾问。

被香港艺术发展局授予第一届终身艺术成就奖。

为中山大学题写"郁文堂"并作关于"郁文堂"中"郁"字的题记。

是年，认识杨善深①，杨老于 1970 年在香港创立春风画会，桃李满门，晚年他与饶宗颐交往甚多。

1998 年，初春，于梨俱室作《秋山亭子图》。

1 月，访问纽西兰南岛。

3 月，《文化之旅》作为"书趣文丛第五辑"之一，由辽宁教育出版社出版。是书收入饶宗颐散文、随笔 38 篇，书前有其（1996 年）所作的《小引》。

献岁，作《黄鹤楼图》。

同月，为上海辞书出版社的《词与画·唐宋词三百首》题签并作序文，又为其中李珣的《巫山一段云》（古庙依青嶂）、柳永的《雨霖铃》（寒蝉凄切）、苏轼的《卜算子》（缺月挂疏桐）、朱敦儒的《好事近》（摇首出红）以及吴文英的《唐多令》（何处合成愁）配画，将词作作为书画的题材，表达词中的"词意"，作为心理"词余"、"书余"的一种补偿。饶宗颐在《序》中说：

> 以词作为画的题材的，称为词意。其事宋人已有之。……词与画本质上有共通点，即是一个"秀"字。王国维谓"温词句秀，韦庄骨秀，李重光神秀"，以秀字来论词，甚有见地，而中国传统绘画，亦以秀见长。这就为二者的交流互补提供了条件，奠定了基础。

---

① 杨善深（1913—2004），广东赤溪人。少年开始习画，21 岁在香港认识高剑父，受其鼓励，到日本深造，四十年代曾居澳门，期间与高剑父、冯康侯等共组协社，从事艺术研究，1970 年在香港创立春风画会，桃李满门。

任何一种艺术家，时常会选取他自己范围以外的材料，来作为表现的媒介，如是方才感到新颖可喜而满足。"诗余"变为"画余"或"书余"，这都是一种心理补偿，而且这种补偿又延伸到了现代。

早在 1973 年，曾作《诗意与词意——以词入画》一文，阐释了以词作为画的题材的"词意"，此文后来收录入《澄心论萃》，其中说到：

> 以词作为画的题材的，称曰"词意"。其事宋人已有之，楼钥《攻愧集》卷七十称孙浩然的"一带江山如画，风物向秋潇洒"一词。王诜尝画此《离亭燕》词意，作《江秋晚图》。此词他处作李昇，一作李升（《全宋词》页一一一）。"词意"二字，始见于此。后来画家用"词意"二字作画材的，有沈周《渔家傲词意图》，《柳梢青词意图》（《式古》卷二五）。清钱载写墨兰题云：《玉田词意》（《故宫目》五，页五六九。）清余集有《落花人独立，微雨燕双飞词意轴》（《瓯钵》3/15）。……明人善画古人词意，如董玄宰画太白词《平林漠漠烟如织，寒山一带伤心碧》（《大观录》一九）及写宋人词册王半山词十一首（《续梨》六），都是重要的例子。

从词画关系来讲，他与古人"若合一契"，以画证词，以词入画，使词与画相得益彰，所谓虽世殊事异，然兴怀其致一也。

为陈历明《明清实录潮州事辑》一书作序。

4 月，参观上海、苏州、杭州、南京各地博物馆。

5 月 5 日至 9 日，出席在北京大学中国传统文化研究中心主办的"汉学研究国际会议"，在开幕式上致词并发表论文《贞的哲学》。

6 月，荣获香港海外文学艺术家协会主办的"中华文学艺术金龙奖"的"当代国学大师"荣誉。

长夏，于梨俱室书《丁佛言金文七言联》题记："选堂挥汗作大篆。"

7月，为西藏拉萨孔夫子医院题辞："健康是人民的财富，人民是国家的生命"，立于医院大堂之中。

8月，奔赴河南，出席了在孟州举行的"韩愈国际研讨会"，在会上作演讲，会后，游韩园、孟津和三门峡市，并为韩愈墓题写"湘子故园"。

9月，参加在香港举行的纪念孔子诞辰大会，并主持了祭孔仪式。

10月，出席四川大学徐中舒百岁诞辰纪念会，访问了四川博物馆以及三星堆博物馆。

11月，参加了"澳门与中国文化"的学术研讨会，在会议上作《曹宪与文选学》的演讲。同月，出席了香港中文大学中国文化研究所主办的"东亚玉器国际研讨会"，在会上提交论文《中国玉文化研究的二三问题》；在中国饮食文化基金会主办的"第五届中国饮食文化学术研讨会"上作《从出土资料谈古代养生与服食之道》的演讲。

12月，应邀出席在广东博罗召开的第二届"国际道教学术研讨会"，作《罗浮山道教与香港的学术渊源》的演讲。同月，参加在香港召开的"中华炎黄文化与二十一世纪国际学术研讨会"，在会上作了《从出土资料追踪先代耆老的"重言"——儒、道学脉试论》的演讲。

《符号·初文与字母——汉字树》由香港商务印书馆出版，引起国际汉学界的高度重视，美国曾有大学为此书召开研讨会。此书于2000年在上海书店出版社重印，2003年又由小早川三郎翻译成日文版《汉字树：古代文明と汉字の起源》在东京株式会社アルヒーフ出版，这是一部用30年工夫炼成的跨世纪著作。饶宗颐在书中审视与利用了海内外有关陶符、图形文的考古发现，说明文学起源的多元化及地区分布的交互关系。

广州中山图书馆（原广雅书局）有陶濬宣所撰一副楹联，因年代久远遗失上联，仅存下联："天开东壁，聚丹黄满架，此中有百宋千元。"应馆长请求，特补撰上联："地近南园，会诗酒高朋，是能读三坟五典。"上下联终于合璧，了却该馆之憾事。为支持泰国潮安同乡会的文化建设，为该会新建成的"藏书楼"题写匾额。

是年，黎雄才①与饶宗颐合作《溪山晚兴》，黎老题："宗颐老以此帧属余合画，聊补数笔以应之。九十四岁老叟雄才于广州。"

1999 年，开春，于梨俱室作《荷叶观音图》。

正月，作《如来图》，《雨盖碧弥天及对联》，《十二尺荷花巨幅及六呎对联》。

孟陬，于梨俱室书《殷契杂册》。

1 月，主持了在香港中华文化促进中心举行的"唐代的交际礼仪"敦煌文化讲座。此次会议邀请北京理工大学社会学系赵和平教授作为主讲人，饶宗颐主持会议并致辞，他认为中国的礼仪与众不同之处是将法律包括在内，对社会秩序的完整性起到很好的作用。

为即将出版的《饶宗颐二十世纪学术文集》作了前言，他谈到：

> 二十世纪为中国学术史之飞跃时代，亦为返哺时代。何以言之？飞跃者，谓地下出土文物之富及纸上与田野调查史料之大量增加。由于考古学之推进，可徵信而无文献纪录之历史年代，已可增至七八千之年之久。返哺者，谓经典旧书古写本之重籀，奇字奥旨，新义纷披，开前古未有之局。

> 余之生，值 1917 年，实为王静安考证殷代先公先王之年。洹水甲骨之面世，至于今岁 1999 年，恰当期颐大齐之数，而余年且八十有五矣。当代学术之显学，以甲骨、简帛、敦煌研究三者成就最高，收获丰富，影响至为深远，余皆有幸参预其事。他若《楚辞》与楚学之恢弘、滋大，而垂绝复兴之赋学与文选学，余皆曾致力，不无推动之绩。至余所开拓之新业，如潮学，比较史前文字学与悉昙之学，则亦薄著微劳。本书为诸论文之结集，所以

---

① 黎雄才（1910—2002），广东高要人。少年时拜高剑父为师，入春睡画院习画。曾学素描，于日本东京美术学院攻读日本画科。回国后先后任教于国立艺术专科学校、广州市立艺术专科学校。1978 年出任广州美术学院副院长兼国画系主任，后为该院顾问。

命名为"饶宗颐二十世纪学术文集"者，即以本世纪之新资料新路向为研究主要对象，盖纪其实也。

为迎接 21 世纪之来临，新写本之不断出土，近时郭店楚简，对于学术界之震撼，即其著例，故将另有新境界之展开，新校雠学之诞生，更有助于此一新事业。古典重温，新义滋起，或可能导致未来之文艺复兴，谨拭目以俟之。

本集所采，以单篇论文为主，依类相从，以便寻检。相当于一部巨型之《选堂集林》。属于新资料之专著，间亦作为附录。其旧著有因新资料而加修订，藉此次刊布，谨求教于方闻之士。

4 月，人民日报和中国青少年发展基金会在上海召开的"中华古诗文经典诵读工程"座谈会，饶宗颐致信大会，寄语推进诵读工程。内文：

古代的国立音乐机构（大司乐）教养国家子弟，即采用"讽诵言语"的办法，注家说，"信文曰讽"，"文"当然指文学作品。信即是背。讽如小儿背书，诵则使之抑扬顿挫，以声音调节之增加吟咏的音乐性。可见背诵是很古老的传统教学法。现在中国青少年发展基金会发起"中华古诗文经典诵读工程"，并配合音乐加以演出，完全符合古代大司乐培养儿童"乐语"的精神，古为今用，更加推进，是值得提倡的。

5 月，接受《中国书法》主编刘正成的访问，谈古文字与书法，在访问中饶宗颐指出书法不仅是视觉艺术，而是一个人的精神表现。这个观点，他不止一次提出。在《选堂清谈录》中"艺术是个人精神之总表现"专门谈到："书法是人的一种修养，什么样的人写出什么样的书法，书法是人的性格、学养、世界观的综合表现。"他指出中国书法是一种在全世界来说都很独特的艺术形式，中国书法同中国文学乃至中国文化都有相当密切的联系。中国书法不但要保存，而且应该不断发展。

在南京大学名誉教授就职仪式上，作了《绘画艺术与佛教的因缘——明清之际禅画的南传与海外文化交流》的演讲；在香港大学与南京大学联合主办的"中国传统文化与现代社会"论坛上作《传统文化中"人"的因素》的演讲。

同月，借清代学生献给老师王士禛的名联，祝季羡林教授米寿："天下文章莫大是，一时贤士皆从游。"

6月，赴北京，分别在清华大学、北京大学、首都师范大学等院校作了演讲。在清华大学"汉字应用与传播国际研讨会"上，作了《谈类——中国人"造"字与"解"字的智慧》的讲演；在北京大学作了《贾谊〈鹏鸟赋〉及其"人学"》的讲演；在首都师范大学名誉教授就职仪式上，则作了《古史之二元说》的讲演。

到台北出席台湾中央研究院主办的第三届国际汉学会议，作《贾湖刻符初探》的演讲。

夏日，于梨俱室作《摹元黄公望〈富春山居图〉》，题云：

> 平生嗜富春山居图，考证临写，颇耗日力。此为吴家烬余物。其剩山图一角，在吴湖帆许，铃印七八，恨其有损原迹。图现藏浙江博物馆，余屡过杭州，必索观摩挲，历四度矣，友人曹锦炎兄嗤为黄迷。近顷闲居，眼瞀涂抹片段，补绘剩山以成完卷。间有增减，非尽旧观，但冀于兹略窥古人神理，非同金城辈之寸步不敢踰越也。世乏知音，幸无巧取豪夺之人，不免沾沾自喜耳。己卯夏日，选堂记。

又作：《诸葛孔明像》，《摹北魏——明诸家白描六骏卷》。

7月，再次赴台湾出席台湾中央研究院文哲研究所筹备处咨询委员会会议。同月，为黄挺、马明达编写的《潮汕金石文征》一书作序并题签，对潮汕金石碑刻的著述历史渊源进行了阐述，并认为《潮汕金石文征》此书"浩博无涯涘"，"必可补其缺漏"，对其作出了高度的评价。

8 月，《澄心选萃——饶宗颐的艺术》书画集作为国庆 50 周年献礼发行，该书由中国健康工程引发基金会出版，基金会主席梁沛锦作《饶宗颐教授〈澄心选萃〉书画展画册献词》。卷首为饶教授澄心画展自题诗二首，内容如下：

> 已知不了可通神，悟到菩提只近邻。
> 画笔狂来如发弩，旧山万仞梦中亲。

> 自画自书不合时，春风着物竞含姿。
> 飘然欲置青霄外，坐对苍茫自咏诗。

出席香港中文大学新亚书院主办的"中国文化检讨与前瞻"学术研讨会，在会上作《从出土文献谈古代乐教》的演讲。

8 月 22 日，自郑州返港，遭飓风停泊长沙，滞留黄花机场二日，口占诗四首：

> 无端五度到长沙，前路云山不见家；未信骤风真作祟，初秋今夜宿黄花。
> 花园才见卜来艰，信是人间行路难；且占明朝归去也，满天风雨小楼寒。
> 覆地翻天有死亡，传来恶耗太荒唐；招魂飓母惊伯有，直到机场作道场。
> 阳错阴差是此行，山颠海沸阻归程；百年祸福时相倚，掷笔还须问贾生。

9 月 3 日至 11 月 7 日，香港美术馆举办"澄心选萃——饶宗颐的艺术"书画展，共展出 40 件书画精品，包括书法、山水、花鸟及人物。从展出品中可以领会先生通过巨幅小构，来表现其笔精墨妙的造诣以及空灵淋漓的才情。曾柱昭为之作《澄心选萃》前言一文。

台北新文丰出版公司影印出版明朝万历辛巳（1581）刻本潮州李东月编撰的《新刻增补全像乡谈〈荔镜记〉》（藏奥地利国家出版馆），先生为该书赋词《减字木兰花》：

> 吴头楚尾。咫尺泉潮通一水。也似《金钗》，连柳和腔唱自佳。　传来院本，风月棚前工说诨。镜里风流，分得人间一段愁。

秋仲，于梨俱室作《谿山清远图》。

10 月，作为香港特别行政区代表参加国庆 50 周年观礼活动。同月，出席了在家乡韩山师范学院召开的第三届国际潮学研讨会。在会议上提交了《论元祥迈注〈韩文公别传〉》的论文，同时作"关于建立潮州学"的演讲，其观点如下：

> 我在 1993 年开始提倡潮学研究，是由于个人认为国家的历史研究应该从地区性做起。外国历史学家也一样，他们什么题目都研究完了，所以都从地区的、个别的，甚至一个建筑物都可作为一个博士论文的题目，对于我们也一样。我们的国家更广大、历史更悠久，假如不从地区做起，就没有办法写成比较可靠而且可以传之永久的全国性历史。通史实际上都是很"普通"的，碰到一个"专题"，往往都会出毛病，从微观的方法看，应该从地区做起。这是我提倡潮学的理由。

10 月 14 日至 19 日，武汉大学举办郭店楚简国际学术研讨会于珞珈山被推为大会名誉主席，提交论文：《涓子〈琴心〉考——由郭店雅琴谈老子门人的琴学》。先生会晤出席会议的任继愈、庞朴、陈国灿、郭齐勇等学人，后作《水龙吟》词二首：

自无创见惊人，休论故纸争雄处。穷泉启梼，苍天雨粟，兴会标举。黄鹄依然，朱鬶宾至，八方译语。看滔滔江汉，煌煌勋业，驰玉轪、逐鸾驭。

　　树复青青如此，笑游踪、宛如飘絮。天涯尊酒，故人高蹈，心期同许。风雨重阳，黄花对客，清吟箕踞。且忘机白首，明朝翠霭，又征骖去。

同月，获聘为武汉大学名誉教授。

11 月，《饶宗颐东方学论集》(20 世纪潮人文化萃英) 由汕头大学出版社出版，该书由黄赞发、陈梓权主编，收录了饶宗颐 44 篇学术论文以及《佛国集》、《峇厘岛杂咏》等诗歌选集，他为该书作了《自序》。

9 月 3 日至 11 月 7 日，澳门教科文中心展览厅举办"清凉世界——饶宗颐书画展"，并由澳门基金会出版《清凉世界——饶宗颐书画》书画集，画集收录了饶宗颐的作品"荷花"36 幅，"山水花鸟人物"24 幅，扇额、对联 12 幅，罗忼烈为画集作《序》，卷首之处，先生赋词《一剪梅·清凉世界画集》一首：

　　荷叶田田水底天。看惯桑田。洗却尘缘。肯随浓艳共争妍。风也翛然，雨也恬然。　　雨过风生动水莲。笔下云烟。花外神仙。画中寻梦总无边。摊破云笺，题破涛笺。

同月，参加金山中学图书馆落成揭幕仪式，并即席挥毫北宋刘允诗："惆怅昌黎去不还，小亭牢落古松间。月明夜静神游处，三十二峰江上山。"

12 月，饶宗颐韵文、骈文创作合集《清晖集》由深圳海天出版社出版。该集共收诗词作品 1362 首，其中诗 1081 首，词 281 首。其诗歌部分，增补了《集外诗》共 7 首；又《苞俊集》中增补了 1993 年以来的诗作 18 首。截至 2010 年底止，他共创作诗词 1415 首。季羡林为

《清晖集》作序，序中云：

北大校友薛亮先生来函转达选堂先生之意，邀予为其新著《清晖集》作序。乍闻之下，顿感觳觫难安。选堂先生才高八斗，学富五车。邀予小子，曷敢佛头著粪！继思选堂先生之意不可违，薛亮先生之情不可却，而个人对当今诗歌创作颇多外道腹诽，如骨鲠在喉，何不借端一吐为快耶？

窃以为中国诗歌创作已有两千余年之历史，其间云蒸霞蔚，名家辈出，为中国，为世界之诗坛增无量之光辉。然而内容与形式之矛盾至今未解，且有日益发展之势。其故焉在？盖大千万象变动不居，宛如逝水，不舍昼夜。诗人之思想感情亦文必随之而变，此可谓之为内容。欲将内容表而出之，必乞灵于文字，此可谓之为形式。然而内容之变速，而形式之变迟。矛盾产生之根源即在于此。论者有瓶酒之喻，所谓新瓶装旧酒或旧瓶装新酒者，即此是也。

五四运动以来，白话诗兴。美林平生不为诗，白话诗之成与败，得与失，实不敢赞一辞。然而，既称之为诗，必有诗之形式。今之为诗者，实为散文，而必称之为诗，且侈谈理论，滔滔如悬河泻水，意气昂然。以外道如不佞者视之，诚属方凿圆枘，又如丈二和尚，摸不着头脑。内容与形式之矛盾，登峰造极矣。闻亦有从事旧体诗词之创作者，又多不识平仄，无论诗韵，致为新派所诟病。

选堂先生读万卷书，行万里路，世界五洲已历其四；华夏九州已历其七；神州五岳已登其四。先生又为性情中人，有感于怀，必发之为诗词，以最纯正之古典形式，表最真挚之今人感情，水乳交融，天衣无缝，先生自谓欲为诗人开拓境界，一新天下耳目，能臻此境界者，并世实无第二人。谨以高山仰止之心情，粗述个人之感想如上。选堂先生必有以教我。是为序。

小寒，于梨俱室作《秋风春雨》（画联）。

被香港公开大学授予荣誉人文科学博士学位。

主编的《甲骨文通检》（第五册：《田猎》）由香港中文大学出版，《悉昙经传——赵宦光及其〈悉昙经传〉》由台北新文丰出版公司出版，《近东开辟史诗》亦由辽宁教育出版社再版印行。应邀为南澳宋井风景区题"海宇胸怀"匾额。

2000 年，除夕，于梨俱室作《金绘水仙图》，题云：

> 世谓水仙为俗外人，凌波微步，无半点尘垢，此幽岩所苗，冰肌玉骨，以之入画，谁曰不宜。庚辰除夕，选堂。

人日前一夕，于梨俱室作《书瘗鹤铭》。

3 月，应聘为北京大学古代文明研究中心顾问、北京大学客座教授。在就职仪式上，作了《殷代地理疑义举例——古史地域的一些问题和初步诠释》的讲演。在北京商务印书馆《中国学术》与《读书》杂志联合主办的"中国学术讲坛"上作《我所认识的汉学家》的演讲。

同月，《符号·初文与字母——汉字树》由上海书店出版社简体字版初版，日本版于 5 月份初版。姜伯勤发表论文《选堂先生新世纪著作的心声——读〈符号·初文与字母——汉字树〉》，文中对该书作出高度评价，并认为此书是饶宗颐"二十一世纪文集的先声"。在《选堂清谈录》关于"汉字树"的对话中，我们可以窥探该书出版的重要意义：

> **访者**：您的新著《符号·初文与字母——汉字树》，未收入《学术文集》，但这颗"大树"，可称为您新世纪著作的先声。
>
> **选堂**：该书 1998 年由香港商务印书馆出版，因日译本出版原因，而未收入我的文集。
>
> **访者**：这恰好可以看作跨世纪的学术创造。这部花了您 30 多

年工夫的著作，众多学者赞叹它是世界性学术的成果。

选堂：外国人把我们的"树"放在印度"树"之下，我在印度读梨俱，还专门学习世界文字，我用许多事实去驳，通过出土的陶器符号去验证，最后把事情给扳了回来。

访者：通过《汉字树》的路径，我们可以直探中国传统文化的堂奥，为人类文明作出更大贡献。

选堂：我希望再发掘，特别是地下的发掘。

访者：您说的"字母型符号"是《汉字树》中的创说。形与声、文与语相分离构成了汉字的特点，文字一字一音，形文与声文构成对称之美，这就是汉字的突出优点。其他人是用发音字母去考究，而您引证了符号，这是一个突破创新。

选堂：中国这么大，只使用一种文字，几千年不变，中国文字是伟大的。我学了这么多文字才知道中国文字的了不起。秦始皇在这一点上也是伟大的，不然都西化了，都是拉丁语。大家误以为拉丁文很好，但我们若真的用拼音字母表达，西方就看不起你，有了自己的文字，我们才能独立。

5月4日，访宝镜湾岩画，作诗二首：

> 夹道蕉林迓远人，参天可壁尚嶙峋；长桥千里通南北，大地云山一片春。
>
> 归路烟波摇混茫，飞蜡天际闪孤光；千年岩画谁疏凿，又欲回车问夕阳。

同月，出席由香港中文大学中文系和北京大学中文系联合主办的"屈原研究国际研讨会"，在会上作《重读〈离骚〉——谈〈离骚〉中的关键词"灵"》的主题演讲。

出席香港中文大学和法兰西远东学院联合主办的"宗教与社会：研究领域的转变、启迪与中国文化"国际研讨会，在会上发表《殷代的宗教》的演讲。

收录主讲北京大学汤用彤学术讲座的演讲辞《先老学初探》、《梁僧祐论》、《宋学的渊源》及相关论文编成《中国宗教思想史新目》一书，本书收入北京大学学术讲演丛书。同时，《敦煌吐鲁番本文选》由中华书局出版；中华书局第四期《书品》中的"学者耆宿"详细地介绍了饶宗颐的生平及其著述。

5月，于梨俱室摹金王庭筠《古木竹石》，题云：

余于一九五四年初莅京都，至有邻馆，睹其所藏，至今记忆犹新。老迈之年，手临一遍，若有鬼神助吾指臂，附记数语，时庚辰浦月，选堂八十有四。

6月，因多年致力于研究中国文化，成就辉煌，贡献特大，荣获香港特区政府颁授的"大紫荆勋章"。

夏日，作《书兰亭序》。

端午，于梨俱室作《自书学书经过附梨俱室兀坐图》，题云：

余髫龄习书，从大字麻姑仙坛入手。父执蔡梦香先生，命参学魏碑。于张猛龙爨龙颜写数十遍，故略窥北碑途径。欧阳率更尤所酷嗜。复学锺王。中岁在法京见唐拓化度寺、温泉铭、金刚经诸本，弥有所悟。枕馈既久，故于敦煌书法，妄有着论，所得至浅。尝谓自大篆演为今隶，两汉碑碣，实其桥梁。近百年来地不爱宝，简册真迹，能发人神智。清世以碑帖为二学，应合此为三，已成鼎足之局。治书学者，可不措意乎？以上五种皆为日课，合为一辑。书之体态繁赜，须事临摹，以增益多师，而骨力必由己出。略记学书经过于末，求教于大雅君子。时苍龙庚辰端午，选堂书于梨俱室。

梨俱室兀坐图。丙戌选堂。

《大汕离六堂集》由台北新文丰出版公司出版，该书由岭南长寿释大汕厂翁氏撰。此集本或清初康熙年间刊刻，有图序26篇、序16篇，共12卷。今由饶教授推荐，台北新文丰出版公司影印，书前有饶教授所撰的《重印〈离六堂集〉小引》。此书又附难得一见的《离六堂近稿》1卷，有诗115首、赋一篇；《离六堂二集》3卷、《潮行近草》3卷等，为一研究大汕和尚极为珍贵的本子。据饶教授《小引》所言，大汕尚有《燕游草》及《绘室词》等著作未收入此集，有待日后再补入。

7月，为庆祝敦煌百年纪念，由香港大学、香港中华文化促进中心联合主办的"敦煌学国际学术会议"在香港举行，任大会主席。会后，赴甘肃，参加由国家文物局、敦煌研究院和甘肃省人民政府联合主办在敦煌召开的"敦煌藏经洞发现100年纪念大会"。会上，饶宗颐被授予"敦煌文物保护、研究特别贡献奖"。他为敦煌学百年盛会赋诗：老去弥知考信艰，重鳌待问三危山，百年事业藏经洞，光焰长留天地间。

大暑，于梨俱室作《怀素书蕉园》。

8月19日，出席北京大学古代文明中心与美国达慕思大学联办的"新出简帛国际学术会议"，会中发言指出马王堆帛书《式法》应该属于阴阳五行家。论文随后发表于北大的《古代文明研究通讯》。

9月，由饶宗颐讲述、胡晓明、李瑞明整理的《饶宗颐学述》（当代人文社会科学名家学述丛书）一书由浙江人民出版社出版。在卷首《整理者说明》中，李瑞明简介此书：

公出身书香世家，幼熏文史坟籍；《优昙》诗名于少年，宿老竞和以为奇。承父愿而志修，受友托以庠授。楚地疑古，依其发微；通志一业，赖之以成。抗战军兴，滞留香江；佐王叶之功成，尤申论其未图；贯穿疏通，功莫大焉。受聘国专，置身荒山，抚时伤势。瑶山诗篇，感诗史于国身通一，抒志意于章什行间。后于潮汕，总理志馆，身兼教职；访韩江之古迹，探台潮之源渊。

248

移徙香江，规模拓焉。甲骨楚辞，访于扶桑；敦煌经卷，来之英伦。求梵学于天竺，足迹遍前贤所未至；游佛国于南亚，殆尽古来胜迹之遗。莅法京受"儒莲"，盛名于西；客美土成《正统》，书为必读。星岛绛帐，勘古碑于暇日；法京博观，成《白画》与《想尔》；兼以西亚史诗，尤人所未及。港陆棣通，畅游乡国。寻史家之旧迹，见出土之新物；随游诗文，琅琅可诵；糅为论说，彰彰以传。韩学潮学为首倡，吴越楚文当先提。殷周礼祭，阐其敬天祀神；楚汉简帛，发其灿烂文章。久居上庠，则奖勖后进，声教所披，八方弟子，薰其德者数千人矣。此尤公荦荦之大者。

公于艺事，擅场多能。诗书画琴，运笔操缦；道通为一，体用不二。浸熏已久，抒写文章，则言无虚发，语皆亲证。

公其为学，冲怀坦荡，受之以虚。目录探灯，语言利器。学域多方而门墙无阻，处处活水尤相以缘助；他或有隔，公为闲步。发言务求根本义法，不负如来西来之义；持论尤为通达体要，有如刘歆移让之志；以经治经，析肉还骨；敬慕忧患，抉微发覆。且顿悟以渐渍为镃基，精进须安忍为先务；观世如史，超以象外。故其弘深要眇之思，平正雅驯之辞，则有以归焉。

此次董理，口述为本，旁及论说；历时为经，学术为纬；前事较易，后乃实难。公学域涯际，无所不窥；甲骨周祭，异文梵典，特涉专门，后学薄识，罔敢置辞。别采摭者，汇为此编。有学君子，其能择取。

重阳，于梨俱室作《澳洲掠影册》。

中秋后十日，书《甲骨七言联》：出土遗龟考卜事，披沙得卷识前朝。

冬日，于雪梨作《摹赵孟頫〈双松平远〉图》。

11 月，台湾汉学研究中心主办的纪念朱子逝世八百周年"朱子学与东亚文明研讨会"，因故无法参会，托人宣读《朱子与潮州》一文。同月，《饶宗颐五体书法》、《饶宗颐书法丛帖》由香港商务印书馆出版。《饶宗颐书法丛帖》从先生擅长的篆、隶、楷、行、草五种书体中，亲自各挑一帖，5 种书帖分别为：《饶宗颐书虢季子白盘铭》、《饶宗颐书韩仁铭》、《饶宗颐书杨大眼造像》、《饶宗颐书唐三藏圣教序》、《饶宗颐书前后赤壁赋》；而《饶宗颐五体书法》则 5 种书帖辑为一书出版。透过《饶宗颐五体书法》和《饶宗颐书法丛帖》可全面了解五类主要书体，欣赏先生的临摹特色，从中领略其独创一格的书法神髓。

12 月，赴法国巴黎，参加法国远东学院 100 周年纪念盛典，会晤了老朋友谢和耐教授和汪德迈教授，并参观了法国作家雨果的故居等名胜古迹。

是年，香港商务印书馆有限公司主办"饶宗颐书画欣赏"展览。

2001 年，85 岁，1 月，中国社会科学院古代文明研究中心成立，被聘为学术顾问。

春，于梨俱室作《庄子逍遥游》，香港礼宾府收藏。

人日，作摹元赵孟頫《古木竹石卷》。

4 月，出席了香港中文大学艺术系、文物馆主办的"中国碑帖与书法国际研讨会"，在会议上作《泛论三国碑刻书法》的演讲。

5 月 3 日，得知美国创价大学即将创立，书"振铎万方"祝贺。

同月，在上海华宝楼集古画廊举办个人书画展。王振泽著的《潮汕文库·饶宗颐先生学术年历简编》由香港艺苑出版社出版，该书是介绍饶教授学术年谱的书目，记载了先生从出生到 2000 年 84 年的学艺经历，书前有杜经国作的序言。

季羡林教授 90 大寿，先生写贺寿联："物外笑谈无畛域，雨余泉石长精神。"祝贺季羡林生日快乐。

题四川李哲良所著《奇人李卓吾》：

千秋岁

畸人安在，欲买恐无价。消愤懑，余悲咤。空遭诸圣忌，更惹狂夫骂。皆梦也，未应见卯求时夜。

进道知颠倒，行远先低亚。依般若，问幻化。不辨成与亏，畴识真中假。书如画。一篇难觅知音者。

6月，母校"城南小学"百年校庆，书"百年树人"，题云："城南学校百龄之庆，岁在辛巳选堂书贺。"

7月，临时澳门市政局、澳门艺术博物馆主办的"选堂雅聚——饶宗颐书画艺术展"在澳门艺术博物馆举行，何厚铧、刘名启等出席展览，史树青、屈志仁分别作了《选堂雅聚》引言，陈浩星则作《选堂雅聚》前言一文，史树青在引言中说道：

先生作画，首重运笔，尝谓："画理笔法，其天地之质欤！其山川之饰欤！"文质相依，皆以反映自然美为志旨，追求意境，必以天地之质与山川之饰而写出，画理笔法，自然相融，应是《六法》"骨法用笔"、"应物象形"、"随类赋彩"之发挥。

先生又谓："张彦远论画，以为'得意深奇之作，观其潜蓄岚籁，遮藏洞泉，蛟根束鳞，危干凌碧，重质委地，青飙满堂，水石奇异，境与性会'。山水之胜，美即在兹。笔迹自以磊落为高，点画更取离披为美，神不可见其盼际，意正期极于周密，不滞于手，不凝于心，真宰在胸，生气满纸。观山则情辄满于山，用法则意不囿于法。固知书画、运笔，等是同源，道通为一。"此先生论画语录，我何敢赞一词！其中真谛，当于《澄心选萃》、《选堂雅聚》及琴趣中求之。

余意画家之重任，在使自然美移入画面，天地之质，山川之饰，心与物化，形神兼备，足以引发世人之共鸣。或谓以形为实，以神为虚，形予人以具象，虚予人认想像，先生之作，虚实相生，物有尽而意无穷，天、水、云、雾，处于虚白，画外求画，藏露相宜，使无画处皆有妙境。今言绘画布局，即《六法》所谓"经营位置"也。

山水，静也，水流则动，水本动也，入画则静。先生擅抚琴，

251

静中自有琴声。画是无声诗，其理与琴理相通，动存乎手，声存乎心，此中有真意，可为知音者道之。

画理与琴理相通，此又为传统艺术之雅韵，亦别于西方绘画，为我国所独有；诗画相兼，调高意远，遑论其他矣。

清人联语："名画应如诗卷读，溪声时作古琴听。"愿以此言赠欣赏选堂先生书画者。敢竭鄙怀，恭疏短引，先生当不河汉斯言也。

此次书画展同时出版书画集和明信片。

7月，于梨俱室作《书元曲红绣鞋》。

尽夏，于梨俱室作《水墨荷花巨幅》。

8月，汕头市为饶教授举行了"饶宗颐教授从事潮学研究66周年暨85华诞庆贺会"。汕头市人大常委会授予他"汕头市荣誉市民"称号，同时"饶宗颐书画潮汕巡回展"在潮汕展出。

10月19日下午，中国历史博物馆主办"古韵今情——饶宗颐书画展览"，这次展览是北京历史博物馆首次为现代书画家举办个人展览，罗豪才、季羡林、李嘉诚、王宋大、蔡诚、张文彬、邹哲开、庄世平、唐学元、陈伟南为书画展剪彩。先生捐赠22尺巨幅墨荷给予该馆收藏。《古韵今情——饶宗颐书画集》由香港港澳发展有限公司出版，姜伯勤为该次展览作《〈古韵今情〉序——"喜为不古不今之画"：试论饶宗颐先生的画格》一文，对他的画风作了详细的介绍，并评价道："有斯人有斯文方有斯画也！"

自1956年饶教授与周一良结成好友后，他们之间的友情日益加深。10月初，在京时，任继愈请季羡林、周一良一起宴请先生，周先生后因身体原因没参加。得知此事后，先生对周先生的病情一直挂记在心。10月23日上午，先生在香港中文大学遇见来港的访问学者荣新江，立即询问周先生身体情况，荣新江答复说，周先生一切尚好，哪料到晚饭后，北京噩耗传来，惊悉周先生逝世，往事纷至，他以万分悲痛的心情，写下木兰花令挽周一良：

数日前，任继老邀君与季老及余共饭，君以痴悭一晤，不意竟成永诀。张玉田悼王碧山谓"长歌之哀，过于痛哭"，寄此以抒余悲。

北图新约悲疏阔，遽报山颓添哽咽。初逢忆似梦中人，四十五年真电抹。

知音何处今难觅，不信芳菲从此歇。相贻一卷永别离，泪坠燕山湖底月。

11月2日出席北京大学百年纪念论坛并作题为《新经学的提出——预期的文艺复兴工作》专题演讲。发言中，先生充满信心地预期21世纪将是我们国家踏上一个"文艺复兴"的时代。他提出："天人互益"，一切的事业，要从益人而不损人的原则出发，并以此为归宿，《阴符经》说："天人合发，万变定机。"这是从消极的、不好的方面来讲（"合发"是指"天发杀机，龙蛇起陆；人发杀机，天地反复"。两者同时发生，天发是"公道"，人发是"私情"）。我讲互益，是从积极和好的方面来讲。马王堆《易》卦的排列，最后的巽宫，以《益卦》作为最后一卦，结束全局。这与今本《周易》以"既济"、"未济"二卦作结不同，而异曲同工。以"未济"收场，表示保留"有余"，这是中国文化一大特色。"益"，是积极而富建设性的观念。《益卦》初九爻辞说："利用为大作，元吉，无咎。"上九的爻辞说："立心勿恒，凶。"我们如果要大展鸿猷，不是光说说而已，而是要展开"大作为"，这样或许可以达到像苏诗所说的"天人争挽留"的境界，是天与人所要共同争取的。

11月30日起，香港翡翠台隆重推出"杰出华人系列——国学大师饶宗颐"栏目，通过介绍饶宗颐学、艺历程，道出他的学术思想和人生哲学。先生认为：社会的人虽"基本离不开政治，受政治限制，但你要超越它，自己可以控制"。因此，他始终不沾政治。他还不为物累，即"物物而不物于物"，这是他同庄子一样的唯"物"论。

12月，应邀出席台湾"历史语言研究所"傅斯年汉学讲座，一连作了三场上古史研究学术讲座。

获选为国际欧亚科学院（俄罗斯）院士；获聘为中国社会科学院古代文明研究中心学术顾问。

冬至，于梨俱室《书范仲淹道服赞》，《九如图》。岁除，茅龙书《徐文长诗》。

2002年，3月，获"揭阳市荣誉市民"称号。

5月，美国哈佛大学为纪念已故著名汉学家杨联陞教授，特别邀请先生举行"楚简"学术讲座。

7月6日至14日，香港国际创价学会主办了"学艺双携——饶宗颐艺术天地"书画展，出版《学艺双携——饶宗颐艺术天地》画册。9天展览，共计13288人次进场参观。展出作品拍卖后为故乡潮州建一所选堂创价小学。

中秋，于梨俱室作《宜富当寿》。

9月，由郭伟川编辑的《饶宗颐的文学与艺术》在香港天地图书有限公司出版，该书以"文学"、"诗词乐赋"、"书画艺术"三个部分，收录了国内外文学与艺术领域知名之士论饶宗颐学艺的文章。

10月，潮汕历史文化研究中心、汕头大学潮汕文化研究中心编，花城出版社出版《潮学研究》（第10辑）饶宗颐教授85华诞纪念号。

为纪念释仁智祖师（1813—1903）圆寂100周年，题"法乳千秋"。

冬至前，于梨俱室作《临散矢盘铭》，《元四家笺意四时山水小卷》。

12月，出席《炎黄文化》研讨会，作《新文献的压力与知识开拓》的专题演讲。

以汉隶结合北碑风格写成佛教经典《般若波罗密多心经》，全文二百六十字，每字20寸乘以20寸，由特区政府铸刻于巨木之上，供游人观赏。

2003年，87岁，年初返回潮州。岁月更迭，先生的莼园已易其主，天啸楼的藏书早已在动乱中散失殆尽，父亲的《〈佛国记〉疏证》也丢失了，但他视之为行云流水，心中并无挂碍。

1月，与季羡林任中华书局"华林博士文库"主编。

春，于梨俱室书《汪士慎诗》，作《长护美人衣》。

3月，以《〈诗〉与古史：从出土楚简谈玄鸟传说与早期殷史》为题作公开讲座，为香港中文大学四十周年杰出学人学术讲座揭开序幕。

同月，获聘为中国人民大学孔子研究院学术委员会顾问。

5月，《符号·初文与字母——汉字树》日文版由小早川三郎翻译出版；《古史之断代与编年》、《通会之际——饶宗颐书法集》由香港港澳发张有限公司出版。《古史之断代与编年》收先生应台湾中央研究院之邀，为傅斯年汉学讲座所作三次演讲之演讲辞，包括《由不同文化交流与部族分布谈古史上"时"与"地"的复杂性》、《以水道为纲：谈古史传说形成的架构》及《从文献上细数五帝的异说：兼论若水与黄金》三篇文章，由台湾中央研究院历史语言研究所出版。先生利用近年发现的新材料，金沙遗物及上海博物馆收藏的楚简，对上古史重新做一番考辨，纠正旧说之讹。后收录入《饶宗颐二十世纪学术文集》卷一·史溯。《通会之际——饶宗颐书法集》由香港港澳发展有限公司出版，此书收入先生20世纪80年代至2003各体书法作品108件。特色在于其书法表现在各种载体之上，其中包托画布、金卡、腊笺等。

同月，到潮州龙湖寨刘均量故居参观，后作《过龙湖刘均量故居五律》。

6月，被聘为《潮汕侨批萃编》编辑委员会名誉顾问；为香港大学冯平山图书馆建馆七十周年担任主礼嘉宾。

7月，由泰国王侨生、李基智等潮州金山中学校友首倡筹划建造"选堂书廊"，饶宗颐欣然挥毫，慨赐墨宝各体书法十六种十六张，黄苗子题匾额，在金山顶勒石永存。书廊的牌坊左右勒刻先生撰写的对联，以金山顶"一览亭"的"一览"二字为冠首作楹联："一杯酬皓月，览物起长谣。""选堂书廊"揭幕后，先生即兴挥写"情系金山"四字。同日参加"选堂创价小学"落成仪式。

9月，在香港丽新集团主席林百欣、饶宗颐学术馆之友及众多热心人士的鼎力支持下，香港大学饶宗颐学术馆开始运作。

10月，《饶宗颐二十世纪学术文集》由台北新文丰出版公司出版，该书分20册，收录著作60种及释著1种，全书共14卷，各卷分别是：史溯、甲骨、简帛学、经术·礼乐、宗教学、史学、中外关系史、敦煌学、潮学、目录学、文学、诗词学、艺术、文录·诗词等。文集全面、系统反映了先生在上一世纪于中国的文、史、哲、艺四方面的学术成就。姜伯勤撰文《中流自在心——读〈饶宗颐二十世纪学术文集〉》，该文分为九大部分：

一、对超越性大智慧的追寻；

二、与国际汉学大家的互动；

三、礼学：一个正本清源的切入点；

四、宗教学的双向开拓；

五、梵学与禅学、禅与艺术；

六、敦煌学研究中"贯通的文化史方法"；

七、国际学术视野与古史五重证；

八、扎根故土："潮学"研究与家学渊源；

九、后论：确立学术自信心。

姜伯勤对文集进行了详细的介绍和分析，并认为饶教授的联语"万古不磨意，中流自在心"正好体现了这部洋洋洒洒的学术文集对超越性大智慧的追寻。

11月，香港科技大学授予饶宗颐荣誉文学博士学位。8日，香港大学饶宗颐学术馆正式成立，该馆收藏先生赠予的书籍25000册，书画及艺术品180件，其中论著137种，珍本特藏书籍800种1000册。学术馆以学术研究放在第一位，是推动中华文化研究的学术机构、文化团体与组织，亦是专家、学者的学术交流中心。11日，香港大学于王赓武讲堂举行饶宗颐学术馆开幕典礼暨《饶宗颐二十世纪学术文集》

出版仪式。先生出席了该仪式，同时出席的嘉宾有李嘉诚、林百欣、陈伟南、何志平、徐立之、李焯芬等。黄苗子题"香港大学饶宗颐学术馆"。先生书题的"选堂文库"及"梨俱室"匾额一并捐赠学术馆。

《古意今情——饶宗颐画路历程》由香港大学饶宗颐学术馆出版。本册为庆祝香港大学饶宗颐学术馆开幕而编印，介绍先生的绘画及书法，追溯其各类型创作演变与面貌。12月2日，展览开幕式在中大文物馆东翼展览厅举行，由饶宗颐及中大校长金耀基主持，各界人士参观饶宗颐所藏的文玩、书画、碑帖，以及文物馆藏饶宗颐书画及题跋之书画。

12月4日香港中文大学授予先生荣誉文学博士学位，香港中文大学文物馆特举办"仁智之乐——固庵教授在中大"展览庆贺。

冬至，于梨俱室作《平湖秋树图》。

年底，得知少林寺筹建少林慈幼院，欣然题写"慈幼院"匾额。为泰中学会成立十周年题词：发扬幽潜。

2004年，1月，饶宗颐初纂、张璋总纂的《全明词》由北京中华书局出版，先生为辑《全明词》的第一人，他在其朋友赵尊岳原先工作（已另刊行的《明词汇集》，1992年7月由上海古籍出版社出版；共收明词二百六十八种）的基础上，继续从事《全明词》的编纂工作，于1983年上半年，向国务院古籍整理出版规划小组交稿，得词家900余人；后又有张璋先生续辑，最后共得1396人，词作约二万阕。

本月、2008年7月、2010年12月先生分别于香港、北京、东莞接受张公者的访谈，题目为"通境"。

立春，于梨俱室作《松笺行书》，题云："松蟠带雪能生甲，梅影移窗月送诗。甲申立春以自绘画笺，百年旧墨书此。"又书《楷书十一言联》："学问无穷造到老时学到老，年华有限得开怀处且开怀。"

3月，获"潮州市荣誉市民"称号。

香港商务印书馆举办《饶宗颐二十世纪学术文集》介绍会，李焯芬、单周尧、陈万雄担任主讲嘉宾。

4月，香港大学饶宗颐学术馆、广州艺术博物院、广东及广州炎黄文化研究会合办的"造化心源——饶宗颐书画艺术展"暨学术座谈会在广州艺术博物院举行，并出版展览图录。

在香港大学饶宗颐学术馆书 88 自述联："著书敢望金楼子，作篆能驱天谶文。"

汕头侨批文物馆落成，馆藏侨批 10 万封，其中原件 3.6 万多封。侨批馆的诞生系先生的一席话而催生的，2000 年 11 月，他在潮学讲座上对侨批作了如下论述："徽州特殊的是有契据、契约等经济文件，而且保存很多，潮州可以和它媲美的是侨批，侨批等于徽州的契约，价值相等。"先生的评价，确立了侨批在侨史的地位。他的题词："媲美徽学"、"潮学前导"，指明侨批研究的方向。

6月，被聘为香港大学"中国文化讲座教授席"首位教授。

香港特首董建华为先生米寿题词：学艺两携。

7月31日，香港"饶宗颐学术馆之友"社团成立，同时为先生"米寿"举行祝寿会。饶宗颐学术馆之友会是为支持香港大学饶宗颐学术馆开展学术活动而设立的机构。该会至今支持 200 多个学术活动项目，包括研究、展览、出版、研讨会及讲座等等。现有名誉会员 4 名，会员 50 名。

8月3日，委托潮州市地方志办公室主持重印《潮州志》。

9月30日，潮州市饶宗颐学术馆扩建工程奠基，将馆地面积扩至 3132 平方米。

月圆之翌日，于梨俱室作《岁寒三友四屏》，《四时山水卷》。

10月9日，郑欣淼在香港《文汇报》发表《儒生本质 释道情怀——饶宗颐教授〈布袋和尚〉及〈青城山水〉二画赏析》。

重阳后，于梨俱室作《西陵烟雨图》。

秋日，作《五牛图卷》。

11月初至 2005 年的 1 月，香港大学饶宗颐学术馆举办"象外环中——饶宗颐教授甲申书画创作展"，展示了先生甲申年（2004 年）之书画作品，其中以不少禅画，八尺巨幅对联最具特色。

11 月 12 日，中山大学 80 周年校庆，饶教授也迎来了 88 岁米寿之喜，他为中大校庆题写"岭学辉光，开来继往"贺词。为澳门艺术博物馆举办的"八大石涛书画精品展"题签。为《广州潮讯》题字"同气相求"。

12 月，获澳门大学人文科学荣誉博士学位。

日本友好使者池田大作先生首次访华 30 周年之际，为赞扬其多年来对中国的友好之情，写诗联祝贺："池荷消火宅，法句涌心田。大易尊大作，中庸致中和。"

是年，先生作故乡"潮州八景图"："湘桥春涨，龙湫宝塔，韩祠橡木，西湖渔筏，金山古松，凤凰时雨，鳄渡秋风，北阁佛灯。"

2005 年 1 月 31 日至 3 月 24 日"紫泥丹青——海上十家绘壶展览"在香港大学饶宗颐学术馆展出。先生在 60 年代发表研究供春壶的论文，这是当代研究紫砂茶壶的最早一篇论文。

除夕，于梨俱室作《书章草简》题云："可以殄灭诸反国，立大功，公辅之位，君之当有。敦煌汉简名迹。"

与"岭海四家"：赵少昂、关山月、黎雄才、杨善深合作的画展"岭海风韵——岭南四君子与饶宗颐合作画展"分别于 4 月 13 日至 5 月 29 日在香港、8 月 5 日至 10 月 7 日在广州展出，此次展览由香港饶宗颐学术馆、广州艺术博物院、香港大学美术博物馆联合主办，并出版《岭海风韵——岭南四君子与饶宗颐合作画展》。展览展出岭南画派第二代 4 位大师与饶宗颐合作的 72 幅作品，这批岭南画派的里程碑式作品，显示了传统画派与岭南画派是可以完美地结合。

8 月 5 日广州开幕式后，会晤吴南生。1986 年，饶宗颐将于右任赠他的一条幅书法转送给吴南生，时隔多年后两人再见面，吴南生将这幅作品完璧归赵送还。先生随将作品捐赠给香港大学饶宗颐学术馆收藏。

同月，中华书局出版《敦煌吐鲁番研究》2005 年第 8 卷：《庆祝饶宗颐先生米寿专号》。

5月20日，手书的世界最大户外木刻佛经群"心经简林"在香港大屿山落成。这个为香港祈福的景点，成为香港的新地标。木柱全数38条，每条高达8至10米，据山形地势安放，并依经文顺序排列成"∞"字阵势，象征"无限"、"无量"，以表示宇宙人生变化无定之理。山坡最高位置有一木柱，则未有刻字，它象征《心经》"空"之要义。此项工程系1990年先生登泰山观经石峪石刻金刚经而盟发的构思，他一直决心在香港建造一个类似的大字金刚经文化工程。15年后，先生的大字《心经》，刻在楠木柱上，树立在大佛像前，泰山经石岭石刻金刚经与大屿山"心经简林"遥相呼应，成为中华佛文化的瑰宝。

皋月，书《行书十一言联》："平生所业文事艺事影像事，半世为学车中船中航机中。题记：为伟雄书自嘲联句。"

端阳，于梨俱室作《懵懂云山图》。

8月29日，总纂的《潮州志》由陈伟南捐资重新编印刊行。新印本分10册，约4500页，一至六册为1949年版出版部分，增入《民族志》、《山川志》、《实业志》、《风俗志》、《潮州戏剧音乐志》等五部志稿。这是一部中国地方志的典范之作，填补民国时期按旧府地域新编大型志书的空白，在编纂宗旨、体例变革、门类安排、题材选择、撰写方法等方面都极具匠心。新刊行的《潮州志》为潮州历史文献库增添宝贵典籍，为潮学研究提供翔实的史志资料，为潮州历史文化名城增辉。

同月，潮州市地方志办公室出版《走近饶宗颐》，卢瑞华题写书名。

9月1日，《饶宗颐新出土文献论证》由上海古籍出版社出版，先生作《自序》。书分为五部分：殷周史地丛考、楚简与诗乐、上博竹书、《诗序》综说、论里耶秦简，共收入饶宗颐近年有关上古史、楚简及秦简的学术论文20多篇，大部分为独创之作。

中秋前夕，于梨俱室作《设色荷花巨幅》。

10月，《选堂书法丛刊一，雅言隽句，匾额》、《选堂书法丛刊二，联书相暎，对联》由香港港澳发展有限公司出版，分别收入书法作品各 100 件。

《心经简林》由香港天地图书有限公司出版。本书为"心经简林"原稿之缩小版本，可窥见先生以八分体书法写尺余大字的雄伟气魄。

11 月，《从韩江走向世界——饶宗颐之旅》，由香港博士苑出版社出版，陈伟南作了《序言》。同月，"意在笔先——选堂乙酉近作展"在香港大学饶宗颐学术馆开幕。

为"广济桥"撰联："广川利涉开新运，杰阁重楼见旧仪。"

小寒，书龚橙七言联："一瓯沧海横流外，环堵楼台蜃气间。题记：寓居雪莱车士林四宾楼十一层阑阖中，重楼叠塔，海天四望，廖廓无尽，故书龚橙是联纪之。"

又作《宋高僧禅语七言联》，《书陈曼生七言联》题云："甲戌雪梨严寒选堂呵冻书。"

12 月 21 日，与二女儿饶清芬女士在香港文化博物馆参观"丝路珍宝——新疆文物大展"。是次大展，共展出 115 组珍贵文物，多是近 20 余年来考古的最新成果，其中包括难得一见的黄金饰物、青铜器、纺织品、佛教文物、古尸及其它葬品。先生曾提出"三重证据法"，认为应该以古代文献、考古出土文物及考古出土文书三者互相参照，以解决古史研究的难题，这次展览所展出的新疆地区出土文献，正是研究中国古代的政治、商贸及宗教方面弥足珍贵的资料。

2006 年，元旦，于梨俱室作《兰、荷、牡丹、紫藤四屏》。

献岁发春，于梨俱室茅龙书《杜樊川诗》。

2 月 21 日至 8 月 4 日，香港大学饶宗颐学术馆举办"选堂书范系列展"。

同月，为中国五大古桥之一的"广济桥"题匾额。为正在修复的潮州牌坊"状元坊"题写"状元"二字。

3 月，获日本创价大学颁授荣誉博士学位。

端午，于梨俱室作《硃笔钟馗》。

6 月，香港大学饶宗颐学术馆征集先生相关作品、手稿等资料，于 11 月份与香港大学图书馆合办的"饶宗颐教授与香港大学"展览。

7 月，《选堂书法丛刊三，意惬神飞，条幅》、《选堂书法丛刊四，惠风和畅，成扇、纨扇》由香港大学饶宗颐学术馆出版，分别收入书法作品各 100 件。

秋，于爱宾室作《凤鸟图》。

9 月 5 日晚，铲峰雅聚在湾仔皇朝会，举行千岁宴，教育界和工商界超过二百位精英，祝贺先生 90 华诞。

《饶宗颐艺术创作汇集》全套 12 册，由香港大学饶宗颐学术馆出版，该集收入先生 40 年代初至 2006 年间的书画作品约 1500 件，时间跨越超过 60 年。作品包括山水、花鸟、走兽、人物等绘画，甲骨至篆隶行草各体书法，文具、文玩及茶具上书铭及绘画，以及先生与近现代 50 位书画家合作的作品。由此可全面窥见先生近 70 年的艺术历程，亦可从中看到中国近代书画艺术的一些发展轨迹。汇集各册名称为：

第一册　采英撷华——临摹拟古

第二册　环宇风光——域外写景

第三册　神州气象——中国山水

第四册　传神写貌——道释仕女

第五册　万紫千红——花鸟翎毛

第六册　腕底山川——造景山水

第七册　沙洲馀韵——敦煌书画

第八册　清凉境界——禅意书画

第九册　翰逸神飞——各体书法

第十册　通会今古——拟古书法

第十一册　文房清供——文房文玩

第十二册　珠联璧合——诸家合作

饶宗颐自题《艺术创作汇集》四首：

（一）以躯为采臂为锄，九十耕耘未算劬；

　　培养乾坤第一气，岂同物论较锱铢。

第一气谓元气，伏羲所袭之气母也。书之第一条件，为整幅之中，元气浑涵活泼。六法首主气韵生动，其理也同，故必以养气为先。

（二）车辙也曾到海隈，万年古穴暂徘徊；

　　陆离光怪谁踪迹，画本人间是祖胎。

法国猎士谷二万年壁画，现只有复制物，原迹不可复临晚矣。壁间有蒙古马，知东西接触，已在洪荒之世。西亚、印度河谷、希腊之卐字远播及华；大秦人以七宝与贸易，换取丝绸；西北、西南留存遗迹，犹是后来之事。中外民族文化交流、混合之早，真匪夷所思。

（三）一笔书成在斯须，彦远微言故不虚。

　　我劝人家重抖擞，由来理一即分殊。

张氏谓"书之体势，气脉通连，隔行不断……世谓一笔书"，又言"书画同体而未分"。自元明以后，画家无不工诗文，故余主三位一体（即CPP），方得成为国画，此与西方，异其轨辙。深望画人反省，勿扬他抑己，割裂耳目，限书画为视觉艺术。俗论诗中有画，画中有诗，宜改称"诗即是画，画即是诗"，庶几道通为一，无自我隔阂之病。

（四）老庄告退理嫌迂，皋壤林风清可呼；

　　山水弥滋充大宙，方知书外是穷途。

《文心雕龙》云："老庄告退，山水方滋。"余欲僭易之，当言："老庄未退，山水弥滋。"非亲证老庄之理，无以"近乎自然"。山水诗谢客初闿蠡丛，尚未远及域外；余行迈四方，白山、黑湖皆牢笼入吾诗画。西方人视山为神明。"真山水诗"乃我华所独擅，吾友戴密微论之详矣。

除书画艺术创作外，还为多处名胜古迹、标志性建筑题写墨宝，如"香港大学"、"香港大学李嘉诚医院"、"国家博物馆"、"永芳堂"（中山大学）、"陈寅恪故居"、"潮州海外潮人博物馆"、"潮州韩文公祠""泰山北斗"匾额等。潮州新扩建的饶宗颐学术馆门额上的"頤园"由先生自题。（《汉语大字典》第1871页载："頤"：同颐。）

同月，为中华书局《杨勇学术论文集》题签。

10月，香港大学饶宗颐学术馆展出先生捐赠香港大学饶宗颐学术馆的艺术作品选萃。

由饶宗颐等编纂的《潮州三山志》出版，先生题写了书名。内收志书三种：1936年由黄仲琴辑稿、饶宗颐补辑并为之撰序的《金山志》；1936年由饶宗颐编纂的《韩山志》；1924年由饶锷编纂的《西湖山志》。此三志本已不易得见，尤其是《韩山志》，本已散佚，现得陈贤武据《岭东民国日报》原稿依目重辑，但因该刊亦已残缺，故难以一窥全豹。然今搜辑所得，已属可珍可贵。

11月，香港大学图书馆展出饶宗颐与香港大学有关的照片、题词、书籍、艺术作品等。同月，设于香港大学饶宗颐学术馆"选堂文库"的饶宗颐藏书以参考书库形式对外开放。

学生汪德迈为向先生贺寿，特地重印《黑湖集》。新版法文书名改为"Poemes du Lac noir"，前有汪德迈序，由法国远东学院出版。

11月4日至2007年2月25日，香港大学饶宗颐学术馆与澳门艺术博物馆合办的"普荷天地——饶宗颐九十华诞荷花特展"于澳门回归贺礼陈列馆展出。11月22日至2007年1月7日，香港大学饶宗颐学术馆与香港大学美术博物馆合办"心罗万象——饶宗颐丙戌书画展"。

陈韩曦主编的《梨俱预流果——解读饶宗颐》由广东高等教育出版社出版，该书作为"献给饶宗颐教授九十华诞"礼物，由吴南生题写书名并写祝寿联："泰岳峰高人瞻北斗，枌榆望重寿比南山。"全书分为六部分：饶宗颐代表作（12篇）、综合论（16篇）、艺术论（6篇）、绘画论（6篇）、书法论（6篇）、饶宗颐书画艺术（书画作品），各部分详细的介绍，使读者更容易解读先生。卷首收录了由季羡林、郑欣淼、金维诺、汪德迈、李学勤、池田温等的《学坛嘉许》、《宗颐名说》、《选堂字说》等文章，附录《饶宗颐学艺年表》及《后记》。

雷铎作"梨俱预流果"题解：

> 饶公选堂宗颐教授，术涵八域，学富十车，经译梨俱，画通禅机，修般若行，得预流果。
>
> 先生壮岁以国学而学誉五洲，晚近复以丹青而名盈天下。先生之学术，既博大，且精深，故潮州饶宗颐学术馆联曰："导夫先路，旷世奇才。"先生之学术，以理据胜。而常开一片新天。先生之书画，出古入今，有师无法，满纸皆见禅心：其笔下山水，奇瑰非人间所有，吾乃谓之仙山；其花鸟，古拙而不类今人之作，吾乃谓之心花；其书道，常如神龙不见首尾，吾乃谓之心迹。盖此三名，取诸造化，而出自先生之心源也。
>
> 先生晚近书画之题签，多署"梨俱室"，盖印度上古知识宝典四大吠陀经之首，为"梨俱吠陀"，因其古奥相当于中国之诗经，非如先生之精通古梵文、古宗教与古汉语之大成者莫能胜任也。移异邦上古之圣典，补前人汉译之阙如，先生学术造诣之深广，乃可于一斑之文，见全豹之华章也。
>
> 预流果者，本南传佛教语，修行欲达最后之阿罗汉果，须自预流入，得预流果。即已除尘世烦恼而出俗入圣者也，与中国之"得道成仙"近似。先生之同道季羡林教授以"预流果"喻，称道"饶宗颐先生是能预流的"。
>
> 故，"梨俱预流果"书名，可作"一位得圣道者的智慧之果"解。
>
> 高山仰止。本当无言。但为书名来历明白计，先生嘱为百什字之话。小子何幸，得奉是命。赘言于斯，唯示恭敬。
>
> 时丙戌岁立秋吉旦于羊城

同月，当代名家诗词集——饶宗颐卷《固庵诗词选》，由北京图书馆出版社出版，钱仲联作了《序言》。

12月4日至2007年1月5日，香港大学图书馆、香港大学饶宗颐学术馆举办"饶宗颐教授与香港大学"展览，展出先生在港大时期的著作、书画作品、照片及相关文物，包括手稿、信件等。

12月11日至2007年2月8日，香港大学饶宗颐学术馆举办"光普照——心经简林摄影展"，同时由Movit Publishing limited出版《光普照》摄影集。这是一次非常特别之展览，它是中、法两国艺术家的交流展示，亦是国画与摄影相互辉映的展出。展品中有《楼兰遗址》这幅作品写于丙戌年，是先生近年来所倡导的"西北宗"代表作。饶清芬论先生"晚年变法"时指出："饶教授70岁前后画风转变，无论山水人物和花鸟都突破古人的规范，纵笔自如……其特色在于他的开创性，虽到90高龄，其创造力实在惊人。"先生大力提倡中国山水画"西北宗"说，他不单撰文讨论这一山水画之新方向，而且用他独特的笔法和墨法，去为西北区之山水写照，以此作为山水画"新西北宗"的实践。

12月13日，饶宗颐90华诞寿宴在香港会议展览中心紫荆宴会厅举行，寿宴由"饶宗颐学术馆之友"筹办，许嘉璐、郑欣淼、李刚、何志平、孙少文分别致贺辞，李焯芬代表先生致答谢辞。出席寿宴有世界各地学者、各界人士、"饶宗颐学术馆之友"成员等400多人。同月，香港中文大学举办庆祝饶宗颐90华诞晚宴，先生在晚宴上发表《天人互益》讲话，其文如下：

郑主席、刘校长：

　　我谢谢刘校长刚才对我的誉扬，我是不敢当的。

　　我今天要再念念我自己在庆祝北京大学一百周年时候说的一句话。我再请大家看看我的那篇演讲，是在北大一百周年学术讲坛上讲的。我最后提到《易经》的一个卦，为什么要提到它呢？因为在《易经》的排列中，最后一卦就是顺那个系统的。马王堆出土的最新《易经》，它的排列同过去不一样。通行的《易经》，最后是"既济"同"未济"，表示这世界"做完了"和"还没做完"，以后还有未来。但是马王堆的排列很有意思，最后的卦是三位卦，收益的二位。这个排列，过去不是这样子的，因为没有出土的东西，我们不可能想到。为什么"益卦"在最后这么重要呢？我当时在北大因为季老（季羡林）先讲，讲完后又推出我讲，我就讲到季老常常提到"天人合一"的事情，因为他受到钱穆先生的影响，我们中文大学不是也有一个"天人合一"的池吗？我说我今天大胆了，我也有一个讲法，这就是"天人合一"是精神境界，不是行动境界。我们闭上眼睛，自己就成一个"天地"，入定时候可以有"天人合一"，因为在行动上，天是天，您是您，依我说，倒不如讲"天人互益"，天同人互相补足。这个观点是我利用《易经》这个排列，以"益卦"作为理论根据的。这个"互益"的意思就是说，大家都互惠，不管阶层，您有什么好处，他有什么好处，一起"互益"，各有各的成效，就构成融和，达到我们国家提倡的和谐境界。用"音乐的道理"来治国，是争取人的合契。

对于这个讲法，我每天都在做"天人合一"的事情，因为我每天要打坐，我闭了眼，就能到另一个世界，自己就可以达到冯友兰所谓"天地境界"，实现庄子所谓精神与"天地相往来"。每一个艺术家都应该有这么一个心态，就是"天人合一"的境界。

香港中文大学给了我很多成长的机会，我体会到这个"互益"的内涵，所以我觉得艺术与学问是可以"互益"的。我在这里大胆讲，学同艺两方面都很重要，这是一个理想，但是要达到这个理想，我需要向各位请教，因为这不是我自己的讲法，我有根据的。我的得益来自于元代最大的画家黄公望，是他讲出来的。我为什么名字号"选堂"呢？我说说原因，第一个原因是我提倡读《文选》、研究"文选学"；第二个原因，"选堂"就是我讲这个"天人互益"的问题。现在介绍我的见解，所有的艺术史家都讲元代的画是由赵孟頫带出来，但我说不是，是钱选，钱选这个人比较冷僻。黄公望有个题跋，在题跋中，他就讲赵孟頫是学钱选的，不单学他的画，还学他的学问。

这有一个证明，赵孟頫也讲琴学的，那个琴就不得了，赵孟頫也有一篇《琴源》，谈琴学的来源。黄公望说赵孟頫学钱选，还学他的"学"学问。明代另一位画家还有句话，讲"不懂诗人，不能写画"，因为中国的艺术理论很多都从他们那来的。很多画图的人不晓得诗是带着画的，写画就要题注，怎么题呢？现在的人乱题一通。所以不懂画史的人，就不能写画。这就是我今天要介绍"互益"这个观点。

我今天要谢谢两间大学培养我的人，我是一个最不忘本的人。我有这个理由，是怎样来的，都要追溯这个来源，因为我喜欢追，追到底。我同世界发生关系，能到外国去开会，到外国去学习；也有人向我学习，外国人也向我学习。我这个成绩是香港大学栽培出来的，得益于 Frederick（Frederick Sequier Drake，林仰山教授）当年对我的支持，这是港大对我的影响。我的后期能够学、艺两个都做，那是香港中文大学培养我这么做的。

我退休后，法国人马上请我去他们最高学府，去首都巴黎教书，教了一年，他们还不让我走，我说我要回去了。因为中大也回聘，而且把我聘在艺术系，所以我今天能够学、艺两样都做，一部是学问的，一部是艺术的。我要感谢中大，也感谢港大。港大把我带到国际上，发生关系，现在我讲这个"互益"的事情，就是个证明，我个人的实践也可以证明。这次活动，两所大学都支持了我，这不就是彼此互惠吗？

"互益"的理论，我们知道今天国家做的都是，我觉得非常对。我今晚是不能说得太多的，我就向两所大学一起感谢。今天仍有中大艺术系的学生与我讨论问题，我也向学生学习，感谢他们帮助我，我还没有发表的文章，中大已经先帮我整理好。最近，我的甲骨文研究同伴沈建华小姐帮我出了一本小书。这本书有了一定的影响，刚刚在第九届古籍优秀图书评奖中得了一个奖。我还要谢谢郑会欣先生，因为他最近帮我编了一部《选堂序跋集》，大家可以看 103 页，其中讲到学艺相涉的道理，我引用了黄公望的话，请大家看一看。

我今天再次感谢两间大学栽培我，谢谢各位。

该讲稿发表于《新亚生活》三十四卷第七期。

香港邮政发行饶教授九十寿辰荣庆纪念邮票。

12 月 14 日至 12 月 16 日，"学艺兼修·汉学大师——饶宗颐教授九十华诞国际学术研讨会"在香港大学明华综合大楼举行，香港九所高校代表及世界各地学者一同参加研讨会。会议以甲骨学、简帛学、上古文献研究、考古学与上古史、中外文化交流史、敦煌学、历史学、宗教、艺术和古典文学等 9 个研究范畴发表论文，并以《华学》第九、十辑合刊形式出版（上海古籍出版社，2008 年 8 月，共 6 册，约 2400页）。

会上，澳大利亚国立大学荣休讲座教授柳存仁致贺辞，高度评价先生的学术、艺术成就，摘录如下：

> 以上说的，姑且算是一个普通读书人对"学艺双携"的意见罢了。但是今天被我们贺寿的主角，除了我提出的学和艺之外，他还有他自己真正的学、艺，其他的汉学工作者望尘莫及，那就是他驰名艺坛、逸气高超的书法和绘画；还有他自己的创作诗、词、文，他的步古人及近世名家原韵的诗和词，都不止是双携，而是创作。我还没有提他的"终遣妙乡出玲玎"的鼓琴呢，我还没有提他的研究词乐的专著呢。各位！在这个新世纪初的时候，汉学将要成为显学，汉语也将要和英语一样，成为世界性的语言文字，帮助东方和西方的、南方和北方的、天下的人了解、友善和亲近。像饶先生包罗万象、学艺双携，那样的寿又过倍、松柏长青，为人类开辟了更多更大的领域，促进了世界的繁荣和进步，这不是今天我们这个国际会议的希望吗？

12 月 14 日至 2007 年 1 月 4 日，香港大学饶宗颐学术馆、康乐文化事务署及香港公共图书馆合办的"走近饶宗颐——饶宗颐教授学艺兼修展览"在香港中央图书馆展览馆开幕，许嘉璐、郑欣淼、曾荫权、高祀仁、李嘉诚、徐立之、李焯芬、陈伟南、余志明、高佩璇、孙少文等出席剪彩仪式。展览设有"书画艺术"、"心经简林"艺术装置及"学术与生活"三个区域，其中包括珍贵作品 200 多件，全面系统展示先生宽阔的文化视野。

12 月 16 日，在香港系列庆祝活动结束，先生即前往潮州参加"潮州饶宗颐学术馆"新馆落成庆典。在前往潮州途中，出席了汕头林百欣图书馆开幕式。在潮州，骆文智等领导在迎宾馆迎接了先生，次日，"饶宗颐教授学术研讨会"在韩山师范学院举行，他在会上发言。潮州市委、市政府于当晚在潮州宾馆举行了"饶宗颐教授欢迎宴会"，会上，获市政府颁发"潮州文化研究卓越贡献奖"。

18 日，重建的潮州饶宗颐学术馆新馆——"颐园"落成庆典仪式隆重举行，该馆占地面积 5800 平方米，是一座古香古色的园林建筑。先生致辞说："今天是我一辈子都不会忘记的日子。"他讲：有人称他是"学艺双馨"，他却认为自己是"学艺双修"，即把毕生精力都放在追求学术与艺术的融会贯通上，直至今日仍然如此，还不断地"修"下去。他认为学术馆设计、建设非常符合自己的意愿。他感谢社会各界人士关心和支持的同时，特别感谢政府和有关部门，在短短几个月内就把新馆修好了，可以说是一个"神"话。骆文智以及陈伟南分别致辞，潮州饶宗颐学术馆与香港大学饶宗颐学术馆双方馆长交换缔结姊妹馆证书。

郑欣淼为新馆撰写《颐园碑记》，内容如下：

> 颐园者，饶公选堂先生自题学术新馆之名也，其地为先生早年读书旧址。二十世纪九十年代，潮州市政府为表彰先生学术成就与艺术贡献，曾建学术馆于此。十年后，有关方面因旧馆稍嫌局促，又集巨资，于原地扩建新馆。迨其落成，适逢先生九十华

诞，群贤毕至，少长咸集，良辰美景，亦一时之盛兴也。

新馆位于潮州城东，为典型潮式庭院建筑。背倚开元禅寺，面向韩江，距广济桥不过咫尺，与韩文公祠隔江相望。大门有联，曰"陶镕今古，点染江山"，已道出先生学艺双修特色。展室亦主要有二：一为"经纬堂"，陈列学术成果；一为"翰墨林"，胪示书画艺术。另有"天啸楼"等建筑及回廊、亭榭、水池诸景观。楼堂多有门联，悉出先生及当世名家之手。布置典雅，内容充实。流连其中，潜心揣摩，必将援鹑得髓，受益匪浅焉。

潮州自韩文公为刺史，兴学崇儒，遂有"海滨邹鲁"之称，至今人受其惠。中国自韩文公倡文遵道，文起八代之衰，道济天下之溺，至今人怀其德。苏子谓文公"匹夫而为百世师，一言而为天下法"，洵非过誉。而先生之于文公，正所谓异代接武者也。先生生于潮，长于潮，受文公遗惠深矣，于文公夙所心仪焉。年未弱冠，即撰《恶溪考》，于文公行迹颇多留意。年仅而立，又撰《韩文编录原始》，于韩文成集关注有加。后又尝对文公《南山》诗与佛教关系进行研讨，并藉其一百零二韵为大千先生颂寿。先生受文公影响亦殊深也。一生以传道授业解惑为己任。犹记改革开放之初，大陆学子得读先生论著，悉既惊且佩，师事者甚夥，私淑者又不知凡几。先生亦勇担导师之责，学界亦以领袖期之焉。而近值中华民族伟大复兴，文化复兴更属千秋大业。先生博学精艺，于文化领域无所不窥，厥绩甚丰，厥功甚伟，不仅有惠于当代，亦且有德于后世。盖比诸文公，何多让焉！而此亦余始终景仰先生之所在也。

上文由潮州市国家历史文化名城保护建设委员会办公室刻碑石立于颐园。在潮州迎宾馆与宗栻、宗震等兄弟及家族成员团聚并合影留念。

12月8日，出席在香港大学举办"饶宗颐与香港大学展览"。

年底，《潮商》杂志创刊，饶宗颐为杂志题写刊名，并希望杂志越办越好，以经济推动人文，以人文发展经济，服务潮商、传播乡音、敦睦乡谊，把潮汕传统文化发扬光大。2011年中国银行股份有限公司首创的全国第一张面向全球潮商客户设计开发的信用卡——"潮商卡"。卡面融入先生专为《潮商》杂志题写刊名"潮商"二字元素及长城图案，并围绕"纵横四海、根在潮汕"的主题，突出潮商人文、地域特征，使得卡面设计精美、特点鲜明。《选堂序跋集》由北京中华书局出版。

2007年1月26日，中国文联副主席覃志刚专程来港，聘任饶宗颐为中国文联荣誉会员，一同受聘的还有陈复礼、查良镛、夏梦等人，先生在发言中表示，对被聘感到由衷的高兴，深感国家对香港文化艺术发展的重视，会充分借助这一平台，继续在文化艺术领域作出更大的成绩。同月，任点校本"二十四史"及《清史稿》修订工程学术顾问、辽宁师范大学名誉教授。2月，《紫荆》杂志第一期特刊《走近饶宗颐》专辑出版。

2月12日，出席在广东珠岛宾馆举行的广东省政协迎春会议，并在会上发言，会前，与中共中央政治局委员、广东省委书记张德江等亲切交谈。会后与李统书、曾宪梓、庄世平、陈伟南等合影。

4月28日至5月15日，香港大学饶宗颐学术馆与广州图书馆、广州艺术博物院、潮州饶宗颐学术馆合办的"万古不磨意·中流自在心——饶宗颐教授学艺兼修展"在广州图书馆展出，并出版作品集。这次展览全面展示先生从岭南地区走向世界的独特学艺过程及成就。

5月，丁和的"玄奘取经之路，丁和寻访影记展"在北京首都博物馆揭幕，先生担任学术顾问。

庆祝香港回归十周年，中央电视台"大家"栏目"香江传奇"中，饶教授接受专访，专题片《大师的世界》在央视播出。以传承人文精神为宗旨的"大家"栏目，介绍他学艺贡献及成长过程的同时，着力铺叙他所亲历的时代风云，借助他的慧眼看世界、看历史。在浓厚的时代背景下，真实记录了其独特的生命精神和创造文化奇迹的历程，再现他的泰岳峰高的大家风范和人格魅力。

在香港学术馆会晤黄苗子，后赋诗二首：

赠苗子尊兄句

阅世信如史，同为百岁人；旧文追远古，花样过藏真。

山海流观遍，文章点染新；重吟寒柳赋，失笑更沾巾。

10月3日至28日，香港大学饶宗颐学术馆与创价学会"饶宗颐展"筹备委员会主办，在日本兵库县关西国际文化中心展览馆举行"长流不息——饶宗颐展"展览，先生赴日本参加了开幕式。作品集由香港大学饶宗颐学术馆出版。展出作品近100件，其中有一半为2006年至2007年的新作品，包括他所作之20余屏"草书赤壁赋"，20尺设色荷花巨幅等。

陈韩曦主编、广东高等教育出版社出版《东洲鸿儒，饶宗颐九十寿庆集锦》在本月刊行。吴南生题写书名，书名"东洲鸿儒"则自钱仲联《以古茂之笔，抒新纪之思》一文中称赞饶教授为九州百世之"东洲鸿儒"得之。该书分为五个专题，分别以"香港篇"、"潮州篇"、"学艺篇"、"人生篇"、"文选篇"为题，对先生的学艺贡献分类介绍，书卷首为许嘉璐《在庆祝饶宗颐教授90华诞典礼上的致辞》一文。该书图文并茂地介绍寿庆活动的全过程。

11月8日，日本学生水源渭江将自家珍藏的350种书籍和140件艺术品捐赠香港大学饶宗颐学术馆，学术馆专门设立"水原琴窗、水源渭江两代学艺文献室"。

11月，《敦煌研究》刊出"绘画西北宗说"，主要是以新的技法、构图和透视方法来表达中国西北地区的山水。先生以乱柴、杂斧劈及长披麻皴定轮廓山势，再加泼墨运色，以定阴阳。用笔焦干重拙，皴当纯以气行，同时用茅龙笔，或取一笔皴，以重墨雄浑之笔取势，或以金银和色，勾勒轮廓，从而把西北山水特点、精神和意境表现出来。

为梁羽生著的《名联观止（增订本）》题签。

12 月 7 日，出席"别开蹊径——选堂丁亥展"开幕礼。在展会上先生说，唐代艺术史家张彦远的两本著作《历代名画记》、《法书要录》，介绍了唐代以前书与画的记录，他认为是最重要的美术史，亦对张彦远极为推崇。他告诉记者，他有一间屋是专供写画写字的，就称为"爱宾室"，因"爱宾"是张彦远的字。在爱宾室，先生研读张彦远的著作，把它与出土文物及遗迹的书画艺术作比对，从而吸收创作灵感。

是年，手书"如金光明，得无量寿"贺池田大作会长 80 大寿。

2008 年，2 月，香港大学饶宗颐学术馆自本月起举办"选堂书范系列展"，先生亲自出席展览开幕式并致辞。本次展览展出 25 幅条幅作品，各种书体俱全。

为陈伟南 90 寿庆题"懿德仁心"。

开春，于爱宾室书隶势："长乐延年。"

3 月，贺潮州星命名，先生题"经天纬地"。

清和，于梨俱室作《桃花禅意图》。

5 月 12 日，得知汶川发生地震，先生交代二女儿饶清芬打电话到中联办要求捐款，因当天捐款人数太多，捐款只能安排在 5 月 15 日。3 天后，饶清芬女士代表先生到中联办捐款 20 万港币，支持灾区人民抗震救灾。先生对四川有着一种特殊的情感，悠远灿烂的巴蜀文化是先生学术研究的构成部分。汶川地震后，他从历史学、地理学角度道出一番深奥的道理，自古就有"蜀道难，难于上青天"，如今大地震改变成千上万个家庭的人生轨迹，而且改变了川蜀大地的地质结构，地震过后，"蜀道"就更加艰难。不过他相信中国政府有能力帮助灾区人民重建家园，再塑汶川。

6 月 2 日，为"大爱无疆——汶川大地震抗震救灾图片展"题写"大爱无疆"四个大字，高佩璇女士以 500 万港币认购，先生将 500 万元善款全部捐献给灾区。

7 月，广东潮剧一团一行专程到香港拜会。先生早年对潮剧理论有过深入研究，曾考证潮剧源自宋元南戏，后演进为一个独立的地方剧种。他认为振兴潮剧任重道远，应当开拓创新，才能把潮剧艺术发扬光大。

同月，为"功在家国垂范香江——庄世平光辉事迹展"题字："功在家国　垂范香江。"

6月30日至7月12日，香港大学饶宗颐学术馆与长安镇人民政府联合主办的"长乐安宁——饶宗颐教授东莞长安镇书画展"在东莞长安镇图书馆举行，展出精品力作60余件。"选堂书室"同日揭牌，这是国内建立的首间个人书籍专藏室。

在长安接受记者采访时，先生谈诗、说画、聊养生，并直指自己就是现代苏轼。他说，苏轼曾被贬到黄州、惠州等地，为寻找大文豪足迹，他特意去过苏轼老家（四川）和惠州等地。他认为自己研究领域和苏轼相近，崇尚佛家思想，而最幸运的是他到了佛教发源地印度生活了半年，比东坡读了更多的佛书，更深刻了解佛家思想。

在长安，先生说自己要活到120岁。他对记者透露养生之法，首先，日常良好的起居饮食习惯是前提条件，其次保持心境开朗，保持开心的心情，即"笑一笑，十年少"，注重心脏的保养。另外他总结自己写大字让身体保持平衡，腰骨和背脊挺直，而脚踏实地走路，不用拐杖，保持身体稳定。最后，天天打坐参悟"一壶天地小于瓜"，用坐禅及卧禅来清静正观，使身心愉悦，自然长寿。

早在2003年为出版《饶宗颐二十世纪学术文集》，先生亲自参与披览、校阅全部文稿，因劳累过度发生中风。在休养恢复的日子里，他来到长安，爱上了这里的山和水，对莲花山更情有独钟。莲花山就像他的一个不离不弃的老朋友，鼓励他，让他恢复了身体健康并给予他创作的灵感。此次展品《莲花山春晓》表达了他对长安的感激之情。

本月，"一代通儒——饶宗颐"在港播出。节目中，先生对"万古不磨意，中流自在心"这一联语作了解读，"不磨"就是"不朽"，古人追求的"不朽"，即"三不朽"，立功、立德、立言，就是造成这个人有品格（Character），"万古不磨意"，即追寻一种超越时空，历久弥新的境界。"中流自在心","中流"犹言在水流中央,在大潮之中,在主流之中。"自在"是佛教的说法,也是观世音菩萨的"大自在",在不朽中找自己一个"自在"。"自在"用现在的话讲,就是独立精神,即自我的,不是夸张的,是自己站得住的独立精神,先做人,先立德、立品,以后再做学问、做艺术。"中流自在心"亦即立足于学术主流,与时俱进地追寻中国学术赖以生存的本土心智,追寻博大而富具超越性的大智慧。

为中国文史出版社出版的《当代名家赞潮汕》题签。

8月29日,特区政府在会展中心举行"北京奥运会内地金牌运动员代表团访港欢迎酒会",先生题写"奥运精英 光耀中华"匾额赠予代表团。

同月,《学艺兼修·汉学大师——饶宗颐教授90华诞国际学术研讨会论文集》(《华学》第九、十合辑)六册,由上海古籍出版社出版。

10月,广州鼎宏美术馆举办"翰逸神飞——饶宗颐书法展"展览,展出书法作品80件。

10月28日上午,贾庆林在中南海会见饶宗颐。中午,先生赴北京解放军总医院看望了老朋友季羡林教授,"南饶北季"京城会的开场白是先生称赞季老的一句话:"您是我们国家最高老师。"季教授夸赞先生:"您是多才多艺啊。"相聚虽短,但其言谆谆,其情切切。

10月29日至11月12日,香港大学饶宗颐学术馆与故宫博物院合办,在北京故宫博物院神武门大殿展厅举行"陶铸古今——饶宗颐学术·艺术展"展览,国务院总理温家宝致信表示祝贺。《陶铸古今——饶宗颐书画集》、《饶宗颐捐献故宫博物院书画作品》由故宫博物院主编,北京紫禁城出版社出版。先生是第4位于故宫博物院举办展览以及作品被故宫收藏的在世艺术家。他捐赠的10件作品有:《瘦马图》、《拟明遗民十家册》、《东坡佛印谈禅图》、《八大伎俩四屏》、《墨西麓小湖诗书画卷》、《印度恒河忆写》、《荷花六连屏》、《龟兹梦游图》、《甲骨四言大联》、《四色书晚明四家诗四屏》。郑欣淼为画集作了"不古不今,亦古亦今"序言。展出作品120件,约有半数为先生

2007 年及 2008 年所作的作品，同时，展出先生著作及主编的刊物约 100 种。

冬，于爱宾室作《思维菩萨》。

是年，于爱宾室作《莲花山春晓图》，作品捐给东莞长安镇人民政府收藏。

11 月，广东画院聘为艺术顾问。

12 月，于爱宾室用竹笺书爨宝子碑字："风来，海立，云抱山行。"

2009 年，1 月 16 日 2 月 12 日，香港大学饶宗颐学术馆与深圳市文化局、香港艺术发展局合办，在深圳美术馆展览厅举行"我与敦煌——饶宗颐敦煌学艺展"，作品集由孔晓冰、邓伟雄编辑，深圳海天出版社出版。

1 月 8 日，潮州饶宗颐学术馆被定为广东省科普及示范基地。

1 月 16 日下午，国务院总理温家宝在中南海紫光阁主持中央文史馆新馆员聘任仪式，先生被聘为中央文史研究馆馆员，他因年事已高未能出席聘任仪式。2 月 19 日，李刚前往港大转送聘书，先生对国家的重视表示感谢，多名香港文化、学界人士到场祝贺。

2 月，为《南方日报》专版题："世纪广东学人。"

立春，于爱宾室书"茗盉眠起味，书卷静中缘"。

3 月 27 日，录写的王大宝诗文《韩木赞》落户潮州韩文公祠，著名的潮州八景之一"韩祠橡木"再次焕发生机。先生用 16 尺宣纸以行草书成的《韩木赞》，取颜真卿、苏东坡厚重一体，400 多字的作品可称书法珍品，笔意安稳，气韵生动。

4 月 9 日，担任中华书局学术顾问。

4 月 20 日，适逢深圳读书月十周年，欣然命笔，写下"书香十年"以表祝贺，并借深圳卫视镜头，带话给深圳读者："我非常骄傲做深圳读书论坛的第一讲，希望各位把读书继续下去。"

4 月 21 日，香港大会堂举行"2008 香港艺术发展奖"颁奖典礼，获最高荣誉的"终身成就奖"。曾荫权在致辞时表示，饶宗颐教授是本港文化艺术界及学术界的殿堂级大师，学艺兼修，毕生从事汉学研究及艺术创作，著作繁多，影响非常深远。饶教授虽然年逾九十，但仍不断创作。他那种孜孜不倦、努力创新的精神，实在是我们一众后辈的学习典范。饶教授致辞中对政府和艺术发展局表示衷心感谢，表示这个奖项是对其从事艺术研究的极大鼓舞，他鼓励香港的艺术工作者，在这个充满自由的创作天地，百花齐放，创造香港艺术发展的灿烂明天。

端阳，于爱宾室作《砵荷图》。

7月11日，季羡林、任继愈两位学问大家同日逝世，先生与两老素所互重，恸痛之极，即日挥书"国丧二宝，哀痛曷极"。饶宗颐第二天写挽诗一首悼念季羡林教授，诗文：

> 挽季羡林先生，用杜甫长沙送李十一韵。
>
> 遥睇燕云十六州，商量旧学几经秋。
>
> 榜加糖法成专史，弥勒奇书释佉楼。
>
> 史诗全译骇鲁迅，释老渊源正魏收。
>
> 南北齐名真忝窃，乍闻乘化重悲忧。

诗中第七句借用杜甫原诗第七句的"齐名真忝窃"，以示谦逊。季老在学术史上有二事：一为撰成巨著《糖史》，二为研译吐火罗文《弥勒会见记》，即指季老的名著《吐火罗文〈弥勒会见记〉译释》，此二事学术界人所共知，他更曾以"人所不能为"一语来称颂季老这两方面的学术贡献。榜加，印度北部有鹿加湾、鹿加省，应即指此；佉楼，即佉卢文，亦即吐火罗文。这是先生第三、四句诗的意思。印度有两大史诗是鲁迅极为称颂的，但一向缺乏好而全的中文译本，季老后来将其中之一的《罗摩衍那》全部翻译成中文，因有"骇鲁迅"之句。至于"正魏收"一句，实指季老1990年在江西人民出版社出版的《佛教与中印文化交流》一书，谓其中有很多发见，可订正北齐时期著名史学家魏收（506—572）所著的《魏书·释老志》。这是先生第五、六句诗的意思。最后一句中"乘化"一词，典出陶渊明《归去来兮辞》之"聊乘化以归尽，乐乎天命复奚疑"，当然亦暗含先生与大家互勉的顺自然、超生死的达观思想；至于"重悲忧"，先生的意思是悲老成之凋谢，而忧来者之难继。

海宁博物馆主办的"博大精深——饶宗颐先生的艺术世界展"暨"饶宗颐学术与艺术研讨会"于香港回归祖国纪念日开幕。

8月，香港大学饶宗颐学术馆与澳洲塔斯曼尼亚博物美术馆合办，在澳洲塔斯曼尼亚博物美术馆举行"心通造化——一个学者画家眼中的环宇景象"展览并出版作品集。这次展览是先生在亚洲以外地区所举办的一次大型艺术展览，展品包括了绘画、书法、新路向书画、文具及文玩。先生亲自到塔省参加开幕式，并为永久竖立在塔省博物馆门口的巨型木刻"众妙之门"揭幕。

9月，为我国创建的第一所师范大学——华东师范大学题写"斯文在兹"匾额。

11月，中国文字博物馆聘任仪式在北京举行，学者冯其庸受聘馆长，饶宗颐、李学勤、裘锡圭等任顾问。

11月3日，中国人民大学出版社、香港大学饶宗颐学术馆、香港天地图书有限公司在香港举行《饶宗颐二十世纪学术文集》简体版新书发布会。先生出席发布会，逾百名政商界和文化界嘉宾出席。11日，先生铜像在潮州饶宗颐学术馆隆重揭幕。12日，位于中山大学陈寅恪故居开放，先生题写"陈寅恪故居"匾额。

11月12日上午11时，在香港中文大学图书馆内，隆重举行《饶宗颐像》揭幕典礼。仪式由刘遵义主持，饶宗颐、杨振宁、吴为山、田家炳、徐展堂、黄乃正以及社会各界知名人士200余人参加典礼。

香港中文大学在图书馆竖立先生的铜像，向大师表述崇高的敬意。先生铜像的对面是意大利政府赠送的但丁塑像，但丁背后墙壁上为一首长诗，那是1958年先生访意大利时，凭吊但丁墓时撰《但丁墓下作》的长诗。看到自己雕像与但丁像遥相对望，他笑言："我可以与但丁对话了。"

11 月 18 日，香港大学饶宗颐学术馆、第十五届国际潮团联谊年会、广东潮人海外联谊会、广东画院、广东美术馆合办"丹青不老——饶宗颐艺术特展"展览，并由广东美术馆出版成集。

香港大学饶宗颐学术馆出版《选堂墨韵——饶宗颐书画选集》、《得其嵛倪——饶宗颐云林笔意书画集》。

12 月 6 日中午，时任中共中央政治局委员、国务委员刘延东专程到香港大学饶宗颐学术馆探望先生，并转达温家宝总理对先生的问候。

12 月 26 日，"温州大剧院"开业，应温州市政府邀请题写"温州大剧院"匾额。先生与温州颇有渊源，对南戏深有研究，早期与温州本土学者多有互动，系温州师院名誉教授，1991 年曾到温州参加会议。年底，为《中国书法全集》题写书名，使《全集》的编撰人员深受鼓舞，他们向南天遥祝先生健康长寿！

与池田大作、孙立川共同完成《文化学术之旅：鼎谈集》一书，该书分为十二章，谈人生、学问、艺术、精神、佛教等等。书后，附录池田大作的长诗《学艺巨星　巅峰的光彩——献给尊敬的饶宗颐教授》，由孙立川翻译成中文，内容如下：

悠久的大河
长流不息
长江滔滔
今天也无尽地奔流

贯穿着无数世代
历尽了多少荣枯盛衰
炎黄山河无边无际
到处埋藏着数不尽的和璧隋珠
为了寻求文化至宝
长者不歇地踏上知性之旅

深深地采掘文明大地
终于获得满腹珠玑
学术之光广照地平
艺术之彩辉耀苍穹
国学大师饶宗颐
"学艺探求"光彩璀璨

"学艺双携"通达万般领域
以身作则体现了人的无限潜能
从超群境界拓展新时代
不愧被誉为真正的文艺复兴旗手
东方的达·芬奇——饶宗颐教授

故乡广东潮州是开明之地
饶公自幼好读诗书
十岁时已熟读《史记》
史迹经论腹笥甚广

家传藏书充斥栋宇
严父博学耳濡目染
璞玉得被磨砺熏陶
自幼被誉"神童""麒麟"
名闻遐迩满故乡

十六岁青春多感时期
父亲溘然与世长辞
恩深似海难禁热泪滂沱
孑然一身处于黑暗之中
然而青年振奋立志

把悲痛化为创作泉源

誓要继承先父遗志
续编其遗稿
终于完成《潮州艺文志》
谱写出父子同心的奋斗诗
进而踏足深闳学术之林

大学被迫断念
面临战祸颠沛流离
更身罹疾病
险临绝望深渊
洗心发奋图强
埋头文献磨砻砥砺
向父亲立誓要追求的学问
正是人生一线的光明
为启发万民而探求睿智
心中涌现大无畏精神

故宫博物院收藏的一幅名画
主题是我从机上拍的阿尔卑斯山脉
听说饶公看后心有灵犀挥笔如神
兄长的友谊暖我心田
群云缭绕巍峨山峦
正气凛凛威风八面
白雪行云如银浪碧涛
庄严气宇与宇宙的律动
恍如宝塔直指九霄

古人有云

"不登高山，焉知天无极"

山岳画家曰

"不攀极顶，难画山之奇"

我深知

巅峰上

烈风不断狂吹

高峰顶

冰雪激烈袭人

学问山脉亦是如此

探赜索微增进知识

胆大心细几度深入未知之境

别具匠心独辟蹊径成开路人

飞短流长一笑付之

流言蜚语能奈吾何

人生波澜万丈危机四伏

却使勇于创造的人生更为丰裕

成为天赐使命

胜利的人生轨迹

被万人奉为楷模

泰斗令人刮目相看的伟业

考古学　甲骨学　礼乐　史学

敦煌学　目录学　中外关系史

楚辞学　诗词学……

集大成的《饶宗颐二十世纪学术文集》

洋洋二十卷分十四领域
皆为人类知识遗产
登峰造极的睿智结晶

飘逸着中华文明的金云
其巍巍山容仰之弥高
学贯古今中外
光华辉耀学术界的天际

探求真理严于律己
真挚的著述
孤高的奋斗
变成数千万学术立言
赢来了无数胜利勋冕

东西一流名门学府
接踵授予荣誉学位以表敬意
于法国获汉学巅峰儒莲奖
亚洲名门香港大学
则设"饶宗颐学术馆"以留后世
回归祖国的港府
又授予大紫荆勋章
以赞誉当代首屈一指的文化巨人

山高则水流长
以顶天山峦为源的河川
润泽文化大地使之丰饶
以学术巨人为源的精神水脉
滋养艺术草木相得益彰

终而花团锦簇万里飘香

画中的花鸟风月
散发着澄明妙韵
山水古木
满溢着幽玄浩气
落笔顿成氤氲妙域
墨迹淋漓开启久远世界

多么玄妙的意境
多么安详的魅力
其心境自在融通无碍
蕴藏着宇宙的神秘

饶公佛教素养精深
曾赠我一对联
"赠实践尊贵菩萨道、行伟业之人"
赠言令我汗颜不已
其意源自《法华经》之说
"池荷消火宅，法句涌心田"
字字千金紧刻肺腑
感铭圣贤对我鞭策之心

学艺英雄眼光独到
不计较琐事与利害得失
品行谦虚超然物外
受人民爱戴尊称"至宝硕学"
为人至诚心似菩萨
品德脱俗如出水莲华

饶公谦言
"我只是一个勤勉人"
天赋才能
都归功于勤勉和与己搏斗
座右铭先举"精进"二字
这令巨人更登峰造极

饶公吟曰
"学问无穷，造到老时学到老
年华有限，得开怀处且开怀"
虽已年高八十八
仍然身体壮健思想明晰

上进，不断谋求上进
登峰，更要登峰造极
跨上展开双翼的白马
手执学问的珍珠缰绳
脚蹬艺术的黄金马镫
在精神的苍穹
直往天际翱翔

孜孜不倦地探求
跃动前进永无休止
犹记得《菜根谭》曰
"而精神万古如新"
我终身不忘
美国创价大学开学典礼时
送我"振铎万方"四字
寓意深长

学问的目的为何
艺术的目的又为何
要敲响警世的木铎
把披靡物质与功利主义的现代
扭转为重视价值理想
服务人群的社会
以此精神挽救引导万民
开启历史的新帷幕

我确信
穷理学问，志高艺术，不朽品德
于此有万代繁荣的轨迹

我深信
学问艺术与宗教
必定会于人心深处共鸣
拓展无垠的精神地平线
这里有中日友好金桥
与和平的不朽光源

我衷心赞叹
圣贤之心
日久弥新的创造精神
我要推广
与贤人智者的对话与协作
并肩前往
探讨心灵奋斗的遥远旅程

池田大作会长称饶宗颐为"东方达·芬奇"，是中国的国宝，也是东方以及全人类的至宝。而他要以"东方达·芬奇"称号为勉，把先生的英智与万种才能传播给世界青年，寄希望于未来一代。

饶宗颐、陈韩曦撰写的《选堂清谈录》由北京紫禁城出版社出版。清谈录用对话方式出书，因语言朴素真实，使读者更容易了解"饶学"。

先生题写书名，原书名为《选堂访谈录》，先生认为谈话是在清清闲闲的情况下完成的，故命名为"清谈录"，从这可以看出他对后学晚辈的提携和厚爱。

《香港大学饶宗颐学术馆藏品图录Ⅰ·饶宗颐教授艺术作品》，由香港大学饶宗颐学术馆出版。

2010年，1月13日，获中华文化促进会、南京市人民政府及凤凰卫视颁授"2009中华文化人物"称号。

1月24日，国务院参事室主任陈进玉一行，带着温家宝总理和国务委员马凯的新春祝福，以及总理亲笔签名的新春贺卡，专程到先生书斋"爱宾室"探望，陈进玉说："过去一年，总理三次过问饶老的健康和生活，并亲自致电国务院参事室、中央文史研究馆，要求做好饶老先生的医疗保健工作。"

香港大学饶宗颐学术馆主办"普荷天地——饶宗颐荷花展"展览。

2月，"通会古今——饶宗颐艺术新作品展"在潮州市饶宗颐学术馆举行。

4月，闻知青海玉树县发生7.1级地震，对震区藏族及其他各族同胞表示极大关切，为支持灾区人民抗震救灾，特捐赠10万港币善款。

5月，由施议对编纂的《文学与神明——饶宗颐访谈录》在香港三联书店有限公司出版，该书以对话的形式，将他在学艺上的见解展现出来，先生阐释了神明与文学之关系，毫不忌讳地表明自己是个有神论者。该书对先生与神明的因缘而展现出来的诗歌风格进行阐述，认为他是"诗人之境"、"学人之境"与"真人之境"的完美结合。同时，该书还对他在词境的开拓方面——形上词新词体，进行详细的介绍。

先生曾于1938年途经惠州，他对东坡文化一直情有独钟，5月，他来到惠州，畅游西湖、挂榜阁等景点，并为挂榜阁撰记。又作《西湖春色图》捐赠惠州人民政府收藏。

6月，广州中医药大学以弘扬中华医药文化，传承国学建成"杏林苑"，先生惠赐墨宝"传承创新，精诚至善"八字，为杏林增辉。

8月6日，在北京香港马会会所，香港大学饶宗颐学术馆和黑龙江大学签署满族文化遗产抢救与研究开发合作协议，先生出席项目启动仪式。2011年6月24日，第一届"饶宗颐满语人才培养奖学金"颁发仪式在黑龙江大学人文社会科学重点研究基地隆重举行。

8月6日、7日的《人民日报》、《南方日报》、《潮州日报》相继刊载新华社北京8月6日的文章《温家宝在京会见饶宗颐》，全文如下：

> 6日下午，中共中央政治局常委、国务院总理温家宝在中央文史研究馆亲切会见了来自香港的馆员、著名学者饶宗颐先生。温家宝向这位享有盛誉的学者表示敬意，并祝他95岁生日快乐、身体健康。
>
> 饶宗颐是我国当代著名的历史学家、考古学家、文学家和翻译家。他曾长期在海外从事教学、创作和学术研究，现定居香港。2009年1月16日，被国务院聘任为中央文史研究馆馆员。
>
> 温家宝赞扬饶老先生学贯中西，集学术与艺术于一身，尤以对敦煌学造诣精深，在敦煌史地、敦煌曲、敦煌白画等众多领域多有建树，推动了敦煌学的全新发展。
>
> 饶宗颐先生虽年事已高，仍经常为国家文化建设献计献策。温家宝对此十分赞赏。他说，文化是一个民族的血脉和灵魂，一部中华文明史，不仅凝结着五十六个民族的无穷智慧和创造力，也是开放包容、博采众长的结果。弘扬中华文化、建设中华民族精神家园是海内外同胞的共同愿望。他希望海内外学者为祖国文化建设多做贡献。

2008年10月，温总理曾致信饶宗颐先生，对他心系国家、民族和世界的精神给予高度评价，今年春节前夕又专门派人给饶老送去亲笔题写的贺卡，并多次关心他的健康和医疗状况。饶宗颐对国家领导人敬老崇文之举表示谢意。他说，现在国家强盛了，越来越多的外国人对中华文化表现出兴趣，他深感欣慰。他表示，中华文化博大精深，为让世界更好地了解中华文化的瑰宝，愿继续做出自己的努力。

饶宗颐先生此次到京是为了赴敦煌出席“敦煌学国际学术研讨会”，并举办“莫高余馥：饶宗颐敦煌书画展”。温总理祝愿研讨会和画展成功。

会见时，在温总理和饶教授身后，高悬一幅《多寿图》，画中寿桃果实累累，一片福瑞之气，总理向先生祝寿，他抱拳致谢。接着，先生赠《荷花图》喻总理“风雨不倒”的品格。

呈现诗画书三绝的《荷花图》中，一支荷花出淤泥而不染，中通外直，不蔓不枝，形简而神逸，香远益清。先生以黄金加墨自作词一首《一剪梅·花外神仙》：

荷叶田田水底天，看惯桑田，洗却尘缘。
闲随秾艳共争妍，风也翛然，雨也恬然。
雨过风生动水莲，笔下云烟，花外神仙。
画中寻梦总无边，摊破云笺，题破涛笺。

以荷为题、以此词为跋，寓意有三：共勉高洁如莲的品质；褒扬总理临危不惧、敢于迎接挑战的气魄，赞赏总理刚正不阿的性格。

6日下午，时任国务委员兼国务院秘书长马凯在钓鱼台国宾馆亲切会见饶教授。陪同会见的有国务院参事室主任陈进玉、中央文史研究馆馆长袁行霈、国务院参事王国华等。会见时，马凯预祝即将在敦煌举办的“敦煌学国际学术研讨会”和“饶宗颐敦煌书画展”圆满成功。他盛赞先生把毕生精力献给了传承和弘扬中华优秀传统文化事业。马凯说，在弘扬中华优秀文化的过程中，我们需要更多饶宗颐先生这样的名家大师。饶老沉静淡定、严谨细致的治学精神是值得我们学习的榜样。饶老对国务院领导的关心表示谢意。他说，此次在敦煌举办学术活动，得到了中央和地方有关部门的热情支持和帮助，体现了国家对文化建设的高度重视。

8月9日至10月31日，由中央文史研究馆、敦煌研究院和香港大学饶宗颐学术馆合办的"莫高余馥——饶宗颐敦煌书画艺术特展"在敦煌研究院展览厅成功举办，同时出版图录。这是他第4次重走敦煌路。袁行霈、樊锦诗、李焯芬为该展览作序。开幕式上，袁行霈致辞说："没有敦煌就没有敦煌学家饶宗颐先生，没有饶宗颐先生就没有敦煌学今天的辉煌。"他对先生在敦煌学的贡献表达了崇高的敬意。展览荟萃了先生敦煌书画方面8类150件倾心力作，另有学术研究著述153部。

"庆贺饶宗颐教授九五华诞敦煌学国际学术研讨会"、"庆贺饶宗颐教授九五寿诞晚宴"也隆重举行。在寿诞晚宴上，先生闻知甘肃舟曲正遭遇泥石流灾害，他将亲友贺寿金160万元全数捐给灾区人民。

是月，香港国际创价学会及香港大学饶宗颐学术馆合作出版《敦煌白画》，全集共分中、英、日文版三册。

8月16日至9月30日，香港特别行政区政府民政事务局和香港大学饶宗颐学术馆联合主办的"香江情怀——饶宗颐作品展览"在中国2010上海世博会香港馆首层展览区展览，展出了先生以香港为题的书画作品，包括以各种不同技法描绘香港独特山水景色的画作，以及先生藉对联及诗作抒发香港情怀的书法作品。

于爱宾室作上海世博会展品："有朋自远方来，不亦乐乎。题云：

二〇一〇年上海世界展览会，宇内冠盖云集，爰书论语一句，以迓嘉宾。九十五叟，选堂。"此幅作品后由饶宗颐基金收藏。

9月1日，中共中央党校开学，由中共中央党校和中央政府驻港联络办联合主办，香港大学、皇朝翰林文化传播有限公司协办的"饶宗颐学艺展"在中央党校隆重开幕，此次展出先生不同时期的 122 件书画作品。开幕式由时任中央党校图书馆馆长陈高桐主持，中央党校常务副校长李景田，副校长石泰峰、陈宝生，中央政府驻港联络办主任彭清华，新华社香港分社原社长周南，国务院港澳事务办公室副主任张晓明，故宫博物院院长郑欣淼，香港大学校长徐立之，香港大学饶宗颐学术馆馆长李焯芬，中共马克思主义基金会副理事长郝时晋，香港及大陆各界嘉宾近 200 人出席了开幕式。

饶宗颐在看到党校校园里刻着的"实事求是"的校训之后感慨说："我几十年做学问工作，也是秉承求真、求是、求正原则，跟党校校训心有同感。"香港《大公报》对该次展览大版面作详细的报道，发表文章《天人互益　学艺双携——中央党校和中联办合办"饶宗颐学艺展"》。

《理论视野》第十期刊载了李虎群的文章《为学、做人和艺术一贯之道——由"饶宗颐学艺展"谈中国学术大统》，通过对先生以学养艺、以艺促学的为学治艺道路阐发中国学术大统的思考，认为先生"凭借的正因为是广博深厚的国学根底，又能知行合一，切实践履，所以能开出不被世俗所染污的艺术之花"。

9 月 2 日，离开北京前往上海参观"上海世博会"，并亲自到香港馆观赏自己以香港为主题创作的书画作品。

同月，《中华书画家》2010 年 09 期，"走近大家"专栏，介绍饶宗颐学艺贡献。

9 月 13 日，中共中央党校主管主办的《学习时报》第 553 期，刊登先生"书画专版"介绍其学艺成就。

9 月 15 日，于爱宾室书《步东坡寒食诗韵题白山图册句》。

9 月 22 日中秋，于爱宾室作《太液澄波图》，《宜富当贵》。

秋，于爱宾室书《挂榜阁记句》："人杰地灵，物华天宝，聚良才而开盛世。"

《西南文化创世纪——殷代陇蜀部族地理与三星堆、金沙文化》由上海古籍出版社出版。先生在《后记》中云：

三星堆出土遗物，把中国西南地方在古代盛传的"岷山道"的事迹重现于历史的银幕上。长期以来，西南的古史活动纪载是一片空白，虽有一些扑朔迷离的神话围绕着，事实等于零，很少人去理会，现在可不同了。

本书从卜辞找到地名的线索，理出一点头绪。我的工作就像耶稣所说用默默写字的办法，给人以某种反思，我不敢说我的劳力对历史有什么点滴的贡献，最少，可以看出在时、空交叉上觅找一些中外的联想，也不算白费的。鱼的神话和纵目传说的关系，不可思议的"尔来四万八千岁"等奇异诗句亦得到比较合理的解释了。

《西南文化创世纪——殷代陇蜀部族地理与三星堆、金沙文化》由上海古籍出版社出版。全书分为两部分专论：前半部分主要是通过释读商代甲骨文，来勾勒殷商时代的西南历史，后半部分则综合运用神话学、民俗学、考古学等材料，阐释远古西南的传说、崇拜与对外交通。书中阐述上古时代，西南文化也有可能和现在的西方有文化交流。书中也谈到良渚文化。以前一个普遍观点是，良渚文化由长三角向东北、向南部延伸，但书中，先生提出新观点，认为良渚文化也有可能向西延伸，甚至和四川的三星堆、金沙遗址存在某种关联，充分体现了先生学贯中西的深厚功底。

11 月 18 日上午，由饶宗颐提议，旨在促进敦煌保护和教育工作的"香港敦煌之友"在香港大学美术馆举行成立仪式。"莫高余馥——饶宗颐敦煌书画艺术特展"也同时揭幕，先生参加了剪彩仪式。晚上，"聚焦敦煌"拍卖筹款晚会开幕，先生亲临现场表示支持，他说，敦煌是古代中外交通门户，东西方文化的结晶，现代人一定要想办法保护。他希望通过这次活动唤起香港人对敦煌的重视。先生带头捐赠 10 幅书画作品，另外热心藏家捐出 5 幅作品，通过竞拍，晚会共筹得款项1316 万港元，全数捐给敦煌博物院用作敦煌石窟维修经费。

12 月 1 日，易新农、夏和顺著作《容庚传》在花城出版社出版，先生应邀题写书名。

12月14日，香港饶宗颐文化馆举行隆重的启动仪式，标志这个重要文化工程全面开展，这是香港人对饶宗颐的敬意，让饶宗颐的成就留传后世。香港饶宗颐文化馆由位于香港九龙青山道的旧荔枝角医院百年老建筑群改建而成。项目启动仪式由先生、曾荫权主持。园林式大型建筑群占地3.6万平方米，由超过20座大小不一的楼房分上、中、下三区组成，前身为大清海关关厂，至今已有接近140年历史。2009年10月获古物咨询委员会评为第三级历史建筑，并于今年中得到立法会拨款2.3亿元进行活化。该馆是一个融合自然环境的文化园地，为社会提供优良的文化设施与丰富的文化活动，其中包括主题展览、文化导赏、专题讲座、文艺演出、研讨会及兴趣课程等。

12月21日，由中共惠州市委、惠州市人民政府、饶宗颐学术馆主办"雪堂余韵——饶宗颐惠州书画作品展"在惠州博物馆开幕，共展出先生书画作品76件，主要以东坡诗词、诗意为主题创作的作品，其中包括新创作的《西湖春色》及历时4个月完成的1566字《挂榜阁记》巨幅。

2011年1月11日，题写"孔子"两字的青铜雕像在国家博物馆北广场落成。"孔子"双手合于胸前，目视远方，衣饰简洁，身体左侧佩戴有一把宝剑，让人感觉是一位仪态万方的老者正招呼着四方宾朋。石头基座上先生还题写了孔子的生卒时间。同月，为惠州亲笔题写"挂榜阁"匾额、《挂榜阁记》之后，捐赠《书天池观潮诗》、《书步东坡寒食诗韵题白山图册句》四屏书法予惠州市政府收藏。

2月14至19日，先生与女儿饶清芬，友人谢锦鹏、陈韩曦等乘坐邮轮哥诗达经典号前往三亚及越南下龙湾观光写生。

3月11日，强烈地震使日本超过36万人失去家园，先生捐款港币10万元给香港红十字会用于向日本灾区赈灾。

4月23日，国内首个"饶宗颐研究所"在广东潮州成立，专程回乡揭牌。韩山师范学院、潮州市饶宗颐学术馆、世界潮团联谊会学术委员会联合成立的"饶宗颐研究所",是从事饶宗颐学术思想研究的常设性机构,这标志"饶学"研究进入一个新的发展阶段。"饶宗颐研究所"的成立,得到中央文史馆、敦煌研究室、香港大学等机构鼎力支持。吴南生题写贺词,卢瑞华为该所题匾。

在韩山师院举行的"饶宗颐研究所"成立仪式上,学院师生热情高涨,用"独造文化珠峰通儒通佛通道饶公伟哉,共耕学术兰畹求正求是求真韩苑幸矣"的长联评赞先生,他连说"不敢当",说自己是一个苦学的人,做学问实属"求真、求正、求是",他风趣地说,要在求通的道路上继续努力。在回故乡前夕,他在爱宾室写了"说真"一文,文中说道:

> 阮公《咏怀诗》四十二首原句云:"保身念道真,宠耀焉足崇。"直称"真"为道。《文选》陶公《杂诗》第一首:"结庐在人境……此中有真意,欲辨已忘言。"《饮酒诗》第二十首:"羲农去我久,举世少复真。汲汲鲁中叟,弥缝使其淳。"《庄子·秋水》篇:"是谓返其'真'。"郭象注:"真在性分之内。"颜延年《陶徵士诔》:"初辞州府三命,后为彭泽令。道不偶物,弃官从好。"有诏徵为著作郎,称疾不到。故有"靖节"之谥。盖真有所不为,乘化归尽,乐乎天命。《庄子·天下》篇:"不离于'真'谓之至人。"《文选》卢子谅《时兴》结句云:"澹乎至人心,恬然有玄漠。"此亦至人之追求者,此求真之真义。

先生做学问的地方除了"梨俱室"还有"爱宾室",这个室名鲜为人知,在《选堂清谈录》中他解开了为什么要起这个室名之谜:

> **访者:** 梨俱室是您创作和做学问的地方,您最近又添爱宾室,这个室名肯定有学问。
>
> **选堂:** 爱宾是唐朝张彦远的别号,我们叫他张爱宾。张彦远是唐朝宰相的家族,家里收藏很多,像王羲之等人的物件都有。

他著有一本书叫《法书要录》，是讲书法的；还有一本《历代名画记》，唐朝名画家的历史都交他保存着。他主张书法驱使画，画画的人首先应懂书法。书画不但同源，而且是书法先，懂得书法，然后作画都好。爱宾，我的思想与他相同，他主张一笔书，写草书一笔过，是他的学说，我崇拜张爱宾，他是我的老师。我用爱宾有二义：正义是指张彦远，另一义是喜欢大家来坐，喜欢客人来。

访者：是。许多香港友人对我说，踏进您的家门就感觉到您非常好客，这是"爱宾"的一层意思。更深的是体现您原来的宗旨。

选堂：是。是我做学问的宗旨。

同日举行"粤东考古中心"在潮州落户揭牌仪式。近年粤东考古屡有重大发现，出土了牙璋及古窑群，特别是在饶平浮滨镇的 21 座古墓葬中出土了一批商周时期的器物，考古部门将同类型的文化形态命名为"浮滨文化"，这揭示了"潮汕文化"的源头活水。另外，先生曾查阅文献，认为揭阳应为"汉初南海国"（汉时建于闽粤赣三省交界。后因谋反被汉王朝剿灭。存在 37 年）的古城遗址所在。他认为，通过地下考古发掘，可能会找到不亚于广州南越王墓这样规模的"东越王墓"或"闽越王墓"。"粤东考古中心"的成立将为实现上述目标提供有力的支持。《潮州志》的四个分志《古迹志》、《金石志》、《人物志》、《宦绩志》跟随他浪迹天涯 60 年后回到潮州，经过 1 年时间校勘整理，以《潮州志补编》的形式出版，在审稿仪式上，先生签下"同意付印"4 字。

5 月 12 日，在"万众关怀风湿病慈善晚会"上，先生题写横幅"厚德载物"拍得港币 108 万，款项全数捐赠给香港风湿病基金会。

5 月 13 日，《饶宗颐书画册页丛刊》新书首发式在深圳文博会主会场 7 号馆举行。这是目前国内对先生书画作品最大规模的一次出版。丛刊分为《选堂临碑十二种》、《选堂临帖十二种》、《选堂游展写生丛刊》及《神州胜境——选堂中国写生丛刊》四套，共 48 册，所有书画作品都是首次结集出版。

5 月 23 日，先生获澳洲塔斯曼尼亚大学颁发名誉文学博士学位，成为该校舍首名获颁名誉博士学位的华人。颁赠仪式在香港大学王赓武讲堂举行。塔斯曼尼亚大学副校长 Peter Rathjen 在致辞中赞扬 95 岁高龄的饶宗颐在文、史、哲及艺术等领域的卓越成就和对中国文化做出两项重要贡献：

一是帮助中国人增强对本国丰富文化和厚重历史的认同感；

二是令生活在其他文化背景中的人们更深切地了解中国对于世界文化发展所做的贡献。

《香港大学饶宗颐学术馆藏品图录 II 馆藏古籍珍善本》，由香港大学饶宗颐学术馆出版。从"选堂文库"中挑选二百种珍善本书籍，编为图录，并略依说明。正如编者所说，先生这种化私为公，大爱天下的学者精神和无价的高贵品德，确实难能可贵。

6 月 2 日，捐赠匾额"为善最乐"支持"香港万众同心公益会"电视筹款节目，该作品由太平绅士郑少明以 108 万元拍得，所得善款 108 万全数捐入公益金。香港公益行政总裁李颖贤代表属下超过 210 万的受惠者向先生致谢。

7 月 12 日，向澳门艺术博物馆捐赠 30 件书画作品，澳门行政长官崔世安在礼宾府与先生会面，对他长期支持澳门文化艺术发展及研究，致以衷心感谢。

7 月 17 日，国际天文联合会批准南京紫金山天文台发现的编号为 10017 小行星命名为"饶宗颐星"，先生的名字从此镶上太空星辰，载入天文史册。

7 月 22 日，先生 96 岁华诞，曾荫权夫妇前往爱宾室祝寿，并送上丝绸画册《燕京八景图》。先生向曾荫权介绍近年创作的书画作品。

同月，潮州饶宗颐学术馆被定为"广东省统一战线基地"。中国地理学会建设"林超地理博物馆"的消息传到香港中文大学，先生 1946 年已经发表《楚辞地理考》，对我国地理十分关心，他得知后十分高兴，欣然挥笔，为"林超地理博物馆"题写馆名。

8月18日，时任国务院副总理李克强出席香港大学一百周年校庆典礼前，在校园内探望了先生。他称赞饶老国学造诣深厚，精于书画，不但传承和发扬中华文化，还推动中华文化走向世界，促进世界文明交流。

上午9时15分，李克强抵达港大陆佑堂，随即步入一层休息室。见到在室内等候的饶教授，李克强便快步上前热情地一边握手，一边问候："见到您我很高兴，你身体好，我很高兴。"先生说："感谢您在百忙之中拨冗来看我，我很不敢当。"其后，两人坐下详谈。

除身体状况和生活条件外，李克强亦很关注先生的学术研究情况，他赞赏先生的学术精神，并询问先生是否还有继续做学术研究。先生说："我一直都有继续做研究，这是作为中国人的责任。"

李克强说，"你不仅传承发扬中华文化，而且还促进中华文化走向世界。您还是中央文史馆馆员，对国家发展、香港的繁荣发展有什么建议，欢迎您提出来。"

陈韩曦编著的《饶宗颐学艺记》由广东省出版集团、花城出版社出版。本书由8个部分组成：家学渊源，发奋潜研，香港机缘，四海寻珍，中西贯通，遍游神州，古稀春锄，永不言休。附先生在学术研究上的50项第一。全书记述饶教授学艺历程，收录他出版和发表的著作名称，论文篇目，以编年方式顺时序排列，资料收集截至2011年7月。

9月18日《四库电子字典》编纂工程由饶宗颐领衔主编，这是一部收录最多汉字的中文古籍字典。饶宗颐亲临启动典礼，李焯芬致辞称，希望通过电子字典项目，将人才与科技结合，陆续增补古今中外材料，将陶文、甲骨文、金文、石刻文字等文字都编进去，成为一本涵盖中华历代文字又具有时代价值的网上字典。《四库全书》是现今中国规模最大的一套丛书，汇集了从先秦到清代逾3400种典籍。《四库电子词典》将以提供8.2万个中文字符的"全书电子版"为基础，梳理每个汉字的形、音、义的历史演变过程。

9月19日，《光明日报》"国学"版刊登先生为贺《国学》版创刊5周年题词："反本开新。"

9月26日，《人民日报》"视点"版记者陈星星文：于右任书法作品日前在京展出——跨时空的书法情缘。刊登先生为于右任书法研究院题写院名的相片。

10月22日，"岭南风韵——饶宗颐教授书画艺术特展"开幕式暨电视纪录片《饶宗颐》首播式在广东省博物馆举行。时任广东省委书记汪洋与饶教授一起为展览揭幕。开幕式上，先生将新近创作的四幅描写岭南四季的写意山水画捐赠给广东省人民政府作为省博物馆永久收藏。广东省博物馆编，岭南美术出版社出版《岭南风韵——饶宗颐书画艺术特集》。

10月19日，"编号10017饶宗颐星"命名仪式在香港马会会所举行。特首曾荫权、中联办副主任李刚、外交部副特派员詹永新、中科院紫金山天文台党委书记鲁春林、香港潮属社团总会创会主席陈伟南、香港大学校长许立之和香港中文大学校长沈祖尧等众多领导嘉宾，逾300人欢聚香江，与先生一起共同见证"饶宗颐星"载入天文史册，共同分享喜悦与荣光。

11月11日，由潮州市金山中学广州地区校友会赠建的饶宗颐铜像在潮州市金山中学新校园落成。

11月15日，首届"全球杰出华人奖"颁奖仪式在港岛香格里拉大酒店隆重举行。饶宗颐、李嘉诚、杨振宁、陈香梅、袁隆平、田家炳、曾宪梓、高锟、姚明等百名杰出华人，入编《全球杰出华人画传》并获首届"全球杰出华人奖"。

11月21日，"意会中西——饶宗颐捐赠澳门艺博馆书画作品展"在澳门回归贺礼陈列馆揭幕，展览展出先生历年赠予澳门艺术博物馆之书画作品34件套。

11月26日，中央文史研究馆馆长袁行霈看望先生，转达了国务院领导和国务院参事室陈进玉主任对他的亲切问候，并特意带来定制的中式丝绵棉袄，袁行霈馆长说，希望这件棉袄能给饶公在冬日送去温暖，祝愿他健康长寿。先生感谢陈主任的关心。袁行霈馆长还代表中央文史研究馆赠送一幅《新富春山居图》的高仿真卷，以及中央文史研究馆编撰的《缀英集》、《谈艺集》和《崇文集（三编）》。

12 月 11 日，"饶宗颐与华学·国际学术研讨会"在福建泉州华侨大学举行。同日，"通会境界——饶宗颐教授二十一世纪书画新路展"在中国闽台缘博物馆举行，来自美国、法国、日本、韩国、新加坡以及香港、台湾等国家和地区的近百名海内外专家学者参加会议及有关活动。他因年事已高，未能到会，特意题词"宽容为本，和而不同"八字题赠予学校，并为会议发书面致辞："宗颐年迈，日暇惟书静思，持笔遣墨，至于中华文化之研究、'华学'之发展，尤仰赖诸位学林同道、社会贤达合力奋进，为吾邦国文化与复兴尽一己之力，是所企望。"

12 月 16 日，接受西泠印社社长聘任书，成为在金石篆刻及印学界有崇高地位的西泠印社第七届掌门人。颁证仪式于香港潮州商会会馆举行，中联办副主任李刚、杭州市委宣传部部长翁卫军、民政事务局局长曾德成与本港艺术界代表出席。先生任"第一名社"社长，使西泠印社再添光辉。西泠印社是我国近现代文化史上最重要的文人艺术社团，先生出任社长树起一个时代文化艺术精英的最高标志。

12 月 19 日，首届中华艺文奖颁奖典礼在国家博物馆礼堂举行。先生获得中华艺文奖终身成就奖。该奖项是目前除中国政府设立的文艺奖项之外，由国家级学术机构主办的最高艺术奖。20 日，中国文联、香港艺术发展局主办的第四届海峡两岸暨港澳地区艺术论坛在香港开幕。孙家正先生专程看望了先生，并为他颁发中国文联荣誉委员证书和金质证章。

饶宗颐总纂的《潮州志补编》正式出版。《潮州志补编》是 1946 年先生总纂的记述原潮州府范围史事的《潮州志》的重要组成部分，共 5 册 150 多万字，包括林德侯分纂的《古迹志》，温丹铭分纂的《人物志》、《金石志》，温克中分纂的《宦绩志》，以及由林德侯、吴珏摘录全国各地志乘中涉及潮州部分的史料汇编《外篇》卷。饶宗颐为补

编题写书名并作《序》言:

　　我潮之有地志,昉自宋元,至明清而趋盛。然自乾隆壬午周硕勋修《潮州府志》后二百余年,府属各县县志虽时见赓续,而州志几成绝响。民三十五年国土重光之后,我侪有感于沦陷期间,旧家藏籍、地方档案多所毁佚,方汲汲于徵集整理文献为职志,时两广监察使刘君侯武谓州志宜更修,俾后者有所取徵。是年秋,五区专员郑君绍玄遂庀局修志,且命余主其事。不意志馆创设后,忽忽两三年间,弥天氛祲,时局倏变,运作维艰。所赖邦人殷殷匡助,诸同仁孜孜采辑,至民三十八年州志凡十五门、五十册稿本幸告有成。惜财用匮乏,刊行者仅二十册。历历往事,于今仍不堪回首。清富阳县令熊向葵于《创修县志序》中有谓:"事有为分所应为,复为时不可不为,乃又为势所难为,因勉强以为之者,此中曲折以赴,劳瘁以成,纵有几微之憾,应亦谅良工之用心弥苦矣。"此试修志者备尝甘辛之挚言,足亦古今之同慨也。二〇〇五年八月,潮州市地志办公室诸君访寻得民族、山川、工业、风俗及戏剧音乐五部未刊志稿,复补足卷首、志末,合前已刊行之各分志,促成州志之重刊,其规模格局,已近当年原拟之体制。余以望九之年,竟能获见是志之重版问世,忻慰之情,自难已已。然则鄙意犹有未足者:古迹、金石、人物、宦绩、方言五部分志,曩尝随余浪迹天涯,期期以谋求刊布为念,惜时不我逮,愿终难了。一九七八年余休退后定居香江,与学界交流日广,笈籍山积,上述志稿遂滞其间。二〇〇九年春理董旧物时,志稿竟骤现眼前!余喜极而合十仰首祷谢:是上苍终肯眷顾以玉成余之夙愿也!因亟请来访之林君英仪将其携归家乡。挚友陈君伟南获悉后,辄慷慨解囊以助梓刊,潮州市党政领导复多方垂询关注。翌年三月,潮州海外联谊会沈会长启绵君乃邀集当地方家成立整理小组,着手整理业已漫漶之志稿。诸君不辞辛劳,夙夜匪懈,缮录校勘,句栉字比,历时十六月,除方言志外,《潮州志》全帙遂臻于齐

301

备。噫！一志之成，竟迁延六十五载，洵修志史上罕有之苦乐传奇也。其至足憾者，当年志馆诸同仁皆归道山，而余以九秩晋六之年，犹及见证其艰辛过程，抚今追昔，能无百感交集、戚然于心者耶？谨以新刊之书为献而告慰于先贤之灵曰："宗颐已完成历史使命也已！"

二〇一一年七月饶宗颐谨识

同月，饶宗颐著，陈韩曦编注的《饶宗颐集》由广东省出版集团、花城出版社出版。《饶宗颐集》由 5 个部分组成，共收入学术文章 145 篇，另加诗词 50 首，分经史新论，文学综述，书画通议，诗赋撷珠，散文馀馥。集中了先生的学艺历程精粹文笔。

2012 年开春，于梨俱室作《荷花书法卷》，《荷花小直幅加对联》：

人品犹如花澹宕，

文心恰似藕玲珑。

2012 年 2 月 12 日，由书法网举办的"2011 年度书坛十大新闻人物"揭晓，按广大网友的投票，先生被评为"2011 年度书坛十大新闻人物"。

2 月 28 日，香港大学饶宗颐学术馆、饶宗颐学术馆之友庆贺饶宗颐荣获首届"中华艺文终身成就奖"、荣任西泠印社第七任社长和饶宗颐研究基金成立、学术馆之友创立 8 周年庆典等活动，在香港九龙洲际酒店大礼堂举行，500 多名海内外嘉宾欢聚一堂。先生捐赠书画作品拍得款项港币 4000 万元，全数捐给饶学研究基金。在庆典仪式上，先生受聘为山东大学名誉教授和《泰山通志》主编。

3 月 10 日，"饶宗颐讲座"成立仪式在香港大学群芳讲堂举行，汪德迈受邀主讲了首届讲座《中国传统中至高的社会标准：文学的"文"和伦理的"仁"》。

同月，《西泠印社》学术期刊出版今年第 1 期，总第 33 辑，《饶宗

302

颐、刘江学术专辑》。

4月7日，受日本京都银阁寺邀请，在相国寺承天阁美术馆展出历年创作的30幅敦煌画和禅画。在京都大学人文研究所，饶宗颐提出要为该所题字，偏该所周日放假，没有笔、纸、墨。后来，该所派人购来笔、墨、纸，先生用4开复印纸即席挥毫，一气呵成写下李白诗《听蜀僧浚弹琴》。

4月16日，长安镇举行饶宗颐美术馆落户仪式，先生授权以其名字命名的美术馆，除展示其个人书画作品外，还将邀请包括西泠印社成员等国内外著名书画家前来办展。

同月，由严海建著，江苏人民出版社出版《饶宗颐传——香江鸿儒》发行。

6月4日，《富春山居图》两岸"山水合璧"一周年，黄公望纪念馆正式开馆，先生为该馆题字，馆内陈设有黄公望生平传略、黄公望存世作品高仿品、富春山水影像展示等，是一个集传统与现代、水墨和光电、印象与写实为一体的展示地。

6月27日，"海上因缘——饶宗颐教授上海书画展欢迎晚宴"在上海西郊宾馆举行。国学泰斗饶宗颐、体坛巨星姚明两位跨界"巨人"在欢迎晚宴上相逢，"巨人"的手因此握到了一起。童心未泯的先生甚至还"欲与姚明试比高"，怎奈他的个头勉强到姚明胸际，不得不"仰视"姚巨人。

当天上午先生参观上海龙华寺，与住持诚法师等座谈，一同欣赏古琴表演，饭后，为该寺留下杜甫诗书法：

> 花近高楼伤客心，
>
> 万方多难此登临。
>
> 锦江春色来天地，
>
> 玉垒浮云变古今。

6月28日，由国家文物局、香港特区政府民政事务局、香港大学、西泠印社、上海文化发展基金会新空文化艺术专项基金、上海美术馆、饶学研究基金等举办"海上因缘——饶宗颐教授上海书画展"在上海美术馆举行，先生出席开幕式。香港大学饶宗颐学术馆出版《海上因缘·饶宗颐艺术天地》。此次展览是香港为庆祝回归15周年举办的系列文化活动之一，也是今年1月《沪港文化交流与合作协议书》签订之后的具体成果。

6月29日，饶宗颐踏访位于杭州西湖孤山的西泠印社社址，也成为20年来首位踏上孤山社址的西泠印社社长。在孤山上与印社社员代表见面，并在西泠印社柏堂欣然提笔，题写"播芳六合"四个苍劲而又俊逸的大字。

7月2日，《人民日报》文化版刊登记者江南撰写报道：20年来首位踏访孤山社址的西泠印社社长，饶宗颐"赴"任，许愿"播芳六合"。

7月10日，《南方都市报》港澳版转载中新社望百大儒饶宗颐《国学大师"当不起"》他说："我要活到100岁！我是按100岁来计划的，还有许多事没做。"

7月28日，为庆祝香港回归15周年，由海外华文传媒组织与香港文汇报共同发起的"光耀香江"香港回归15周年大型评选活动，经过网络投票和专家的认真评审，评选出"15件重大新闻事件""15位功勋人物"和"15座荣耀城市"。先生荣获功勋人物称号。

9月，《饶宗颐研究·第2辑》出版。

10月，饶宗颐主编，徐在国任副主编的《上博藏战国楚竹书字汇》由安徽大学出版社出版。该书收录《上海博物馆藏战国楚竹书》第一至七册全部字形，依《汉语大字典》体例，按部首编排；分正文、合文、待释字、残字、笔划检字表、拼音检字表、附录文章等若干部分。书中所用字头均为楷书或隶定形体，相关异体字则另低起一行，并给出隶定形体；所用图片均经过细致打磨处理，并在最大程度上保存了相关字形的原始形态；所采单字下均详细标明相关出处。于此可见，此书体例完备，便于使用。该书是古文字学、尤其是书法艺术研究的一部重要参考书。

11月14日，浙江省政府、西泠印社、香港大学饶宗颐学术馆合办，于浙江省美术馆举行"艺聚西泠——饶宗颐社长书画艺术特展"，此次展览共展出38件作品，包括27件画作和11件书法作品，其中不少作品为首次公开展出。在画作方面，包括西北山水、取材敦煌线描人物画的白描人物、巨幅墨荷、景物写生等，而书法作品则包括前人诗文、自作诗词以及临摹摩崖碑刻等内容。与同年6月在上海美术馆举行的《海上因缘——饶宗颐教授上海书画展》最大的不同在于，此次展出了饶宗颐近十几年创作的多件巨幅书画作品，尺幅最大的作品高2米余、宽6米余。早在今年6月，先生已先到浙江美术馆看过展厅，当他看到这里6号厅的层高很高，显得十分满意。因为多年来，他一直都在寻找一处可以展出巨幅画作的地方。

11月15日，香港南丫岛海难发生后，书题"积善余庆"，由慈善拍卖筹款资助受海难的家庭。"积善余庆"道出慈善拍卖意义，鼓励人生在世要行善积德，福荫才可恩泽子孙。

11月19日，饶宗颐获香港浸会大学颁发荣誉文学博士学位，他亲自出席接受荣誉博士学位。浸大颁授学位是表扬先生在个人专业上的卓越成就，以及对社会的重大贡献。

11月25日，被评为2012美术报年度人物。第五届美术报艺术节开幕式暨2012美术报年度人物颁奖典礼在甘肃兰州举行，饶宗颐、张风塘、刘文西、范扬、王明明、周韶华、王澍、骆献跃、薛永年、曾成钢（按得票数高低排序），凭借本年度在美术界的作品创新、理论创新和社会担当的突出表现，摘得2012美术报年度人物殊荣。

11月28日，詹安泰诞辰110周年，先生为《南方日报》世纪广东学人詹安泰纪念版题词："别开词境。"

12月，当选法兰西学院铭文与美文外籍院士。"外籍院士"是法兰西学院海外院士中的最高级别，在法国乃至整个欧洲的艺术文化界都是一件大事，先生是中国以及亚洲第一个获颁该荣衔的汉学家。同月，《饶宗颐书道创作汇集》由香港大学饶宗颐学术馆出版。

12月7日，荣获香港树仁大学荣誉文学博士，饶宗颐亲自到场参加颁授典礼。

12月11日，在香港大学饶宗颐学术馆举行新闻发布会，主题：学艺双携——饶教授主编的《上博藏战国楚竹书字汇》及其书法结集《饶宗颐书道创作汇集》出版。在新闻发布会上，他主动拿过话筒讲，"我已经是97岁的老人，很快就98岁，实际上我不认老。我记得刘海粟以90多岁高寿上黄山，我希望步他后尘，再去黄山！"

2013年1月21日，香港浸会大学举行"饶宗颐国学院"成立典礼。这是香港首所正式成立的国学院，目的在以培养国学研究人才，传承中华文化精粹。同日，"书香墨妙：饶宗颐教授近年著作、书画展"在香港浸会大学举办。

3月23日上午，第五届世界中国学论坛在上海展览中心举行，饶宗颐被授予"世界中国学贡献奖"。

4月，四川雅安地震，先生自从得知消息后，一直对灾区十分牵挂，特派代表至中联办捐款并发信以示慰问，其文如下："二零一三年四月二十日，厚云压顶，天色暗沉，惊悉四川雅安发生里氏7.0级地震，深感心痛。虽身处香港，但心系雅安。戚戚之情，哀哀我心，此天灾面前，唯大爱无疆。谨向震区同胞致以最真切的慰问。现捐款50万元港币以表微衷。"

4月19日，"吃茶去——饶宗颐茶道艺术品展览"开幕，先生曾经在茶具上书铭，紫砂茶壶、竹壶、竹根壶、石壶等，他都曾经写上铭文，至于在其他茶具，如茶杯、茶碗、茶抄、水注等，他也曾于其上写过铭文。

5月4日，"佛光普照——饶宗颐佛教美术"在香港佛光缘美术馆开幕。饶宗颐对中国佛教的研究，范围十分广泛；禅宗是其中一个重点。故此，先生的佛教书画，大致分两个体系：一个是源于敦煌写经、壁画及白画的书画作品，另一个则是禅书、禅画。在这两个体系上，先生不论在学术或艺术上，都别开蹊径。他在敦煌白画的研究，导致他发展出独特的唐人白描风格绘画。他因禅学的研究而发展开来的禅画，亦大大地推动了自明代以来，日渐沉寂的禅画艺术。这次展览展示系先生所创作的各类佛教艺术作品。

6月19日，"饶宗颐学艺研究中心"在广州增城奠基，这是继香港大学"饶宗颐学术馆"、香港浸会大学"饶宗颐国学院"之后的又一个以先生命名的"饶学"研究交流机构，也是在内地创建的第一个饶宗颐学术艺术研究机构。先生当天专程从香港赶来参加奠基盛典，并出席了"饶宗颐教授书画展"开幕式。

6月22日，"书情画韵——饶宗颐艺术展"在宁波天一阁书画馆云在楼开幕，本次展览由天一阁博物馆和香港大学饶宗颐学术馆联合主办，展出先生近30部出版物和30余件书画佳作及手稿。

7月5日，饶宗颐在《人民日报》发表《中国梦当有文化作为》，饶宗颐说："21世纪是我们国家踏上'文艺复兴'的新时代，中华文明再次展露了兴盛的端倪。我们既要放开心胸，也要反求诸己，才能在文化上有一番'大作为'，不断靠近古人所言'天人争挽留'的理想境界。"

7月13日，澳门特区行政长官崔世安代表特区政府接收饶宗颐捐赠的一批艺术及学术作品，作为未来以先生命名的展馆的馆藏。先生赠与澳门特区政府的作品包括75件绘画作品及81套学术作品，其中的绘画作品中，有三幅是描绘澳门风光，分别是绘于1988年的"澳凼山光"、1998年的"路环风光"及1981年的"路环南岸"。经商议，澳门特区政府与饶宗颐及其家人同意在澳门选址设馆，把其捐赠的作品作永久收藏和展示，期望能滋养澳门文化艺术生活，丰富特区艺术及学术建设。

9月18日，香港浸会大学举行饶宗颐书画精品捐赠仪式，先生为浸会大学"饶宗颐国学院"捐赠12套书画作品，捐赠包括"银荷"、"松柏长青"等在内的书画作品用于拍卖筹款，起拍价最低100万港币，最高 250 万港币，所得款项将用作支持"饶宗颐国学院"的发展。

9 月 19 日，饶宗颐荣任法兰西学院铭文与美文学院外籍院士，授职典礼于香港中文大学利希慎音乐厅举行。法兰西学院铭文与美文学院常任秘书长 MichelZink 教授亲临授职仪式，向先生颁授院士剑、证书、院长令及奖章。

9 月 22 日，"雄伟气象 ——饶宗颐画展"在天津美术馆举办，此次展览由香港大学饶宗颐学术馆、天津美术馆和艺林山房共同主办。共展出书画作品 60 件。

10 月 15 日，"根深叶茂——天一阁馆藏珍品展暨天一阁名誉馆长聘任仪式"在香港饶宗颐文化馆举行。先生接受了聘任书，正式担任天一阁博物馆名誉馆长。对于这一被誉为"天一阁之幸、宁波文化之喜"的大事，先生除了感谢之外，还极度谦虚地表示："对我这个渺小的人，这是莫大的荣幸。"

11 月 20 日，饶宗颐亲临东莞长安镇为"饶宗颐美术馆"展览厅揭牌，并捐赠绘画作品。

12 月 9 日，第二届"饶宗颐与华学国际学术研讨会"在香港大学群芳讲堂开幕，先生来到开幕礼现场，聆听现场学者报告。同日，保国寺大殿建成千年纪念碑揭幕，饶宗颐亲自为保国寺撰写纪念碑文。他曾于 1984 年春天造访宁波时瞻仰了保国寺，并在北宋大殿内流连忘返，印象十分深刻，因此，他欣然撰写碑文。这个纪念碑，将作为一项永久性的博物馆人文景观留在保国寺的历史中。

2014 年 1 月 10 日，在"祥和盛世·圆梦潮州——2014 年潮州佛教文化节"举行期间，先生为潮州佛教文化节赠送墨宝《佛》，吸引了众多书法爱好者及市民前往观赏。

1 月 11 日，香港大学教务委员会一致通过，嘉誉先生为香港大学的首位校内最崇高的学术荣衔——"桂冠学人"。香港大学"桂冠学人"席于 2013 年设立，是校内最崇高的学术荣衔，授予具显赫学术成就并有渊源的世界杰出学者，以认同并嘉许其非凡学养。获嘉誉者不仅于其学问领域卓然成家，更具有划时代影响力；努力服务社会开良好风气；是典范人物和一方权威，誉满国际。先生成为"桂冠学人"席设立以来首位获得荣衔的教授。

3月26日，山东大学获中国国务院学委委员会批准，授予饶宗颐名誉博士学位，先生答谢称，人类社会的发展需要中华传统文化的精髓——"儒家思想和大乘佛教"，传承传统文化是一份责任。根据国务院学位委员会关于名誉博士学位的管理规定，有关人士由内地某一单位授予名誉博士学位后，将不再接受其他单位的颁授。所以，内地颁授的名誉博士学位，需经国家最高主管机构认可，具有唯一性，这使名誉博士学位具备了国家荣誉的色彩。此次获得山东大学颁授名誉博士学位，不仅是山东大学对先生卓越学术水准的褒奖，更代表了国家对其杰出贡献的高度认可。

4月9日，"饶荷盛放"画展在香港国际创价学会文化会馆开幕，囊括50组饶宗颐由上世纪80年代起所绘的荷花画作，展示出"饶荷"形成与发展的历程。展览由香港国际创价学会和香港大学饶宗颐学术馆主办。池田大作为画展发来贺辞。他以《法华经》里的"不染世间法，如莲华在水"比喻饶公的学识与人格，称赞其克服各种困难，绽放出创作之花、学艺之花。

先生自20世纪70年代开始绘写花卉荷花，早期笔法接近石涛。80年代初，在天津博物馆得见八大山人的《河上花卷》，感慨说"有一种惊心动魄的感觉"，自此他开始在荷花的气势上着力。从90年代开始，追求荷花的新表现形式，可以说踏进了"无入而不自得"的地步。近十几年来，饶宗颐写荷所用的笔法、色彩、构图千变万化，比如以金或银墨来勾写，再填以红色；他亦曾用敦煌壁画白描笔法勾勒荷花造型；有的则以泼色、减笔的手法来作大写意荷花。先生常用金、银色表现荷花，《阿弥陀经》提到"八德池"中就种着金荷银荷。

8月，"饶宗颐学术馆基金会"在香港成立。

9月30日，饶宗颐、李学勤获首届国学大典"国学终身成就奖"，先生题："斯文在兹"。

11 月 2 日，在香港获颁中山大学"陈寅恪奖"。

12 月 3 日至 5 日，教育部直属师范大学图书馆第 20 次馆长年会暨海峡两岸师范大学图书馆论坛在华南师范大学举行，被华南师范大学聘为荣誉教授。

12 月 19 日，当选"中华之光"传播中华文化年度人物。颁奖辞："且述且作，亦明亦圣。年近百岁，一颗童心。万古不磨，中流自在。业精六学、才备九能，人谓东洲鸿儒；港岛有君，方可谓东方明珠。他拓展了人类文明的眼睛，从精微到宏大。"

2014 年，先生作《藕花香雨连五言联》：月痕镂石碧，玉影满春红。作《吉语荷花四屏连五言联》：浓艳香风里，美人清镜中。《题道德经句荷花四幅》《吉语四色荷花四幅》《红荷墨叶四幅》，作《荷花八小连幅连五言联》，题记：太华峰头玉井莲，甲午，选堂于爱宾室。作《茅龙笔荷花手卷》，题记：以茅龙笔作荷花，白沙先生应未有此想。甲午，选堂。

同年，书联句：开簾对春树，弹剑拂秋莲。

2015 年 4 月 3 日，"世界因你而美丽——影响世界华人盛典"在北京清华大学隆重举行，先生获颁"终身成就奖"。

4 月 27 日晚，在"饶宗颐学术馆之友"晚宴上，先生受聘中国人民大学名誉教授。

6 月 29 日，于岳麓书院设立国学奖。2014 年先生获得了首届全球华人国学奖之终身成就奖之后，慷慨捐出全部奖金人民币 50 万设立了"饶宗颐国学奖"，用于表彰优秀学生，推动国学人才的培养。

同年，作《吉语荷花横幅一套》《茅龙四色荷花》《山水荷花半面妆/平安多乐》，作《金石延年》，题记：百岁选堂补敦煌北魏荷样。

同年，书联句：高人洗桐树，君子爱莲花。又书：清慎勤。署百岁选堂。

2016 年 6 月 3 日，敦煌研究院"饶宗颐楼"冠名仪式在莫高窟举行，该楼由饶宗颐学术馆之友捐赠先生书画拍卖筹款 600 余万元人民币兴建，系该院文物数字化研究所科研楼，先生为其题字冠名。

8 月 2 日，先生应邀任福建泉州历史文化中心最高学术顾问。

2017 年 5 月 26 日，先生与家人、学生一行二十余人重游巴黎南边的皇港修道院（Port－Royal－des－Champs Abbey）（现为法国国立皇港博物馆）。

27 日，"莲莲吉庆——饶宗颐教授荷花书画巡回展"在法国巴黎八区的中国古式建筑"彤阁"开幕。先生与中国驻法国大使翟隽、法兰西学院铭文与美文学院常任秘书长米歇尔·冉克（Michel Zink）、法国远东学院研究部主任夏洛特·史密德（Charlotte Schmid）、先生的学生法国著名汉学家汪德迈等中法各界人士出席。

翟隽大使在致辞中表示，饶宗颐教授是国学泰斗，在古代文献、宗教、考古、艺术诸多领域皆有高深造诣，对梵学、巴比伦史诗等有独到研究，在治学之余亦书亦画，荷花作品独具风格，折射出一代大师的灵感与智慧。法国是西方汉学重镇，两百年前法兰西学院创设了世界上首个汉学讲座，此后涌现出一代又一代汉学名家。几十年来，饶宗颐教授与法国汉学家开展合作研究并建立深厚友谊，此次他以百岁高龄亲赴巴黎办展，从侧面反映了中法在文化上的相互理解、相互欣赏、相互吸收。中法作为两个文化大国，有很多相通之处，文化交流不仅是两国关系的重要组成部分，也为世界不同文明的平等对话、互学互鉴发挥着引领作用。衷心祝愿此次画展圆满成功，希望中法之间有越来越多的这样高品质文化活动，推动两国人民的了解和友谊与日俱增。法兰西学院铭文与美文学院常任秘书长米歇尔·冉克先生高度赞赏了饶宗颐的成就，他表示，饶老的书画作品将绘画和诗意结合，这些元素都是西方文明并不充分了解的内容。此次展览展出先生近十年来以荷花为主题的绘画作品，共 38 组荷花字画，其中绘画 30 组，书法 8 组。

11 月 18 日，先生出席在北京中国美术馆举办"莲莲吉庆——饶宗颐莲花书画巡回展"。同时捐赠十幅书画作品于中国美术馆收藏。

2018 年，1 月 14 日晚，先生用最大力气题写"笔架山潮州窑遗址公园"十个大字。

同日晚，与家人出席莲莲吉庆 2018 新春聚餐，共迎新春。

2 月 6 日（农历十二月廿一日零时四十五分），先生在香港家中安然仙逝，享年 102 岁，积润 105 岁。

饶宗颐将他的一生完全奉献给了中国乃至世界的文化事业，我们仰之如泰山北斗。每当我们仰望这位"业精六艺，才备九能，学贯中西，博古通今，集学术与艺术于一身"的通儒饶教授之时，无不为这位真正的汉学大师深厚的学养以及高尚的人格魅力所深深吸引。

晚年发表的主要著作如下：

1997 年：

《（张骞所说）邛竹杖之邛与殷代舌方》；

Études thématiques（*No. 7*），*En suivant la Voie Royale*（王道）（*Mélanges en homage à léon Vandermeersch réunis par Jacques Gernet et Marc Kalinowski*），Paris：*École francaisd d' Extrême Orient*，1997，pp. 29—43；

《论僧祐》，发表于香港中文大学《中国文化研究所学报》（新第六期·中国文化研究所三十周年纪念），后收录入《饶宗颐二十世纪学术文集》卷五·宗教学；

《卍符号与古代印度》，发表于上海远东出版社《学术集林》第十一卷，后收录入《饶宗颐二十世纪学术文集》卷一·史溯；

《三论琴徽》，发表于《音乐艺术·上海音乐学院学报》第一期；

《卜辞"潬"即漾水、汉水说》，发表于《周绍良先生欣开九秩庆寿论文集》，后收录入《饶宗颐二十世纪学术文集》卷二·甲骨；

《在开拓中的训诂学——从楚简易经谈到新编〈经典释文〉的

建议》，发表于高雄"国立中山大学"中文系、"中国训诂学会"《第一届国际暨第三届全国训诂学学术研讨会论文集》，后以《从楚简易经谈到新编〈经典释文〉的建议》收录入《饶宗颐二十世纪学术文集》卷四·经术、礼乐；

《说九店楚简之武彊（君）与复山》，发表于《文物》第六期，后收录入《饶宗颐二十世纪学术文集》卷三·简帛学；

《中国古代"胁生"的传说》，发表于《燕京学报》新第三期，后收录入《饶宗颐新出土文献论证》，《饶宗颐二十世纪学术文集》卷一·史溯；

《殷代西北西南地理研究的定点》，发表于香港中文大学中国文化研究所、中国语言及文学系《第三届中国文字学国际学术研讨会论文集》；

《说糢餬、模糊、模糊、瞀胡》，发表于香港《明报学刊》第三十二卷第十二期；

为李福清所著之《关公传说与〈三国演义〉》作《序》。

1998 年：

《释咒与瞽宗》，发表于广东炎黄文化研究院《容庚先生百年诞辰纪念文集·古文字研究专号》，后收录入《饶宗颐二十世纪学术文集》卷二·甲骨；

《"贞"的哲学》，发表于《华学》第三辑《文化的馈赠——汉学研究国际会议论文集·哲学卷》；

《从出土资料谈古代养生与服食之道》，发表于《第五届中国饮食文化学术研讨会论文集》，后收录入《饶宗颐二十世纪学术文集》卷五·宗教学；

《甲骨文中的冉与冉驰》，发表于《文物》第一期，后以《甲骨文中的冉驰》收录入《饶宗颐二十世纪学术文集》卷二·甲骨；

《〈传老子师〉容成遗说钩沉——先老学初探》，发表于《北京大学学报（哲学社会科学版）》第三十五卷第三期百年校庆纪念刊，后收录入《饶宗颐二十世纪学术文集》卷五·宗教学；

《说河宗》、《殷卜辞所见星象与参商、龙虎、二十八宿诸问题》，发表于《胡厚宣先生纪念文集》，后收录入《饶宗颐二十世纪学术文集》卷二·甲骨；

《中国"玉"文化研究的二三问题》，发表于香港中文大学中国考古艺术研究中心《东亚玉器》，以《古玉证史》收录入《饶宗颐二十世纪学术文集》卷一·史溯；

《由悬泉置汉代纸帛法书名迹谈早期敦煌书家》，发表于《出土文献研究》第四辑，又见《国际高等书法教育论坛论文集》，后收录入《饶宗颐新出土文献论证》，《饶宗颐二十世纪学术文集》卷十三·艺术；

《再谈〈七发〉的豺字》，发表于上海《音乐艺术》第四期，后收录入《饶宗颐二十世纪学术文集》卷四·经术、礼乐；

《张彦远及其书法理论》，发表于《书海观澜——中国书法国际学术会议论文集》，后收录入《饶宗颐二十世纪学术文集》卷十三·艺术；

《从〈春秋〉宣公八年"犹绎"论殷祭礼宾尸义》，发表于《庆祝杨向奎先生教研六十年论文集》，又见《甲骨文献集成》，后收录入《饶宗颐二十世纪学术文集》卷四·经术、礼乐；

《审慎、精细、博洽——评杨明照〈抱朴子外篇校笺〉》，发表于香港《明报月刊》第五期，后发表于北京《书品》；

与施议对先生的对话录《为廿一世纪开拓新词境，创造新词体——饶宗颐形上词访谈录》，发表于《镜报月刊》第三期；

《论天水秦简中之"中鸣"、"后鸣"与古代的音律配合时刻制度》，发表于甘肃人民出版社《简牍学研究》；

《敦煌出土镇墓文所见解除惯语考释》（《魏晋南北朝敦煌文献编年》之序），发表于《敦煌吐鲁番研究》第三卷；

《卜辞中之危方与兴方》，发表于《徐中舒先生百年诞辰纪念文集》；

《我与史语所》，发表于台湾《新学术之路——中央研究院历史语言研究所七十周年纪念文集》；

《唐代文选学略述》，发表于北京《唐研究》第四卷。

1999 年：

《论帛书〈要〉篇损益的天文意义：产道与产气》，发表于巴黎《中国研究》第十八卷第一、二期，后收录入《饶宗颐二十世纪学术文集》卷三·简帛学；

《谈佛教的发愿文》，发表于《敦煌吐鲁番研究》第四卷，后收录入《饶宗颐二十世纪学术文集》卷八·敦煌学；

《古史二元说》，发表于《首都师范大学学报（社会科学版）》第四期，后收录入《饶宗颐二十世纪学术文集》卷一·史溯；

《从新资料追溯先代耆老的"重言"——儒道学派试论》，发表于《中原文物》第四期，后以《从郭店简追踪古哲之"重言"——儒道学派试论》，收录入《饶宗颐二十世纪学术文集》卷三·简帛学；

《论龟为水母及有关问题》，发表于《文物》第十期，后收录入《饶宗颐二十世纪学术文集》卷五·宗教学；

《浮滨文化的石璋、符号及相关问题》，发表于岭南大学文学与翻译研究中心《岭南学报》新第一期，后以《浮滨文化的符号》收录入《饶宗颐二十世纪学术文集》卷一·史溯；

《郭店楚简本〈老子〉新义举例》，发表于《第二届东方国际学术研讨会论文集》，后收录入《饶宗颐二十世纪学术文集》卷三·简帛学；

《〈卍考〉续记》，收录入《饶宗颐东方学论集》；

《马王堆〈阴阳五行〉之〈天一图〉——汉初天一家遗说考》，发表于《燕京学报》第七期；

《古史重建与地域扩张问题》，发表于北京商务印书馆《九州》第二辑，以《论古史的重建》收录入《饶宗颐二十世纪学术文集》卷一·史溯，修订版收录入《饶宗颐新出土文献论证》；

《日本古钞〈文选〉五臣注残卷》收录入《中外学者文选学论

集》；

《谈汉景帝阳陵的历史掌故》，发表于香港《明报月刊》第四期；

《敦煌本〈甘棠集〉研究》序，发表于《敦煌吐鲁番研究》第四卷；

《敦煌本〈瑞应图〉跋》，发表于《敦煌研究》第四期；

为姜伯勤先生的《石濂大汕与澳门禅史》作《序》；

为蔡德贵先生的《季羡林传》作《序》；

为阎守诚先生的《阎宗临史学文集》作《序》。

2000 年：

《港台地区敦煌学研究的回顾与展望》，发表于《敦煌研究》特刊，后收录入《饶宗颐二十世纪学术文集》卷八·敦煌学；

《册祝考、册伐与地理——论工典及有关问题（殷礼提纲之一）》，发表于《华学》第四辑，后收录入《饶宗颐二十世纪学术文集》卷四·经术、礼乐；

《涓子〈琴心〉考——由郭店雅琴谈老子门人的琴学》，发表于《中国学术》第一辑，后收录入《饶宗颐二十世纪学术文集》卷四·经术、礼乐，《饶宗颐新出土文献论证》；

《邢台西周甲骨与〈尔雅〉合证》，发表于《中华文史论丛》，后收录入《饶宗颐二十世纪学术文集》卷二·甲骨；

《从郭店楚简谈古代乐教》，发表于《郭店楚简国际学术研讨会论文集》，后收录入《饶宗颐二十世纪学术文集》卷四·经术、礼乐，《饶宗颐新出土文献论证》；

《诗言志再辨——以郭店楚简资料为中心》，发表于武汉大学中国文化研究院《郭店楚简国际学术研讨会论文集》，又见于 *Tradition and Transformation：Studies in Chinese Art in Honor of Chu-Tsing Li（Judith G. Smith ed.）USA：Spencer Museum of Art；University of Kanas*，2005，pp. 324—330，英文题目为 *"Returning to the Subject of Poetry as the Expression of*

Heartfelt Sentiments"，后收录入《饶宗颐二十世纪学术文集》卷四·经术、礼乐，《饶宗颐新出土文献论证》；

《〈敦煌吐鲁番本文选〉叙录》，发表于中华书局《敦煌吐鲁番本文选》，后收录入《饶宗颐二十世纪学术文集》卷十一·文学；

《宋学的渊源——后周复古与宋初学术》，收录入《中国宗教思想史新页》，《饶宗颐二十世纪学术文集》卷四·经术、礼乐；

《重读〈离骚〉——谈〈离骚〉中的关键字"灵"》，发表于《浙江师大学报（社会科学版）》第二十五卷第四期，后收录入《饶宗颐二十世纪学术文集》卷十一·文学；

《造字与解字》，发表于《汉字的应用与传播——99 汉字应用与传播国际学术研讨会论文集》。

2001 年：

《泛论三国碑刻书法》，发表于《中国碑帖与书法国际研讨会论文集》，又见《中国书法》第十期，后收录入《饶宗颐二十世纪学术文集》卷十三·艺术；

《从出土文献谈古代乐教》，发表于《中国文化的检讨与前瞻：新亚书院五十周年金禧纪念学术论文集》；

《梁庚元威论〈说文解字〉》，发表于《庆祝王元化教授八十岁论文集》，以《梁庚元威论〈说文解字〉及书之怪奇陋习》收录入《饶宗颐二十世纪学术文集》卷十三·艺术；

《早期青州城与佛教的因缘》，发表于香港艺术馆、志莲净苑《山东青州龙兴寺出土佛教造像研讨会特刊》，又见《中国史研究》第三期，后收录入《饶宗颐二十世纪学术文集》卷五·宗教学；

《"太一"古义及相关问题》，2001 年 10 月北京大学考古文博院演讲稿，收录入《饶宗颐二十世纪学术文集》卷三·简帛学；

《敦煌〈悉昙章〉与琴曲〈悉昙章〉》，发表于"二十世纪敦煌学国际学术研讨会"，后收录入《饶宗颐二十世纪学术文集》卷四·经术、礼乐；

《由出土银器论中国与波斯、大秦早期之交通》，发表于《华

317

学》第五辑，后收录入《饶宗颐二十世纪学术文集》卷七·中外关系史；

《现民、苗民考》，发表于《华学》第五辑，后收录入《饶宗颐新出土文献论证》；

《旧瓶新酒》，发表于《明报月刊》第三十六卷第一期；

为温廷敬辑，吴二持、蔡起贤校点《潮州诗萃》作《序》；

为陈松长《香港中文大学文物馆藏简牍》作《序》；

为刘昭瑞《汉魏石刻文字系年》作《序》；

为宋镇豪、段志洪《甲骨文献集成》作《序》；

为沈建华、曹锦炎《新编甲骨文字形总表》作《序》；

为陈历明、林淳钧《明本潮州戏文论文集》作《序》。

2002 年：

《由刑德二柄谈"珽"字——经典异文探讨一例》，发表于《上海博物馆集刊·上海博物馆建馆五十周年》第九期，后收录入《饶宗颐二十世纪学术文集》卷四·经术、礼乐，又见《语言文字学研究》；

《论贾湖刻符及相关问题》，发表于《古文字与商周文明》（第三届国际汉学会议论文集·文字学组），后收录入《饶宗颐二十世纪学术文集》卷一·史溯；

《上海楚竹书〈诗序〉小笺》，发表于《上海藏战国楚竹书研究》，以《竹书〈诗序〉小笺（一）》收录入《饶宗颐二十世纪学术文集》卷四·经术、礼乐，《饶宗颐新出土文献论证》；

《兴于诗——〈诗序〉心理学的分析》，2002 年 4 月南京大学百年校庆演讲稿，后收录入《饶宗颐新出土文献论证》；

《释、道并行与老子神化成为教主的年代》，发表于《燕京学报》新第十二期，后收录入《饶宗颐二十世纪学术文集》卷五·宗教学；

《曲沃北赵晋侯墓地 M114 出土叔矢方鼎及相关问题研究笔谈》，发表于《文物》第五期，后收录入《饶宗颐新出土文献论证》；

《楚简〈诗说〉的理论及其历史背景》，2002 年 5 月 3 日哈佛大学杨联陞讲座讲辞，后收录入《饶宗颐新出土文献论证》；

《朱子与潮州》，发表于《朱子学的开展——东亚篇》，后收录入《饶宗颐二十世纪学术文集》卷四·经术、礼乐；

《谈〈归藏〉斗图——早期卜辞"从斗"释义与北斗信仰溯源》，发表于《追寻中华古代文明的踪迹——李学勤先生学术活动五十年纪念文集》，后收录入《饶宗颐二十世纪学术文集》卷四·经术、礼乐，《饶宗颐新出土文献论证》；

《塞种与 Soma——不死药的来源探索》，发表于《中国学术》第十二辑，后收录入《饶宗颐二十世纪学术文集》卷七·中外关系史；

《明清之际禅家灯统与画学》，2002 年 12 月香港大学"明清江南：地域主体与历史转折国际学术研讨会"演讲稿，后以《明清之际禅画南传与海外文化交流》收录入《饶宗颐二十世纪学术文集》卷十三·艺术，修订版发表于《明清学术研究》；

为《与自然对话——池田大作摄影集》作《序》；

为陈国灿《吐鲁番出土唐代文献编年》作《序》；

为李焯然、陈万成《道苑缤纷录——柳存仁教授八十五岁祝寿论文集》作《序》。

2003 年：

《〈诗〉与古史——从新出土楚简谈玄鸟传说与早期殷史》，2003 年 3 月香港中文大学四十周年杰出学人学术讲座演讲稿，后发表于《中国文化研究所学报》新第十二期，后收录入《饶宗颐新出土文献论证》；

《濮阳龙虎蚌塑图像含义蠡测》、《风胡子论玉器时代》，收录入《饶宗颐二十世纪学术文集》卷一·史溯；

《郭店楚简与〈天问〉——"墬何故以东南倾"说》、《郭店楚简中虞舜先人"宥宴"考》，收录入《饶宗颐二十世纪学术文集》卷三·简帛学；

《竹书〈诗序〉小笺（二）——论"客"与"隐"》，收录入《饶宗颐二十世纪学术文集》卷四·经术、礼乐；

《奇士与奇文——记屈大均及其〈华岳〉诗》，收录入《饶宗颐二十世纪学术文集》卷十二·诗词学；

《卜辞"殷门不往隺"解——殷礼提纲之一》，发表于《纪念殷墟甲骨文发现一百周年国际学术研讨会论文集》（夏商周文明研究4），收录入《饶宗颐二十世纪学术文集》卷四·经术、礼乐；

《殷代地理疑义举例——古史地域的一些问题和初步诠释》、《殷代历史地理三题：殷代卢帝考·帝江、工方考·殷代竹国辨》，发表于《九州》第三辑·先秦历史地理专号，收录入《饶宗颐新出土文献论证》；

《由明代"二酉山房"谈秦人藏书处与里耶秦简》，发表于《中国历史文物》第一期，后收录入《饶宗颐新出土文献论证》；

《贾谊〈鵩鸟赋〉及其人学》，发表于《东南大学学报（哲学社会科学版)》第五卷第四期，收录入《饶宗颐二十世纪学术文集》卷四·经术、礼乐；

《索紞写本〈道德经〉残卷再论》，发表于《首都博物馆丛刊》第十七期；

《古酉水、酉坟考——里耶秦简所见"酉阳"与古史》，发表于《第四届国际中国古文字学研讨会论文集：新世纪的古文字学与经典诠释》，后收录入《饶宗颐新出土文献论证》；

《黄岐山记》，发表于《汕头社科》第二期，又见《紫峰艺苑》2009 年第三期；

为《梁披云书法集》作《序》；

为邓伟雄先生《通会之际：饶宗颐》作《序》。

2004 年：

《诗的欣赏：介绍竹书最古的〈诗〉说》，发表于《当代杰出学人文史、科技公开演讲文集》，以《诗的欣赏——古代诗教和诗的社会》收录入《饶宗颐新出土文献论证》；

《"玄鸟"补考》，发表于香港城市大学中国文化中心《九州学林》第二卷第三期，收录入《饶宗颐新出土文献论证》；

《契封于商为上洛商县证》，发表于《纪念顾颉刚先生诞辰110周年论文集》（中国社会科学院历史研究所、中山大学历史系编），后收录入《饶宗颐新出土文献论证》；

《隋唐土著》，发表于《潮州》第四期；

《"九州平"及"地平天成"说》，发表于《华学》第七辑；

为邓伟雄先生《紫泥丹青：海上十家绘壶雅聚》作《序》；

为丘成桐《丘镇英教授文集》作《序》；

为李均明《居延汉简编年——居延篇》作《序》；

为《杨栻画集》作《序》。

2005 年：

《再谈〈神鸟传（赋）〉》，发表于《简帛研究》，后以《神鸟传（赋）与东海文风》收录入《饶宗颐二十世纪学术文集》卷三·简帛学；

《古地辨二篇》，发表于《九州学林》第三卷第一期；

《禅门南北宗的汇合与传播》，发表于《泰国星暹日报》及《世界日报》，又见《香港饶宗颐教授与泰国缘分》；

《殷代"西戌（越）"考》，发表于《东岳论丛》第二十六卷第三期，后收录入《饶宗颐新出土文献论证》；

《杨铁崖与元代书学》，发表于《文汇报》，《东维子（杨铁崖）与元代书学——兼论书史上二元说》发表于《千年遗珍国际学术研讨会论文集》；

《由古唐国谈唐叔虞封地与"叔夨"及"燮父"问题》，收录入《饶宗颐新出土文献论证》；

《〈李郑屋汉墓〉前言——由砖文谈东汉三国的"番禺"》（郑炜明博士整理），发表于《李郑屋汉墓》；

重刊《潮州志》序，发表于《潮州志》以及《潮州》第三期；

《新文献的压力与知识开拓》，发表于《文化自觉与社会发展——二十一世纪中华文化世界论坛论文集》；

为沈建华编《饶宗颐新出土文献论证》作《序》；

《我的学书经过——〈选堂书法丛刊〉总序》，发表于《选堂书法丛刊（1）·雅言隽句·匾额》；

《海外潮人与近代中国》，为《第六届潮学国际研讨会论文集·序言》。

2006 年：

《敦煌学应扩大研究范围》（先生讲述，郑炜明博士整理），发表于《敦煌吐鲁番研究》第九卷·创刊十周年记录专号；

《吕国编钟"若华"、"嚣圣"与大戴帝系——附论昭武安氏早期称为华裔之附会》（先生讲述，郑炜明博士整理），发表于《华学》第八辑；

《罗香林教授之学问渊源》，发表于《罗香林教授与香港史学——逝世二十周年纪念论文集》；

《中国西北宗山水画说》，发表于《敦煌研究》第六期。

2007 年：

《殷周金文卜辞所见夷方西北地理考——子氏妇好在西北西南活动之史迹》，发表于《燕京学报》新第二十二期，又见《中国文化研究所学报》第四十七期·中国文化研究所四十周年纪念专号（上册）；

《天人互益》，发表于《新亚生活月刊》（第三十四卷第七期）；

为郑炜明先生著《况周颐先生年谱稿》作读后记（代序）。

2008 年：

《郑午楼博士纪念文》，发表于《广东文史》第二期；

为吴文光先生《神奇秘谱乐诠》作《序》。

2009 年：

为《冯其庸山水画集》作《序》，北京中华书局。

2010 年：

《敦煌白画》中、英、日三种文本由香港大学饶宗颐学术馆出版；

《香港大学饶宗颐学术馆藏品图录Ⅰ饶宗颐教授艺术作品》，由香港大学饶宗颐学术馆出版；

《西南文化创世纪》，由上海古籍出版社出版。

2011 年：

《香港大学饶宗颐学术馆藏品图录Ⅱ馆藏古籍珍善本》，由香港大学饶宗颐学术馆出版；

《说真》，4 月 22 日，写于香港爱宾室；

《潮州志补编》，由《潮州志补编》整理工作小组整理付印，先生为补编题写书名并作《序》；

6 月，为杨式挺《岭南文物考古论集》题《夜飞鹊》词二首；

《长洲集（选堂诗词评注）》，由花城出版社出版；

《饶宗颐集》，由花城出版社出版；

《饶宗颐学艺记》，由花城出版社出版。

2012 年：

《海上因缘·饶宗颐艺术天地》，由香港大学饶宗颐学术馆出版；

《饶宗颐书道创作汇集》，由香港大学饶宗颐学术馆出版。

2013 年：

《黑湖集（选堂诗词评注）》，由花城出版社出版；

《佛国集（选堂诗词评注）》，由花城出版社出版；

《潮州先贤像传》，由花城出版社出版。

2014 年：

《饶荷盛放——饶荷的形成与发展》，香港大学饶宗颐学术馆出版；

《饶宗颐书画题跋集》，由花城出版社出版；

《饶荷盛放——饶荷的形成与发展》日文版出版；

《饶学研究》（第一卷），由暨南大学出版社出版；

《潮州市饶宗颐学术馆藏饶宗颐教授艺术作品图录》，由香港大学饶宗颐学术馆、潮州市饶宗颐学术馆、潮州饶宗颐学术馆基金联合出版。

2015 年：

《西海集（选堂诗词评注）》，由花城出版社出版；

《羁旅集（选堂诗词评注）》，由花城出版社出版；

《饶学研究》（第二卷），由暨南大学出版社出版；

《饶宗颐——东方文化坐标》，由花城出版社出版；

《饶宗颐著述录：书中书》，由花城出版社出版。

2016 年：

《瑶山集（选堂诗词评注）》，由花城出版社出版；

《题画诗（选堂诗词评注）》，由花城出版社出版；

《饶宗颐——东方文化坐标》（繁体版），由香港中和出版有限公司出版；

饶宗颐述、吴怀德记，《选堂教授香港大学授课笔记七种（1960～1962）》，由香港大学饶宗颐学术馆出版；

《莲莲吉庆——饶宗颐教授荷花书画巡回展图录》，由香港大学饶宗颐学术馆出版；

饶宗颐主编《敦煌吐鲁番研究（第十六卷）》，由上海古籍出版社出版；

《饶学研究》（第三卷），由暨南大学出版社出版。

2017 年：

《饶宗颐的学术文化》，由花城出版社出版；

《黄石集（选堂诗词评注）》，由花城出版社出版；

《冰炭集（选堂诗词评注）》，由花城出版社出版；

《南征集（选堂诗词评注）》，由花城出版社出版。

2018 年：

亲题《饶宗颐诗学论著汇编》，由东莞潇湘文化策划、光明日报社出版发行；

《苣俊集（选堂诗词评注）》，由花城出版社出版；

《总辔集（选堂诗词评注）》，由花城出版社出版。

附：饶宗颐教授在学术研究上的 50 项第一

1	在中国现代的地方学编纂史上，首开现代科学编纂体例（一九四六年）。
2	研究仰天湖楚简之第一人（一九五四年）。
3	介绍、研究潮州瓷之第一人（一九五五年）。
4	目录学上，率先编著词学目录、楚辞书录等（一九五六年）。
5	研究敦煌本《老子想尔注》之第一人（一九五六年）。
6	讲敦煌本《文选》、日本古钞《文选》五臣注残卷之第一人（一九五六～一九五七）。
7	讲巴黎所藏甲骨、日本所藏甲骨之第一人（一九五六～一九五七年）。
8	治楚帛书之第一人（一九五八年）。
9	率先编著殷代贞卜人物通考（一九五九年）。
10	将殷礼与甲骨文联系起来研究之第一人（一九五九年）。
11	系统研究殷代贞卜人物之第一人（一九五九年）。
12	研究敦煌写卷书法之第一人（一九五九年）。
13	撰写宋金元琴史之第一人（一九六〇年）。
14	首次研究陆机《文赋》与音乐之关系（一九六一年）。
15	首次从文献根据上提示韩愈诗歌受佛经文体影响（一九六三年）。
16	首次提出刘勰文艺思想受佛教影响（一九六三年）。
17	首次将敦煌写本《文心雕龙》公之于世，并撰作第一篇研究论文（一九六三年）。
18	率先把印度河谷图形文字介绍到中国（一九六三年）。
19	首论南诏禅灯系统（一九六三年）。
20	首次在古代文论研究中揭出"势"的范畴（六十年代）。
21	首次据英伦敦煌卷子讲禅宗史上的摩诃衍入藏问题（一九六四年）。
22	首次考证《说郛》是很早一个明代本子，并译成法文（一九六六年）。

23	讲有关越南历史的《日南传》之第一人（一九六九年）。
24	首次编录星马华人碑刻，开海外金石学之先河（一九六九年）。
25	首次提出"楚文化"（一九六九年）。
26	辨明新加坡古地名以及翻译译名之第一人（一九七〇年）。
27	利用《太清金液神丹经》讲南海地理之第一人（一九七〇年）。
28	讲《太平经》与《说文解字》关系之第一人（一九七二年）。
29	讲中国艺术史上墨竹刻石之第一人（一九七三年）。
30	讲词与画关系之第一人（一九七四年）。
31	首次提出"海上丝绸之路"概念（一九七四年）。
32	利用吴县玄妙观石礎，讲道教变文之第一人（一九七四年）。
33	讲金赵城藏本《法显传》之第一人（一九七四年）。
34	利用中国文献补缅甸史之第一人（一九七五年）。
35	在南国学人中，是第一位翻译、介绍、研究《近东开辟史诗》的学者（一九七六年）。
36	首次研究敦煌白画（一九七八年）。
37	利用一词牌《穆护歌》考见火祆教史实之第一人（一九七八年）。
38	率先研究楚辞新资料唐勒赋，一九八〇年首次发表于日本东京（一九八〇年）
39	首次利用日本石刻证明中日书法交流源自唐代（一九八〇年）。
40	讲敦煌批流年书之第一人（一九八二年）。
41	研究《日书》之第一人（一九八二年）。
42	首次证明中国绘画史上吴韦发明指画在高氏之前（一九八三年）。
43	利用秦简首次证明"纳音"与"五行"之关系（一九八五年）。
44	首次将《盘古图》的年代推到东汉（一九八六年）。
45	最早在国际学术会议上提出"礼经"的问题（一九八六年）。
46	第一位从敦煌卷子中选出书法精品编成《敦煌书法丛刊》在日本东京出版（一九八三～一九八六年）。
47	首次提出六祖出生地（新州）（一九八九年）。
48	首次将陶文⊕证明为"羊"的象征（一九九〇年）。
49	首次从牙璋提示古代中国通往东南亚之路的可能性（一九九四年）。
50	首次辑《全明词》（二〇〇四年）。

参考文献

（1）王振泽，《饶宗颐先生学术年历简编》，香港：艺苑出版社，2001 年 5 月版。

（2）胡晓明，《饶宗颐学记》，香港：香港教育图书公司，1996 年版。

（3）林在勇主编，饶宗颐述，胡晓明、李瑞明整理，《饶宗颐学述》，浙江：浙江人民出版社，2000 年 9 月版。

（4）郑炜明、林恺欣编，《饶宗颐教授著作目录新编》，山东：齐鲁书社，2010 年 8 月版。

（5）潮州地方志办公室编，《走近饶宗颐》，广东：潮州市地方志办公室，2005 年 8 月版。

（6）饶宗颐，《清晖集》，广东：海天出版社，2006 年 11 月版。

（7）郭伟川编，《饶宗颐的文学与艺术》，香港：天地图书有限公司，2002 年版。

（8）饶宗颐，《文化之旅》，辽宁：辽宁教育出版社，1998 年 3 月版。

（9）饶宗颐，《澄心论萃》，上海：上海文艺出版社，1996 年 7 月版。

（10）池田大作、饶宗颐、孙立川，《鼎谈集：文化艺术之旅》，香港：天地图书有限公司，2009 年 7 月版。

（11）施议对编纂，《文学与神明——饶宗颐访谈录》，香港：三联书店（香港）有限公司，2010 年 5 月版。

（12）饶宗颐、陈韩曦，《选堂清谈录》，北京：紫禁城出版社，2009 年 10 月版。

（13）陈韩曦主编，《梨俱预流果——解读饶宗颐》，广东：广东高等教育出版社，2006 年 11 月版。

（14）陈韩曦主编，《东洲鸿儒——饶宗颐九十寿庆集锦》，广东：广东高等教育出版社，2007 年 9 月版。

（15）顾颉刚，《顾颉刚年谱》（增订本），北京：中华书局，2011 年 1 月版。

（16）饶宗颐、郑会欣，《选堂序跋集》，北京：中华书局，2006 年 11 月版。

（17）故宫博物院，《陶铸古今——饶宗颐书画集》，北京，紫禁城出版社，2008 年 10 月版。

（18）蔡德贵，《季羡林年谱长编》，吉林：长春出版社，2010 年 1 月版。